2015 China Real Estate Market Review and Outlook in 2015

2015中国房地产市场回顾与展望

中国科学院大学中国产业研究中心
中国科学院预测科学研究中心

国家自然科学基金面上项目（项目编号：71173213）
国家自然科学基金青年基金项目（项目编号：71403260）　资助出版
国家自然科学基金青年基金项目（项目编号：71203127）

科学出版社
北京

内 容 简 介

本报告根据国家统计局、万德数据库、中国经济信息网等多个权威数据库公布的最新统计数据，从房地产开发投资、房地产供需、房地产价格等多个方面回顾了2014年我国房地产市场的运行情况，解析了2014年各级政府颁布的房地产调控政策，着重对北京、上海、重庆等六大城市及部分三、四线城市的房地产市场运行情况进行了分析总结，综述了2014年房地产金融形势变化，并从房地产市场的供给、需求、价格、融资、政策等方面对2015年我国房地产价格的发展趋势做出了预测。报告还针对我国房地产业发展的一些重要问题提出了相应的政策建议。

本报告可供政府相关部门在制定和调整政策时参考，也可供房地产企业开发投资决策、居民购房决策时参考。本报告对房地产相关研究机构和学者开展学术研究有一定的参考价值。

图书在版编目（CIP）数据

2015中国房地产市场回顾与展望 / 中国科学院大学中国产业研究中心，中国科学院预测科学研究中心编著．--北京：科学出版社，2015

ISBN 978-7-03-043720-4

Ⅰ.①2… Ⅱ.①中… ②中… Ⅲ.①房地产市场－研究报告－中国－2015②房地产市场－市场预测－研究报告－中国－2015 Ⅳ.①F299.233.5

中国版本图书馆CIP数据核字（2015）第049854号

责任编辑：马 跃 刘晓宇 / 责任校对：马显杰

责任印制：霍 兵 / 封面设计：蓝正设计

科学出版社 出版

北京东黄城根北街16号

邮政编码：100717

http://www.sciencep.com

三河市骏杰印刷有限公司 印刷

科学出版社发行 各地新华书店经销

*

2015年3月第一版 开本：787×1092 1/16

2015年3月第三版 印张：10 1/2

字数：248 250

定价：62.00元

（如有印装质量问题，我社负责调换）

编者名单

董纪昌　　中国科学院大学管理学院副院长、教授、博士生导师
李秀婷　　中国科学院大学管理学院师资博士后、管理学博士
吴　迪　　中国科学院大学管理学院讲师、管理学博士
董　志　　中国科学院大学管理学院博士生
林　睿　　中国科学院大学管理学院博士生
周克成　　中国科学院大学管理学院博士生
王国梁　　中国科学院大学管理学院博士生
焦丹晓　　中国科学院大学管理学院博士生
张　欣　　中国科学院大学管理学院博士生
刘佳佳　　中国科学院大学管理学院博士生
朱琳琳　　中国科学院大学管理学院硕士生
宋子健　　中国科学院大学管理学院硕士生
沙思颖　　中国科学院大学管理学院硕士生
郑长敬　　中国科学院大学管理学院硕士生
苗晋瑜　　中国科学院大学管理学院硕士生
孙熙隆　　中国科学院大学管理学院硕士生
王　炳　　中国科学院大学管理学院硕士生
何　静　　北京科技大学管理学院硕士生
高　琳　　中央民族大学管理学院硕士生
齐央宗　　中央民族大学管理学院硕士生

序

房地产业的健康发展关系社会经济、金融安全，牵系民生福利。研究房地产业、房地产市场的发展具有重要意义。

中国科学院预测科学研究中心和中国科学院大学中国产业研究中心一直致力于宏观经济及房地产业等重要行业分析、预测等方面的研究工作，运用科学的理论和方法对宏观经济运行的关键指标进行预测，找出宏观经济发展的潜在风险，并据此构建预警体系，提出针对性的政策建议，从而为政府制定宏观经济政策提供依据。该报告是在中国科学院预测科学研究中心的支持下，由中国科学院大学中国产业研究中心对我国房地产行业、房地产市场进行考察研究后形成的一个阶段性成果。

该报告根据国家统计局、万德数据库、中国经济信息网等多个权威数据库公布的最新统计数据，从房地产开发投资、房地产供需、房地产价格等多个方面回顾了 2014 年我国房地产市场的运行情况，解析了 2014 年各级政府颁布的房地产调控政策，着重对北京、上海、重庆等六大城市及部分三、四线城市房地产市场运行情况进行了分析总结，综述了 2014 年房地产金融形势变化，并从房地产市场的供给、需求、价格、融资、政策等方面对 2015 年我国房地产价格的发展趋势做出了预测。本报告还针对我国房地产业发展的一些重要问题提出了相应的政策建议。

本报告可供政府相关部门在制定和调整政策时参考，也可为房地产企业开发投资决策、居民购房决策提供参考。本报告对房地产相关研究机构和学者开展学术研究有一定的参考价值。

希望研究中心能继续坚持这项研究工作，为推动我国房地产行业健康持续发展做出贡献。

汪寿阳

中国科学院预测科学研究中心

2014 年 12 月

前　言

2014 年以来，宏观经济增速持续放缓，中国经济步入新常态。与此同时，全国房地产市场表现低迷，开发投资、商品房销售、土地购置等指标出现大幅下滑，而库存量上升，开发企业资金回笼速度放缓。对此，各级政府于 2014 年下半年，出台系列利好政策，如多地限购政策放开、限贷政策完全放开、货币政策定向宽松、公积金贷款利率优惠等。在经济新常态与新形势下，我国房地产市场将呈现怎样的发展态势，政府应该如何科学实施房地产调控政策以促进房地产市场平稳健康发展，这是社会各界共同关注的问题。

本报告根据国家统计局、万德数据库、中国经济信息网等多个权威数据库公布的最新统计数据，从房地产开发投资、房地产供需、房地产价格等多个方面回顾了 2014 年我国房地产市场的运行情况，解析了 2014 年各级政府颁布的房地产调控政策，着重对北京、上海、重庆等六大城市及部分三、四线城市房地产市场运行情况进行了分析总结，综述了 2014 年房地产金融形势变化，预测了 2015 年房地产市场供给、需求、价格等重要指标的变化，并对相关热点问题进行了深入分析。

本报告由董纪昌、吴迪、李秀婷、董志、林睿、周克成、王国梁、焦丹晓、张欣、刘佳佳、朱琳琳、宋子健、沙思颖、郑长敬、苗晋瑜、孙熙隆、王炳、何静、高琳、齐央宗撰写。

本报告得到了中国科学院预测科学研究中心的支持，特别是中国科学院预测科学研究中心主任汪寿阳教授的悉心指导和帮助。科学出版社的马跃、刘晓宇编辑等也为本报告的出版付出了辛勤的劳动。在此，我们向所有为本报告提供过帮助与支持的领导、单位及同事表示最诚挚的感谢！

由于学识水平和能力所限，报告中可能存在一些有待商榷和值得探讨的地方，欢迎各界朋友交流、探讨、批评与指正。

董纪昌　李秀婷
中国科学院大学管理学院
2014 年 12 月

目　录

第一章　2014年房地产市场运行情况

一、房地产开发投资

2014年1～10月，受宏观经济增速放缓、信贷政策趋紧与限制性政策联合作用等因素影响，全国房地产市场表现低迷，开发投资、商品房销售、土地购置等指标出现大幅下滑，而库存量上升，开发企业资金回笼速度放缓。针对房地产市场的表现，中央政府和地方政府纷纷做出反应，2014年下半年以来，利好房地产市场的政策陆续出现，如限购政策多数放开、限贷政策完全放开、货币政策定向宽松、公积金贷款利率优惠等。

(一)房地产开发投资总额

2014年房地产开发投资放缓，累计同比增速逐月下滑。1～10月全国房地产开发投资累计达到77 220.27亿元，比2013年同期增长12.4%，增速回落6.8百分点，其中用于住宅的累计投资为52 464.21亿元，比2013年同期增长11.10%，增速回落7.8百分点。如图1.1所示，2014年1～10月月度房地产开发投资额和用于住宅的投资额较为稳定，但累计同比增速逐月下滑，这主要是货币政策稳中趋紧和房地产市场交易低迷造成的。2013年下半年以来，一方面，我国货币政策稳中趋紧，房地产开发投资的国内贷款部分明显减少；另一方面，房地产市场交易低迷，房地产开发企业资金回笼不足、库存增加，资金周转紧张导致开发意愿不强，拿地量减少。2014年9～10月，随着货币政策定向宽松、限贷政策松绑、开发企业去库存后的房地产开发投资有望回转。

2014年1～10月，东部地区房地产开发投资43 195亿元，同比增速12.4%，较2013年同期减少4.7百分点；中部地区房地产开发投资16 523亿元，同比增速11%，较2013年同期减少9.1百分点；西部地区房地产开发投资17 503亿元，同比增速14%，较2013年同期减少9.8百分点。表1.1展示了2009～2014年前10个月累计投资额的变化情况，可以发现2014年西部地区的房地产投资份额较前几年已经明显增加，由2009年的19.85%增加到2014年的22.67%，而东部地区由2009年的58.64%降至2014年的55.94%。东部地区经济相对发达，城市发展规模相对西部已空间不足，土地供给减少且价格较高，而西部地区房地产市场发展相对东部较为落后，土地资源相对充足，房地产开发投资逐年增加。

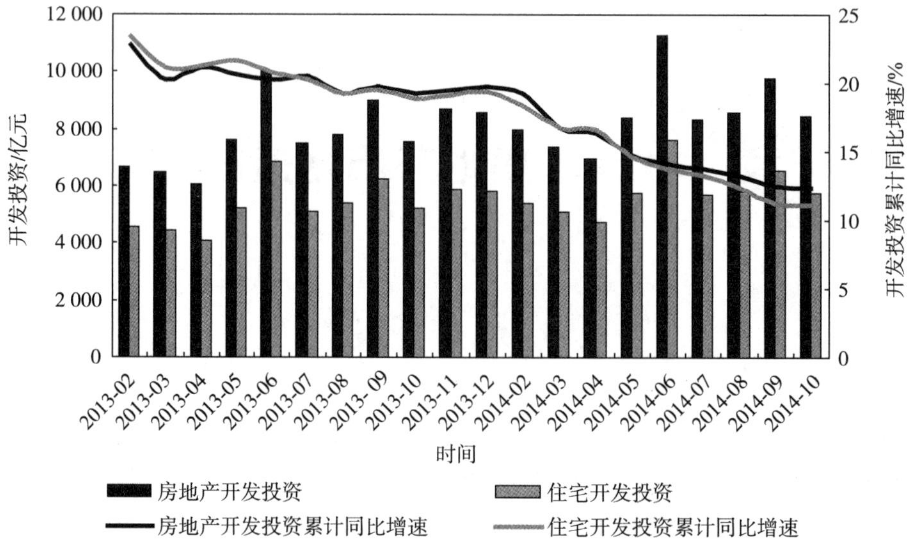

图 1.1　2013～2014 年房地产开发投资及住宅投资示意图

资料来源：中经网统计数据库

表 1.1　2009～2014 年前 10 个月各地区房地产开发投资情况表

年份	房地产投资完成额/亿元			房地产投资完成额占比/%		
	东部	中部	西部	东部	中部	西部
2009	16 676.09	6 118.42	5 645.21	58.64	21.51	19.85
2010	22 293.21	8 112.52	7 663.80	58.56	21.31	20.13
2011	28 711.96	10 648.53	10 562.35	57.51	21.33	21.16
2012	32 823	12 395	12 410	56.96	21.51	21.53
2013	38 443	14 890	15 360	55.96	21.68	22.36
2014	43 195	16 523	17 503	55.94	21.40	22.67

注：西部地区包括四川、重庆、贵州、云南、西藏、陕西、甘肃、青海、宁夏、新疆、广西、内蒙古 12 个省（自治区、直辖市，不包括港澳台地区）；中部地区包括山西、吉林、黑龙江、安徽、江西、河南、湖北、湖南 8 个省；东部地区包括北京、天津、河北、辽宁、上海、江苏、浙江、福建、山东、广东和海南 11 个省（自治区、直辖市，不包括港澳台地区）

资料来源：中经网统计数据库

表 1.2 中 2014 年 1～10 月，房地产开发用于住宅的投资累计同比增速逐月下滑，由 1～2 月的 18.40%下滑至 1～10 月的 11.10%，而办公楼和商业营业用房的投资与 2013 年同比相比各月的增速相对稳定。住宅开发投资的下滑源于房地产商对市场观望情绪的反应，以及住宅市场资金周转速度较慢，开发企业倾向于投资资金回笼有所保障的办公楼和商业营业用房。

表 1.2　2014 年 1～10 月各类型商品房开发投资情况表

时间	开发投资总额/亿元			时间	累计开发投资同比增速/%		
	住宅	办公楼	商业营业用房		住宅	办公楼	商业营业用房
2014-02	5 426.29	493.53	1 117.36	2014-01～02	18.40	27.10	26.40

续表

时间	开发投资总额/亿元			时间	累计开发投资同比增速/%		
	住宅	办公楼	商业营业用房		住宅	办公楼	商业营业用房
2014-03	5 104.20	408.79	1 042.70	2014-01～03	16.80	20.80	25.50
2014-04	4 768.27	407.10	1 034.01	2014-01～04	16.60	18.90	25.40
2014-05	5 744.24	463.18	1 233.27	2014-01～05	14.60	16.20	23.60
2014-06	7 646.21	621.75	1 744.52	2014-01～06	13.70	19.00	23.20
2014-07	5 676.26	481.86	1 281.40	2014-01～07	13.30	19.30	22.30
2014-08	5 793.85	507.53	1 359.40	2014-01～08	12.40	18.70	22.90
2014-09	6 565.41	624.03	1 528.89	2014-01～09	11.30	22.80	22.80
2014-10	5 739.48	508.80	1 345.34	2014-01～10	11.10	23.80	23.40

资料来源：中经网统计数据库

(二)房地产开发企业资金结构

如图 1.2 所示，2014 年 1～10 月，房地产开发企业资金来源 100 240.79 亿元，其中国内贷款 17 734.54 亿元，占总资金的 17.69%，累计同比增速 11.1%；利用外资 489.01 亿元，占总资金的 0.49%，累计同比增速 17.6%；自筹资金 42 231.53 亿元，占总资金的 42.13%，累计同比增速 13.8%；包括单位自有资金、定金及预收款等在内的其他资金 39 785.71 亿元，占总资金的 39.69%，累计同比增速－9%。同 2013 年同期开发资金来源相比较，在占比方面，国内贷款出现大幅下滑；在累计同比增速方面，国内贷款和其他资金出现大幅下滑。

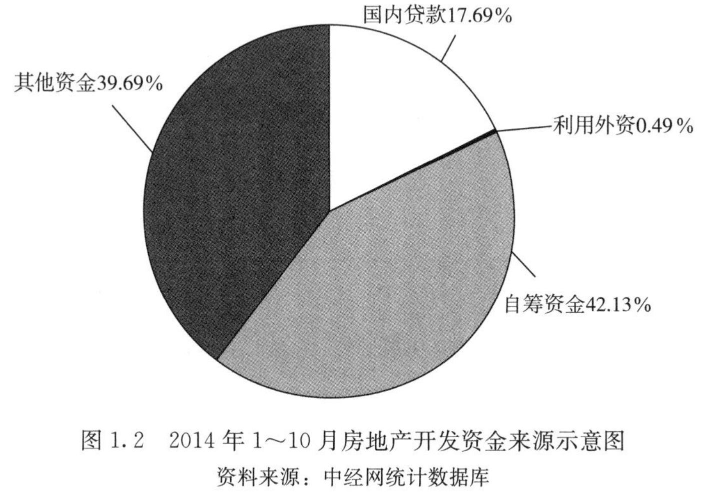

图 1.2　2014 年 1～10 月房地产开发资金来源示意图

资料来源：中经网统计数据库

如表 1.3 和表 1.4 所示，从房地产开发投资的各资金来源看，国内贷款和其他资金来源的低迷导致了总投资增速大幅放缓。在国内贷款方面，由于 2014 年 1～10 月货币政策相对偏紧，房地产贷款不足导致开发企业信贷来源不足，另外资金回笼及周转的压力使开发企业急于处理库存，拿地投资的意愿不强；在其他资金方面，房地产市场交易的低迷导致开发企业定金及预收款等其他资金来源回笼较慢。

表 1.3　2014 年各月房地产开发资金主要来源情况表(单位：亿元)

时间	总投资	国内贷款	利用外资	自筹资金	其他资金
2014-02	21 264.44	4 913.09	49.75	8 256.12	8 045.49
2014-03	7 466.26	1 313.33	34.21	2 837.03	3 281.68
2014-04	8 469.56	1 482.71	32.22	3 282.95	3 671.67
2014-05	9 527.41	1 669.49	33.71	3 845.68	3 978.54
2014-06	12 185.29	1 914.27	35.88	5 588.49	4 646.65
2014-07	10 073.89	1 818.53	58.75	4 267.68	3 928.93
2014-08	10 075.28	1 552.21	96.23	4 540.02	3 886.83
2014-09	10 806.78	1 624.42	89.04	4 917.14	4 176.17
2014-10	10 371.88	1 446.49	59.21	4 696.42	4 169.76

资料来源：中经网统计数据库

表 1.4　2014 年各月房地产开发资金主要来源累计同比增速表(单位:%)

时间	总投资	国内贷款	利用外资	自筹资金	其他资金
2014-01～02	12.40	24.80	－43.20	12.60	6.30
2014-01～03	6.60	20.40	－33.90	9.60	－1.90
2014-01～04	4.50	16.50	－28.70	11.00	－5.50
2014-01～05	3.60	16.50	－24.50	9.80	－6.40
2014-01～06	3.00	14.10	－20.60	10.10	－7.20
2014-01～07	3.20	14.70	－9.20	11.60	－8.10
2014-01～08	2.70	13.80	－0.90	11.60	－8.90
2014-01～09	2.30	11.80	9.90	11.50	－9.10
2014-01～10	3.10	11.10	17.60	13.80	－9.00

资料来源：中经网统计数据库

二、房地产供需情况

(一)土地市场供给状况

2014 年 1～10 月，全国房地产开发企业完成土地购置面积 26 971.71 万平方米，与 2013 年同期相比上升 1.2%，涨幅 4.8 百分点。从图 1.3 的月度数据来看，2014 年土地购置并不乐观，在前 10 个月中，只有 10 月累计同比增速为正，其他 9 个月均为负增长。土地购置面积累计同比增速的负增长直接源于开发投资低迷，市场交易低迷、货币信贷紧张、开发企业库存量、资金回笼速度慢等原因导致开发投资放缓，开发企业拿地意愿不强。

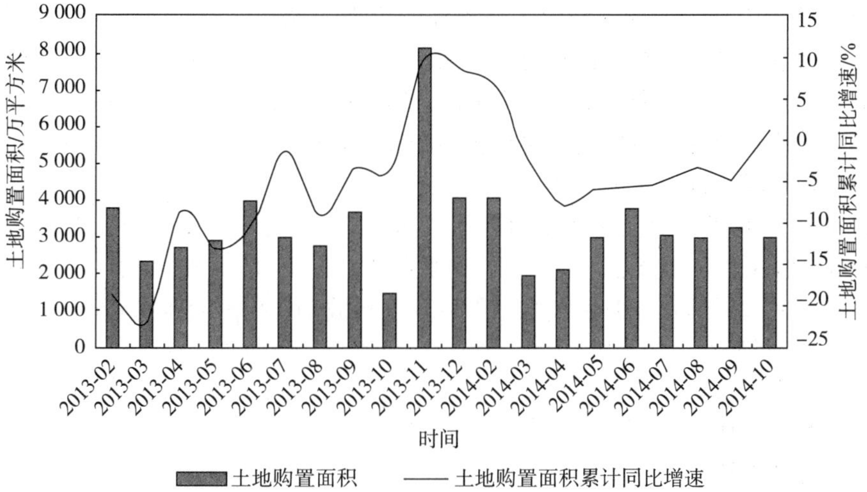

图 1.3　2013～2014 年土地购置面积及同比增速

资料来源：中经网统计数据库

表 1.5 展示了 2014 年 1～10 月我国东、中、西部地区土地购置情况。东部地区土地购置面积整体上呈先下降后回暖的趋势，至 10 月才略有反弹；中部地区的土地购置面积与东部类似，后 9 个月均为负增长，至 10 月才有回暖的迹象；西部地区的土地购置面积虽然整体为负增长，但却逐月回升。从 2013 年年中至 2014 年 10 月，房地产市场出现整体下滑态势，不同地区的市场出现分化特征，东部、中部由于往年开发力度较大，库存量较高，西部地区市场开发程度不高，土地成本较低等原因使开发企业更愿意向西部地区开拓市场。

表 1.5　2014 年 1～10 月房地产土地购置情况表

时间	土地购置面积/万平方米			时间	累计土地购置面积同比增速/%		
	东部	中部	西部		东部	中部	西部
2014-02	2 022.79	1 100.43	938.80	2014-01～02	17.74	23.05	−21.79
2014-03	940.49	426.08	561.05	2014-01～03	6.04	−1.10	−16.48
2014-04	1 020.33	528.74	591.69	2014-01～04	1.39	−15.68	−14.94
2014-05	1 446.89	732.39	780.21	2014-01～05	5.26	−12.76	−15.58
2014-06	1 659.91	972.57	1 078.56	2014-01～06	2.47	−14.53	−10.27
2014-07	1 150.55	923.03	942.95	2014-01～07	0.10	−12.44	−4.72
2014-08	1 333.94	760.90	857.35	2014-01～08	2.42	−10.28	−5.20
2014-09	1 390.69	824.92	1 007.07	2014-01～09	−0.85	−9.91	−5.46
2014-10	1 192.96	803.47	931.42	2014-01～10	4.68	−5.35	1.57

注：西部地区不含西藏

资料来源：中经网统计数据库

(二)房地产开发建设状况

2014 年 1～10 月，受商品房竣工面积和待售面积及保障性住房继续大力建设等因素的影响，我国商品房供给量比较充足。前两年房地产开发投资增速较快，新开工面积大幅增加，2014 年商品房竣工面积累计同比增速整体呈上升态势。但由于 2014 年市场交易低迷，销售量降低，所以商品房待售面积较高，库存量较大。未来短时间内商品房供给可以满足市场刚性需求的需要。

2014 年 1～10 月，商品房竣工面积累计 38 717.46 万平方米，与 2013 年同期相比增长 7.6%，增幅 5.8 百分点。从 1～10 月数据看(图 1.4)，2014 年商品房竣工面积逐月增加，累计同比增速在 4 月由负转正，后期虽有波动，但一直维持正增长。

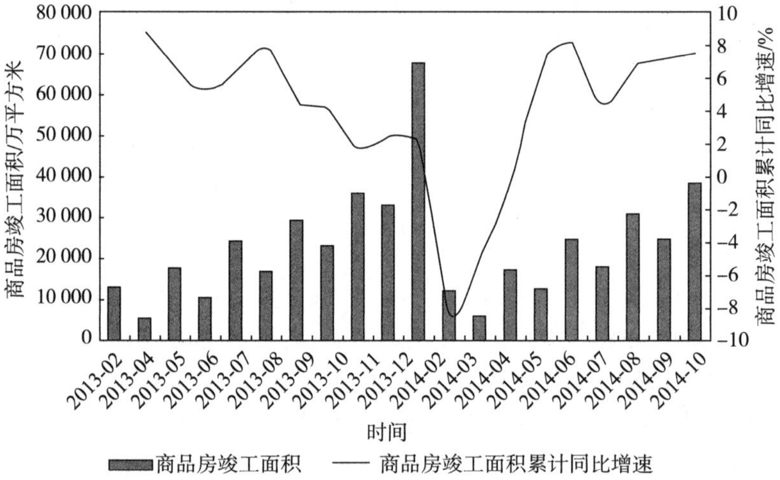

图 1.4　2013～2014 年商品房竣工面积及累计同比增速

资料来源：中经网统计数据库

2014 年 1～10 月，商品房待售面积累计 58 239 万平方米，与 2013 年同期相比增长 28.4%，其中住宅待售面积 38 286 万平方米，与 2013 年同期相比增长 28.6%。从 1～10 月数据看(图 1.5)，2014 年商品房和住宅待售面积逐月增加，累计同比增速一直呈增长态势。这主要是由于市场交易低迷，商品房和住宅销售量大幅降低，而商品房竣工面积累计同比增速逐月增长，所以库存量逐月变大，高库存成为制约房地产开发的因素之一。

(三)商品房销售状况

2014 年 1～10 月，我国商品房销售面积累计 88 493.81 万平方米，同比增速 −7.8%，增速比 2013 年同期下降了 29.6 百分点；其中住宅销售面积累计 77 606.72 万平方米，同比增速 −9.5%，增速比 2013 年同期下降了 31.8 百分点。

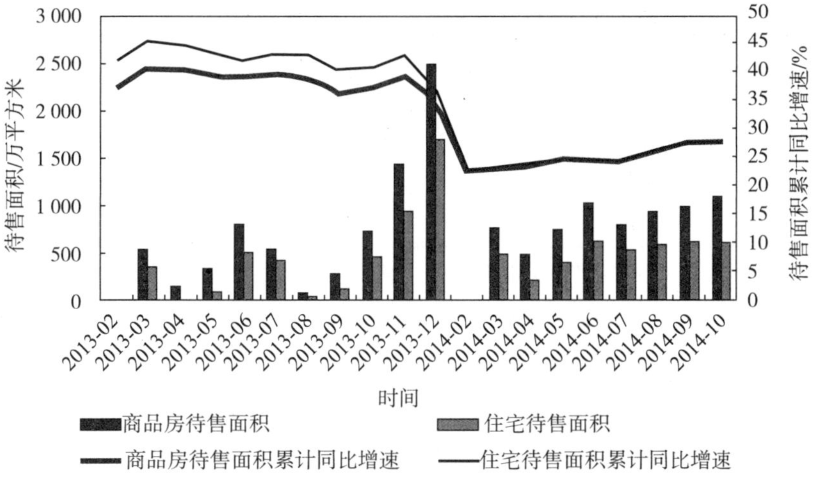

图 1.5　2013～2014 年商品房待售面积及累计同比增速

资料来源：中经网统计数据库

从 1～10 月数据看(图 1.6)，商品房和住宅销售面积月度值均低于 2013 年同期，累计同比增速一直为负，并小幅下滑。分地区来看(表 1.6)，东部地区的商品房销售面积月度值波动，但累计同比增速逐月均为负增长；中部地区的商品房销售面积累计同比增速则逐月下滑；西部地区的商品房销售面积与 2013 年同期相比变化不大。东部地区由于市场开发力度较大，所以在货币政策、库存、土地供给等因素影响下市场交易量整体大幅下降；中部地区受房地产市场整体低迷及自身人口、经济、库存存量等因素影响，商品房交易量逐月下滑；西部地区虽然也受到市场整体的影响，但由于近年来房地产开发投资向西部转移等因素的影响，其商品房销售情况较好，所以与 2013 年同期相比变化不大。

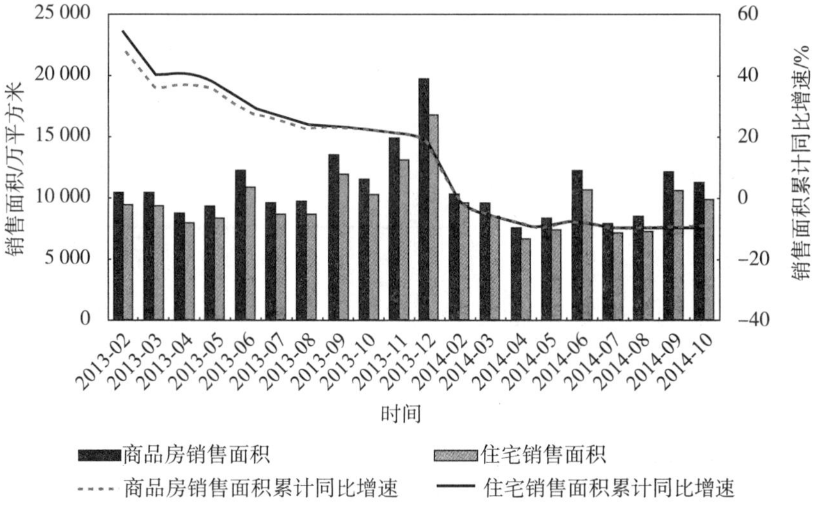

图 1.6　2013～2014 年商品房销售面积及累计同比增速

资料来源：中经网统计数据库

表 1.6 2014 年 1～10 月商品房销售面积情况表

时间	商品房销售面积/万平方米			时间	累计商品房销售面积同比增速/%		
	东部	中部	西部		东部	中部	西部
2014-02	5 089.00	2 800.00	2 577.00	2014-01～02	－6.00	15.10	－1.80
2014-03	4 610.00	2 523.00	2 512.00	2014-01～03	－10.00	6.80	－1.00
2014-04	3 641.00	1 975.00	1 982.00	2014-01～04	－13.50	2.80	－2.40
2014-05	3 833.00	2 232.00	2 296.00	2014-01～05	－14.40	0.30	－2.10
2014-06	5 457.00	3 457.00	3 380.00	2014-01～06	－13.30	1.80	1.40
2014-07	3 806.00	2 209.00	2 100.00	2014-01～07	－14.80	0.20	－0.50
2014-08	4 049.00	2 214.00	2 246.00	2014-01～08	－15.00	－1.70	－1.10
2014-09	5 423.00	3 283.00	3 438.00	2014-01～09	－15.30	－2.90	－0.60
2014-10	4 994.00	3 044.00	3 324.00	2014-01～10	－14.60	－2.80	1.10

资料来源：中经网统计数据库

2014 年 1～10 月，我国商品房销售额累计 56 384.93 亿元，同比增速－7.9%，增速比 2013 年同期大幅下降了 40.2 百分点；其中住宅销售额累计 46 374.95 亿元，同比增速－9.9%，增速比 2013 年同期大幅下降了 42.5 百分点。

从 1～10 月数据看(图 1.7)，商品房和住宅销售额月度值均低于 2013 年同期，累计同比增速一直为负，并小幅下滑。分地区来看(表 1.7)，东、中、西部地区的商品房销售额与销售面积的态势几乎一致，即东部地区的商品房销售额月度值波动，但累计同比增速逐月均为负增长；中部地区的商品房销售额累计同比增速逐月下滑；西部地区的商品房销售面积与 2013 年同期相比变化不大。

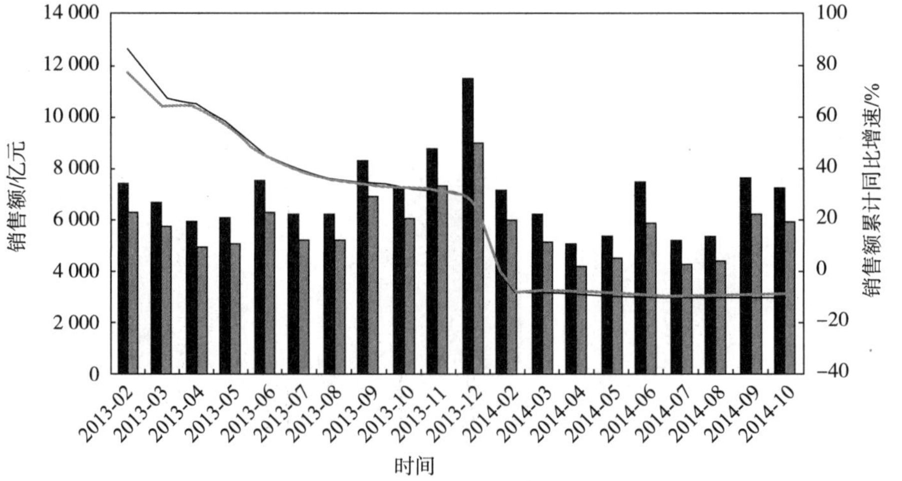

图 1.7 2013～2014 年商品房销售额及增速

资料来源：中经网统计数据库

表 1.7　2014 年 1～10 月商品房销售额情况表

时间	商品房销售额/亿元			时间	累计商品房销售额同比增速/%		
	东部	中部	西部		东部	中部	西部
2014-02	4 356.00	1 405.00	1 329.00	2014-1～2	−9.60	14.30	1.30
2014-03	3 625.00	1 248.00	1 300.00	2014-01～03	−11.50	8.40	4.00
2014-04	2 986.00	1 002.00	1 055.00	2014-01～04	−14.00	5.10	2.10
2014-05	3 087.00	1 110.00	1 171.00	2014-01～05	−14.70	3.20	1.80
2014-06	3 997.00	1 746.00	1 716.00	2014-01～06	−14.00	5.70	5.50
2014-07	2 971.00	1 104.00	1 107.00	2014-01～07	−15.20	3.90	3.40
2014-08	3 106.00	1 094.00	1 146.00	2014-01～08	−15.50	1.60	2.70
2014-09	4 290.00	1 628.00	1 648.00	2014-01～09	−15.50	1.10	2.80
2014-10	4 070.00	1 481.00	1 607.00	2014-01～10	−14.30	1.10	4.00

资料来源：中经网统计数据库

三、房地产价格波动

2014 年 1～10 月全国土地购置均价 5 145.79 元/平方米，同比增速 30.44%，与 2013 年同期相比增速涨幅 21.26 百分点。分月度看(图 1.8)，2014 年各月累计值均高于 2013 年同期，在 1～2 月，土地价格同比增速转正，并持续同比高速增长。

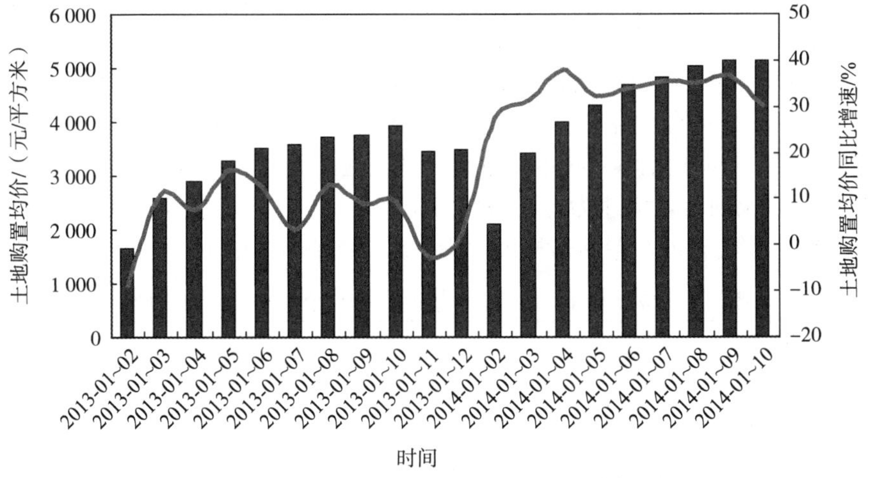

图 1.8　2013～2014 年全国土地均价及增速

资料来源：中经网统计数据库

2014 年 1～10 月全国商品房销售均价 6 371.62 元/平方米，同比增速−0.19%，与 2013 年同期相比增速降幅 8.75 百分点。分月度看(图 1.9)，2014 年各月累计值均与 2013 年同期价格水平基本持平，在 1～2 月，商品房销售均价同比增速转负，并持续保持负增长。

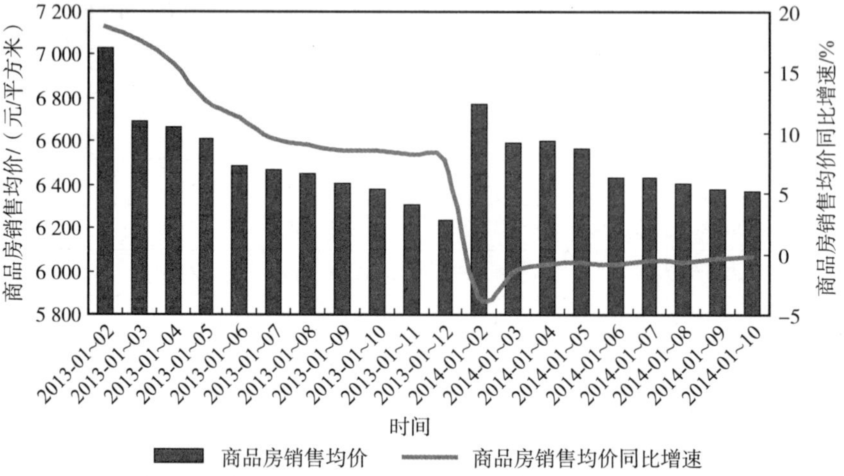

图 1.9　2013～2014 年全国商品房销售均价及增速

资料来源：中经网统计数据库

表 1.8 展示了东、中、西部各地区 2014 年 1～10 月累计土地购置均价和商品房销售均价及其变动情况。全国大部分地区土地价格与 2013 年同期相比大幅增长，但商品房销售价格同比增幅并不大。

与 2013 年相比，1～10 月东、中、西部地区土地购置均价除贵州、甘肃、青海、广西以外，均未出现大幅度增长，东部和中部增速均保持在 30%以上，西部地区也有近 20%的增长。1～10 月东、中、西部地区商品房销售均价除西藏、甘肃、青海、新疆等西部地区部分省份外，其余地区只有微幅增长，有些省份甚至出现回落。东部地区几乎与 2013 年保持相同的价格水平，中部和西部也仅有 3～4 百分点的增长。

与 2014 年 1～9 月相比，东部和中部地区土地购置均价增速 0.53%和 1.71%，而西部地区出现小幅回落，增速为－1.12%。全国有 16 个省市房价出现环比回落，高于 2013 年同期的 12 个省市，但回落幅度较小，均保持在 4%以下。

表 1.8　2014 年 1～10 月累计土地购置均价和商品房销售均价

省市	土地均价/(元/平方米)	同比增速/%	环比增速/%	销售均价/(元/平方米)	同比增速/%	环比增速/%
东部地区	7 808.86	30.48	0.53	7 942.73	0.34	0.36
北京	20 147.70	19.67	−7.15	18 716.61	−2.75	−1.42
天津	22 158.01	406.34	1.35	9 253.54	3.63	0.92
河北	4 570.43	65.70	5.30	5 057.19	3.40	−1.30
辽宁	3 207.24	29.09	6.46	5 378.56	4.97	0.53
上海	28 599.91	43.93	13.66	16 586.20	0.45	3.02
江苏	4 987.73	5.29	−2.55	6 997.38	−0.78	0.70

续表

省市	土地均价/(元/平方米)	同比增速/%	环比增速/%	销售均价/(元/平方米)	同比增速/%	环比增速/%
浙江	13 860.09	5.18	−5.51	10 465.05	−6.57	0.29
福建	9 886.45	22.78	−2.46	9 338.02	5.29	0.87
山东	3 840.53	5.39	3.64	5 406.09	6.45	−0.31
广东	8 346.58	79.77	5.84	9 208.15	−0.38	−0.46
海南	9 736.12	92.54	−0.02	9 715.58	9.18	−1.17
中部地区	2 980.46	30.31	1.71	4 978.88	3.95	−0.33
山西	2 885.40	1.20	0.07	4 616.16	6.23	0.99
吉林	1 560.21	0.15	0.08	5 116.69	11.51	2.09
黑龙江	3 988.60	1.22	0.09	5 056.88	5.81	−1.94
安徽	2 919.38	0.13	−0.01	5 514.87	7.38	−0.26
江西	2 311.57	0.13	0.08	5 373.45	1.88	0.71
河南	2 950.10	0.06	0.02	4 455.82	3.56	−0.91
湖北	4 295.16	0.65	−0.01	5 534.05	1.96	−0.35
湖南	3 070.30	0.15	0.02	4 310.96	−1.44	−0.17
西部地区	2 941.21	19.96	−1.12	5 063.60	2.89	−0.72
重庆	3 272.84	6.25	−3.80	5 569.79	−0.80	−0.64
四川	5 700.95	3.06	2.73	5 624.98	1.64	0.16
贵州	1 511.29	−6.88	1.13	4 287.43	−0.05	−1.54
云南	3 859.59	113.23	−1.93	4 867.32	8.40	0.02
西藏	1 476.71	—	−51.53	5 626.82	41.43	−2.20
陕西	3 839.75	59.12	0.63	5 316.06	−0.96	0.42
甘肃	589.77	−58.38	15.90	4 574.23	19.49	−0.44
青海	2 059.23	−57.70	6.55	5 291.13	25.53	−3.48
宁夏	1 075.19	14.15	−3.81	4 141.43	−3.54	−0.19
新疆	885.93	22.78	−4.17	4 695.34	13.31	−2.08
广西	3 161.26	−39.67	−12.98	4 887.26	4.36	0.26
内蒙古	2 769.15	30.80	5.00	4 427.88	2.22	−2.64

资料来源：中经网统计数据库

第二章　房地产市场相关政策与评述

一、2013年11月～2014年11月主要房地产政策一览

受宏观经济不景气和房地产市场自身调整的双重影响，2013年11月～2014年11月中国房地产市场发展并不景气，但从2014年3月起，尤其是下半年以来，相关部门出台了一系列刺激政策，或多或少地提振了中国房地产市场。“双向调控”“限购松绑”“公积金新政”“降息”等成为2014年房地产市场调控的热门词汇。在土地政策方面，国家加强了对农村土地改革的关注，保障农民对承包地使用、流转及承包经营权抵押、担保权能的实现，同时加快征地制度改革，从而健全城乡一体化发展体制机制，推进城乡要素平等交换和公共资源均衡配置；在保障房政策方面，中央大力推进保障性安居工程建设，特别是加强对棚户区的改造、公租房并轨等方面的建设，以满足符合规定条件的住房人群的需求，做到应保尽保；在金融与财税政策方面，中国人民银行(以下简称央行)下调金融机构人民币贷款和存款基准利率以降低企业的融资成本，并推出重磅救市政策，不但首套房贷款利率下限被大幅下调，而且对于已拥有两三套及以上住房的家庭，也可以享受贷款，刚需型、改善型、投资投机型群体都将受益；在税收政策方面，提出加快房地产税立法、推进房地产税全面开征的要求，具体政策汇总如下。

(一)土地政策

(1)2013年11月12日，中国共产党第十八届中央委员会第三次全体会议通过了《中共中央关于全面深化改革若干重大问题的决定》。该决定共包括16个方面的改革方向，60项政策要点，其中在土地制度改革方面要求新一轮土地制度改革要围绕“建立城乡统一的建设用地市场”这一中心思想，意在建设统一、平等、开放、有序的市场体系。

解读：近年来，城镇化进程带来大量的土地需求，土地供需矛盾日益扩大，各地对土地制度改革的呼声也日益高涨。此项政策的实施使土地制度改革又一次成为焦点。

(2)2014年1月20日中共中央、国务院印发《关于全面深化农村改革加快推进农业现代化的若干意见》(一号文件)。

解读：此次农村改革针对城乡二元结构体制，目标是健全城乡一体化发展体制机制，推进城乡要素平等交换和公共资源均衡配置。其在土地方面的规定是城乡一体化改革的重要组成部分——赋予农民对承包地占有、使用、收益、流转及承包经营权抵押、

担保权能；同时加快征地制度改革，完善对被征地农民合理、规范、多元保障机制，保障农民公平分享土地增值收益。

(3)2014 年 2 月 20 日，国土资源部下发《关于强化管控落实最严格耕地保护制度的通知》。该通知指出，要加大土地规划计划管控力度，严格控制城市建设用地规模，避让优质耕地，逐步减少新增建设用地计划指标，重点控制东部地区特别是京津冀、长三角、珠三角三大城市群建设用地规模。除生活用地及公共基础设施用地外，原则上不再安排城市人口 500 万以上特大城市中心城区新增建设用地。

解读：各地两会陆续召开，加快推进土地改革，通过试点探索农村土地入市流转成为热点。农村土地改革是十八届三中全会的重点，也是 2014 年经济工作的重心。多个省市也相继出台政策试点改革，推动农村经营性建设用地同权同价入市，这将加强相关省市的土地供应，并对增加农民收入、平抑城市地价起到积极作用。

(4)2014 年 4 月 17 日，国土资源部办公厅印发《养老服务设施用地指导意见》，将养老服务设施用地供应纳入国有建设用地供应计划。在用地范围、土地用途和年期、供地计划、供地政策、鼓励租赁供地、分类用地监管、鼓励盘活存量用地、利用集体建设用地等方面分别做出了规定，从土地政策上大力支持养老服务业的发展。

(5)2014 年 5 月 21 日，国务院批转国家发展和改革委员会(以下简称国家发改委)《关于 2014 面深化经济体制改革重点任务意见的通知》，该通知在土地改革方面，指出农村土地制度改革试点要按照集体所有权不能变、耕地红线不能动、农民利益不能损的原则，慎重稳妥地推进。探索农村土地集体所有制的有效实现形式，落实集体所有权、稳定农户承包权、引导承包地经营权有序流转，赋予承包地经营权抵押、担保权能。

(6)2014 年 11 月 20 日，中共中央办公厅、国务院办公厅印发《关于引导农村土地经营权有序流转发展农业适度规模经营的意见》。该意见指出要稳定完善农村土地承包关系，规范引导农村土地经营权有序流转，具体涉及鼓励创新土地流转形式，严格规范土地流转行为，加强土地流转管理和服务，合理确定土地经营规模，加强土地流转用途管制等 19 个方面。

解读：农村土地改革政策的连续出台表明了国家对农村政策的高度重视。其中土地流转作为国家全面深化改革的重要一环，一方面通过适当的集中与合理的土地置换，可以避免农村居民点过于分散的住房方式所造成的土地浪费；另一方面有利于提高农民非农转移的稳定性，从而有利于弱化城乡二元体制并推进城乡一体化进程。因此，对此问题应予以重视，以尊重农民意愿为前提，引导土地规范有序流转。

(二)保障性住房

(1)2014 年 3 月 20 日住房和城乡建设部(以下简称住建部)、财政部、国家发改委联合印发《关于做好公共租赁住房和廉租住房并轨运行有关财政工作的通知》，该通知要求各地财政部门积极做好公共租赁住房和廉租住房并轨运行的有关财政工作。一是明确地方政府原用于廉租住房建设的资金渠道；二是做好租赁补贴发放工作；三是准确填列政府收支分类科目；四是盘活政府存量资金；五是严格资金使用管理。对于项目净结余资金，要相应减少中央和省级补助资金，不得将保障性安居工程资金用于人员经费、公用经费、办公楼建设、对外投资等与保障性安居工程无关的支出，保障公共租赁住房和廉租住房并轨运行工作的顺利进行。

(2)2014 年 4 月 2 日，李克强主持召开国务院常务会议，部署进一步发挥开发性金融对棚户区改造的支持作用。会议确定，由国家开发银行(以下简称国开行)成立专门机构，实行单独核算，采取市场化方式发行住宅金融专项债券，向邮储等金融机构和其他投资者筹资，鼓励商业银行、社保基金、保险机构等积极参与，重点用于支持棚户区改造及城市基础设施等相关工程建设。

(3)2014 年 5 月 19 日，国家发改委下发《关于创新企业债券融资方式扎实推进棚户区改造建设有关问题的通知》。该通知要求各部门要认真开展棚户区改造项目资金需求测算，研究融资预案；并适当放宽企业债券发行条件，支持国有大中型企业发债用于棚户区改造；同时推进企业债券品种创新，研究推出棚户区改造项目收益债券；也要注意与开发性金融政策相衔接，扩大"债贷组合"用于棚户区改造范围。

解读：加快棚户区改造，让亿万居民早日"出棚进楼"，是改善民生的硬任务，也可以有力拉动投资、促进消费，是以人为核心的新型城镇化的重要内容，开发性金融、创新企业债券融资等可以为棚改提速提供依法合规、操作便捷、成本适当、来源稳定的融资渠道，保证了棚改任务的资金需要。相关政策的接连推出，表明了国家 2014 年大规模推进棚户区改造的决心。

(4)2014 年 6 月 17 日，中国保险监督管理委员会(以下简称中国保监会)发布《关于开展老年人住房反向抵押养老保险试点的指导意见》，该指导意见的发布，标志着《国务院关于加快发展养老服务业的若干意见》(国发〔2013〕35 号)提出的开展老年人住房反向抵押养老保险试点工作正式启动。此次试点设立了 2 年的试点期，试点城市为北京、上海、广州及武汉四个城市。试点期间，投保人群为 60 岁以上拥有房屋完全独立产权的老年人，单个保险公司业务规模不得超过总资产的一定比例。

解读："以房养老"有缓解独生子女一代压力、将不动产变身可支配财产，增加老年人积蓄等特点，但老年人住房反向抵押养老保险业务在我国尚属新生事物，业务流程较为复杂，期限较长，涉及领域较广。通过试点的方式，有利于逐步积累开展此项业务的经验，推动该项业务在我国的健康发展。

(5)2014 年 7 月 2 日住建部发布《关于并轨后公共租赁住房有关运行管理工作的意见》，该意见指出要完善融资机制，多方筹集资金，做好公共租赁住房及其配套基础设施和公共服务设施规划建设，落实民间资本参与公共租赁住房建设的各项支持政策。并且特别强调应对公租房加强使用退出管理。明确提出要完善城镇低收入住房困难家庭资格复核制度，承租人违反有关规定或经审核不再符合公共租赁住房保障条件的，应退出公共租赁住房保障。

解读：公租房并轨是指各地公共租赁住房和廉租住房并轨运行，并轨后统称为公共租赁住房。住建部此次发出意见，就是配合住建部、财政部、国家发改委在 2013 年年底共同发出的《国务院批转发展改革委关于 2013 年深化经济体制改革重点工作意见的通知》进一步落实具体的操作意见。要求各地应当根据本地实际情况，满足符合规定条件的低收入住房困难家庭的需求，做到应保尽保。

(6)2014 年 7 月 22 日，国开行获得央行给予的 3 年期 1 万亿元抵押补充贷款，专门用于支持住房金融事业部，贷款利率 6%，还款来源是国开行住宅金融事业部未来在银行间债市发行的住宅金融专项债券。

(7)2014 年 8 月 4 日，国务院下发《关于进一步加强棚户区改造工作的通知》，该通知明确各地要推进债券创新，支持承担棚户区改造项目的企业发行债券，优化棚户区改造债券品种方案设计，研究退出棚户区改造项目收益债券。

解读：棚户区改造既是重大民生工程，也是重大发展工程。通过加快推进棚户区改造，让更多的棚户区居民住房条件早日得到改善。该通知旨在部署有效解决棚户区改造的困难和问题，进一步加强棚户区改造工作，扎实推进改造约 1 亿人居住的城镇棚户区和城中村，有利于缓解城市内部二元结构矛盾，增强城市对人口的吸纳能力和综合承载力；有利于促进土地集约节约利用，有效破解城市建设用地不足的难题；有利于增加普通商品住房供应，拉动投资、消费需求，并带动相关产业发展。

(三)金融与财政

(1)2013 年 11 月 15 日发布的《中共中央关于全面深化改革若干重大问题的决定》，该决定明确提出，允许地方政府通过发债等多种方式拓宽城市建设融资渠道，研究建立城市基础设施、住宅政策性金融机构。

(2)2013 年 12 月 14 日闭幕的中央城镇化会议从五个方面规划了新型城镇化可持续的资金来源，其中再次提及“当前要发挥好现有政策性金融机构在城镇化中的重要作用，同时研究建立城市基础设施、住宅政策性金融机构”。

解读：按照国务院“十二五”规划，5 年将新建 3 600 万套保障性住房。2013 年国务院总理李克强提出了 5 年 1 000 万户棚户区的改造计划，但是资金来源成为无法回避的问题。而政策性金融机构的成立，可以起到吸纳存款、发放贷款，开发关于住房保障的理财产品和金融产品的作用，将积极有效地拓宽住房保障金的融资渠道。

(3)2014 年 5 月 12 日，央行召开住房金融服务座谈会，会议要求各商业银行保证正常房地产融资需求，积极引导房地产信贷市场健康发展，对进一步改善住房金融服务工作提出合理配置信贷资源；科学合理定价，合理确定首套房贷款利率水平；提高服务效率；有效防范信贷风险；建立信息沟通机制等要求，统称“央五条”。

解读：继 6～7 个城市放松限购以后，信贷也开始出现松动。自 2014 年年初以来，楼市受金融的影响比较大。不仅个人住房贷款偏紧，而且首套房优惠利率已基本取消。央行发布的“央五条”，对于市场来说，是一个针对性的利好。

(4)2014 年 7 月 22 日，国开行获央行 1 万亿元再贷款，支持棚户区改造。央行于 2014 年二季度给予国开行 3 年期的 1 万亿元抵押补充贷款，专门用于支持住房金融事业部，贷款利率 6%，还款来源是国开行住宅金融事业部未来在银行间债市发行的住宅金融专项债券。

(5)2014 年 9 月 30 日央行联合中国银行业监督管理委员会(以下简称中国银监会)

出台《中国人民银行中国银行业监督管理委员会关于进一步做好住房金融服务工作的通知》，该通知规定对于贷款购买首套普通自住房的家庭，贷款最低首付款比例为 30%，贷款利率下限为贷款基准利率的 0.7 倍；拥有 1 套住房并已结清贷款，再次申请购买普通商品房的，执行首套房贷政策；未执行限购的城市，对拥有 2 套及以上住房并结清贷款的，放开多套房贷；鼓励发行住房抵押贷款支持证券，发行期限较长的专项金融债券；支持符合条件的房地产企业在银行间债券市场发行债务融资工具，积极稳妥开展房地产投资信托基金(real estate investment trusts，REITs)试点。

解读：央行此次救市，意义深远，力度重大。这是本轮房地产调整以来，第一次以中央层面发布救市政策，取消困扰市场已久的限贷政策，弥补单一限购政策取消的不足。从力度上来看，不但首套房贷款利率下限被大幅下调，其认定方式也已改变，之前规则已被全部取消，而且对于已拥有两三套及以上住房的家庭，也可以享受贷款，因此，这次救市是非常彻底、全面地，刚需型、改善型、投资投机型群体都将受益。

(6)2014 年 10 月 9 日，住建部、财政部、央行联合印发《关于发展住房公积金个人住房贷款业务的通知》，该通知要求实现住房公积金缴存异地互认、转移接续，并推进异地贷款业务，申请公积金房贷的连续缴存年限由 12 个月减少至 6 个月，并提高了贷款额度。

解读：如今，人们工作的流动性日益增强，许多人在就业地缴存公积金，却因房价过高等原因而选择回原籍购房，许多公积金费用白白缴存。公积金异地贷款制度的推出，会对全国房地产市场的交易量起到促进作用，对于工作变动的居民也更加公平；公积金缴存时间的缩短，可使更多人享受公积金贷款买房的政策，加大居民对房地产市场的需求，但半年的时间差影响并不会太大；部分城市受房价的影响，贷款发放率较低，此次贷款额度的提升可充分利用公积金在购房价格上的杠杆作用，提高居民的购房能力。

(7)2014 年 11 月 21 日，央行发布通知下调金融机构人民币贷款和存款基准利率。金融机构一年期贷款基准利率下调 0.4 百分点至 5.6%；一年期存款基准利率下调 0.25 百分点至 2.75%；存款利率浮动区间的上限由存款基准利率的 1.1 倍调整为 1.2 倍；其他各档次贷款和存款基准利率相应调整。

解读：这是继 2012 年 7 月后，两年多来央行首次降息。本次降息是在利率市场化的大背景下进行的，所谓利率市场化也就是说存贷款利率都要由市场决定。本次降息的关键目的之一是为了解决企业融资贵、融资难的问题。希望能够借降息进一步降低企业的融资成本，降低企业的财务成本。

(四)税收政策

(1)2013 年 11 月 12 日，中国共产党第十八届中央委员会第三次全体会议通过了《中共中央关于全面深化改革若干重大问题的决定》。其中对房地产税改革方面，要求平衡中央和地方财权、事权，逐步建立“重保有、轻流转”的地方财税结构，加快房地产税立法并适时推进改革。

解读：房地产税是对老百姓、公众财产权的分割，直接向个人和家庭征收，一定要遵循税收法定原则。立法后，税制设计会更公平，从而通过法制思维和法制方式来推进改革促进发展。此次的提法，回应了房产税开征的合法性、公平性的诉求。这是税制改革中的一大亮点。

(2)2014 年 2 月 23 日，二十国集团财长和央行行长召开会议，会议指出未来中国将继续推进房产税改革，加快房产税改革立法。

(3)2014 年 7 月 4 日，财政部部长楼继伟提出财税制度改革时间表。指出 2014～2015 年是税制改革的关键时期，将锁定六大税种，包括增值税、消费税、资源税、环境保护税、房地产税及个人所得税，下一步应该将范围逐步扩大到建筑业、房地产业、金融业等各个领域。

(4)2014 年 8 月 27 日，十二届全国人大常委会第十次会议召开，会议指出 2014 年 1～7 月房地产相关税收明显回落：房地产企业所得税增长 5.8%，同比回落 21.6 百分点；房地产营业税增长 6.4%，回落 36.6 百分点；契税增长 10.5%，回落 29.7 百分点。

解读：房产既和土地财政相关，也和民众的公共福利相关，根据房产税在上海和重庆两个大型城市的试点情况，以及 2014 年 6 月国土资源部正式启动不动产登记信息平台建设的研究和设计工作，加上国家有关部门明确全国住房信息联网将在 2020 年前完成，可以看出虽然在税收目标不够清晰、土地国有化等情况下，房产税开征在执行中可能会遇到一些困难，但房产税全面开征已是大势所趋。

(五)其他政策

(1)2014 年 1 月 24 日，中央机构编制委员会办公室(以下简称中央编办)发布《中央编办关于整合不动产登记职责的通知》，该通知规定由国土资源部指导监督全国土地登记、房屋登记、林地登记等不动产登记工作，会同有关部门起草不动产统一登记的法律法规草案，推进不动产登记信息基础平台建设。

解读：整合不动产登记职责、建立不动产统一登记制度，是国务院机构改革和职能转变方案的重要内容，也是完善社会主义市场经济体制、建设现代市场体系的必然要求，对于保护不动产权利人的合法财产权，提高政府治理效率和水平，尤其是方便企业、方便群众，具有重要意义。

(2)2014 年 5 月 21 日，国务院批转国家发改委《关于 2014 面深化经济体制改革重点任务意见的通知》。该通知着力推进财税金融价格改革，坚持房地产税立法相关工作，深化户籍、土地体制改革等方面都成为了全面深化改革的重要组成部分。

(3)2014 年 6 月 12 日，有关不动产登记信息平台顶层设计的研讨会在北京召开。会议提出不动产登记信息平台建设的顶层设计工作，当前首要的是做好制度设计，充分考虑不动产登记应用的近期需求和远期需求，实现各类不动产登记信息在有关部门间互通共享，消除“信息孤岛”。

解读：此次研讨会的召开，标志着不动产登记信息平台建设的研究和设计工作正式启动。按照不动产登记工作的工作部署，研究制定不动产登记信息管理基础平台建设总体方案是 2014 年推动不动产登记的重点工作之一。实行不动产统一登记可以摸清国内不动产市场的状况，为将来土地供应、市场调整、城市规划、开工建设等多方面提供基础性的参考依据。

(4)2014 年 7 月 17 日，国家发改委、住建部发布公告决定开放房地产经济服务收费权限，实行市场调节价。房地产经济服务收费定价权限，由省级人民政府价格行政主管部门和住房城乡建设行政主管部门管理。

解读：此项政策的实施可以充分发挥市场在资源配置中的作用，完善房地产中介服务价格形成机制，促进房地产经济服务行业的健康发展。

(5)2014 年 8 月 22 日，住建部网站发布《关于开展加强和改进住房公积金服务专项督查工作的通知》，该通知决定 2014 年下半年开始在全国范围内开展加强和改进住房公积金服务专项督查工作，将降低中间费用，取消强制保险、公证和担保及其他不合理收费。

解读：根据住建部公开的数据显示，住房公积金自 1992 年成立至今已有 23 个年头。截止到 2014 年 3 月，全国实际缴存公积金职工 1.06 亿人，缴存总额 6.47 万亿元，缴存余额 3.27 万亿元。全国 3 万多亿元的公积金利用率大约只有 50%，而住房公积金的缴存覆盖面却在不断扩大。贷款额度过低和覆盖面不广是造成这种现象的主要原因。此项政策的颁布就是通过督查切实解决群众反映强烈的住房公积金服务方面存在的突出问题，维护住房公积金缴存职工的合法权益。

二、2013 年 11 月～2014 年 11 月地方特殊政策

中央政府出台各项政策调控房地产市场平稳健康发展，地方政府相继采取各项细则对房地产市场进行调控，各地房地产政策一览如下。

(一)北京房地产政策一览

(1)2014 年 1 月 16 日，北京市市长在北京市第十四届人民代表大会第二次会议上做《政府工作报告》，明确表示要满足群众基本住房需求。

解读：《政府工作报告》中提出政府要深入研究住房建设规律，构建以政府为主提供基本保障、以市场为主满足多层次需求的住房保障和供应体系的政策。一方面，提出坚持以公租房和共有产权房为重点，理顺建设管理体制，继续建设保障性住房，同时加快推进已开工项目的政策，以逐步解决本市城镇中低收入家庭住房困难的问题。另一方面，也提出加快推进城六区棚户区改造和环境整治、推进共有产权性质的自住型商品住房建设、加快已供地项目实施进度、优化住房供应结构的任务。与此同时，报告也强调要继续严格执行房地产调控各项政策措施，坚决保持房价基本稳定，促进房地产市场平稳健康发展，加强和创新房屋租赁市场管理，保障出租人、承租人的合法权益。

(2)2014 年 2 月 8 日，北京市住房和城乡建设委员会发布关于印发《北京市自住型商品住房销售管理暂行规定的通知》。该通知明确说明由房地产开发企业使用全市统一的摇号软件组织公开摇号。

(3)2014 年 3 月 10 日，北京市住房和城乡建设委员会、北京市发展和改革委员会、北京市财政局公布《关于进一步加强廉租住房与公共租赁住房并轨分配及运营管理有关问题的通知》。

解读：自 2011 年以来，北京市逐步实现了廉租住房与公共租赁住房并轨运行。该通知实施后，实现了“三个统一，一个不变”，即房源分配统一、租金标准统一、退出管理统一、承租家庭租金不变。

(4)2014 年 4 月 10 日，北京市住房和城乡建设委员会、北京市规划委员会发布《北京市关于加强自住型商品住房工程质量管理的通知》。

解读：该通知表明，加快自住型商品住房建设是贯彻落实中央房地产调控精神，而且自住型商品住房的质量关乎广大人民群众的切身利益，是事关民生的民心工程。该通知从规范自住型商品住房参建各方主体质量行为、加强自住型商品住房施工现场质量管理、强化自住型商品住房工程质量监督管理这三个方面来加强自住型商品住房工程质量管理。

(5)2014 年 5 月 22 日，北京市住房和城乡建设委员会发布《关于进一步加强已获得住房保障家庭动态监督管理工作的通知》。

解读：该通知明确了对北京市已获得住房保障的家庭进行动态监督管理的具体工作内容和要求。该通知表明，公租房(含廉租房)和经适房购房家庭成员若通过受赠、继承、购买等方式又获得其他住房将退出保障住房；保障家庭居住期间，如存在出借(转借)、出租(转租)、出售、擅自改变房屋用途等违规使用行为将被调查处理；领取公租房(含廉租房)租金补贴家庭的人口、收入、资产等发生变化的，将根据变化情况调整或停发租金补贴；市场租赁房源的廉租家庭若不实际居住在租住住房将被取消租金补贴。此次通知的发布能有效提高公共租赁住房管理水平，为保障家庭创建和谐的生活环境。

(6)2014 年 6 月 20 日，北京市城市和住房建设委员会发布消息，市住建委、市国土局拟出台文件规范“三定三限”定向安置房产权和再上市交易管理。出台的文件主要解决如下两个问题：一是进一步明确产权和再上市政策，根据京国土市〔2007〕774 号文件，“三定三限”定向房安置房产权性质界定为普通商品房，为更好地保障安置家庭合法权益，市相关部门确定了此类房屋性质为定向安置住房，若定向安置房用于被拆迁家庭安置后仍有剩余则可转为其他保障性住房公开配租配售。二是规范“三定三限”安置房销售和登记管理，文件对“三定三限”定向安置房销售、登记的申请条件和流程进行了明确的规定。

(7)2014 年 8 月 15 日，北京市城市和住房建设委员会发布《关于在本市保障性住房中实施绿色建筑行动的若干指导意见》。

解读：该意见提出，2014 年起，凡纳入北京发展规划和年度保障性住房建设计划的公租房、棚户区改造项目应率先实施绿色建筑行动，至少达到绿色建筑一星级标准；经济适用房、限价商品房通过分类实施产业化方式循序推进实施绿色建筑行动。这意味着北京新建保障性住房将实现“实施绿色建筑行动和产业化建设”全覆盖。该意见的发布，表明北京首次将绿建和产业化相关要求明确写入规划条件。该政策整合了财政、规划、住建、科技、国资等多部门对于绿色建筑及其产业化的激励政策，形成了政策激励导向机制。

(8)2014 年 9 月 30 日，北京市住房和城乡建设委员会、北京市财政局、北京市地方税务局发布《关于调整本市享受税收优惠政策普通住房平均交易价格有关问题的通知》。

解读：调整后，北京市享受税收优惠政策的普通住房，原则上按照住宅小区建筑容积率在 1.0(含)以上、单套建筑面积在 140 平方米(含)以下，并参考其实际成交价格确定。实际成交价格原则上应当低于按该通知确定的所在区域住房平均交易单价或套总价的 1.2 倍。上述所在区域住房平均交易单价或套总价，按照全市住房平均交易单价或者套总价，结合区域调整系数确定。全市住房平均交易价格按照 2013 年度的单价每建筑平方米 2.2 万元、套总价 260 万元确定。其中区域调整系数五环内为 1.5，五至六环之间为 1.2，六环以外为 0.9。

(9)2014 年 10 月 20 日，北京市住房和城乡建设委员会、北京市规划委员会发布《关于开展保障性住房设计方案审查的通知》。

解读：该通知明确说明凡纳入本市住房保障发展规划和年度保障性住房建设计划的各类保障性住房和自住型商品房，将按照规定程序进行设计方案审查。北京市住房和城乡建设委员会表示，为进一步加强保障性住房的品质管理，未通过审查的项目，不得开工建设，同时，自住型商品房也纳入了审查范围。该通知明确了参与设计方案审查工作专家的选聘程序，并公布了首批设计方案审查专家名单。北京市住房和城乡建设委员会相关负责人表示，首批专家长期从事住宅和保障性住房理论研究、工程设计工作，且多数为本市住房保障专家委员会成员。

(10)2014 年 11 月 13 日，北京市住房和城乡建设委员会发布关于对《关于进一步加强公共租赁住房分配管理的通知》(征求意见稿)公开征求意见的通知。

解读：根据征求意见稿，北京市公租房分配进度将进一步加快，全市统筹力度将进一步将强，防止空置的长效机制将进一步建立。一方面提前 6 个月启动配租，另一方面提高分配效率完善摇号配租剩余房源分配政策，防止房源空置，备案家庭可自行申请承租，也可面向社会单位组织无房职工趸租。

(二)上海房地产政策一览

(1)2014 年 5 月 12 日，上海市住房保障和房屋管理局印发《上海市房产面积测绘成果争议处理办法》。

解读：该办法的制定，更好地维护了房地产权利人及其他有关当事人的合法权益，保障了房产面积测绘成果的客观、公正、正确。

(2)2014 年 8 月 25 日，上海市人民政府发布《上海市人民政府关于调整和完善本市廉租住房政策标准的通知》。

解读：该通知对申请廉租住房家庭的收入和财产准入标准、配租面积标准、租金配租补贴标准、实物配租自付租金标准这四个方面做了调整。与2013年相比，申请廉租住房家庭的收入和财产准入标准有以下调整，即3人及以上申请家庭人均年可支配收入调高4 800元、人均财产调高10 000元，2人及以下申请家庭人均年可支配收入调高5 280元、人均财产调高11 000元。廉租住房租金配租申请家庭配租面积不足居住面积12平方米的，按照12平方米计算。租金配租补贴标准也相应有所提高，上述标准自2014年9月15日起实施。

(3)2014年9月10日，上海市住房保障和房屋管理局发布《关于调整完善本市廉租住房申请审核有关操作政策的通知》。

解读：该通知对申请审核中有关具体操作政策做了完善或明确，即精神残疾或智力残疾等不具有完全民事行为能力的人员，原则上应当与其监护人或者与其具有法定赡养、抚养或者扶养关系的家庭成员一同申请；具有完全民事行为能力的人员为成年单身人士且不与监护人或者具有法定赡养、抚养或者扶养关系人员共同居住生活的，不具有完全民事行为能力的人员可以单独申请，相关手续由监护人代为办理，配租方式为租金配租；符合本市廉租住房申请条件的按政策入沪人员，如不拥有其户口所在地住房的产权、土地使用权或者公有住房承租权，且其户口所在地内也无直系亲属或虽有直系亲属但其直系亲属(含直系亲属配偶)在其申请时不拥有及申请前五年内不曾拥有该住房的产权、土地使用权或者公有住房承租权的，其户口所在地的住房居住面积可以不做计算。

(4)2014年9月29日，上海市住房保障和房屋管理局发布《关于市筹公共租赁住房续租相关政策口径的通知》。该通知就市筹公共租赁住房续租关于变更申请人、变更承租人、购买期房人员延长过渡性居住期、超过租赁总年限的处理、单位续租五个方面的相关政策口径做了说明。

(5)2014年9月30日，上海市住房保障和房屋管理局发布《上海市关于对部分共有产权保障住房(经济适用住房)申请对象调整住房面积核算方式的意见》。

解读：该意见说明，核算方式采取“先确定核定面积家庭人数，计算申请对象住房建筑面积并扣减建筑面积后，再核算申请对象人均住房建筑面积”的方式。其中，核定面积家庭人数为2人的，扣减建筑面积10平方米；核定面积家庭人数为3人及以上的，扣减建筑面积15平方米。申请对象人均住房建筑面积计算公式为(申请对象户口所在地住房建筑面积－扣减面积＋申请对象他处住房建筑面积)/(申请对象户口所在地住房核定面积家庭人数＋申请对象他处住房核定面积家庭人数)。

(6)2014年10月8日，上海市住房保障和房屋管理局发布《上海市住房保障和房屋管理局关于进一步加强政府信息公开工作的通知》。该通知就深化政府信息公开内容、依法开展依申请公开工、完善政府信息公开渠道、夯实政府信息公开工作基础四个方面做了说明。

(7)2014年11月4日，上海市住房公积金管理委员会发布《上海市关于调整本市住房公积金个人贷款政策的通知》。

解读：该通知就调整本市住房公积金个人贷款政策有关问题说明如下，即对无住房公积金贷款记录或已结清住房公积金贷款的家庭，购买首套自住住房，执行首套房贷款政策；对拥有1套住房并已结清住房公积金贷款的家庭，为改善居住条件再次申请住房公积金贷款购买普通商品住房的，参照首套房贷款政策执行，即贷款首付款比例为30%，贷款利率为5年期以上4.50%，5年期以下(含5年期)4.00%，每户家庭住房公积金最高贷款限额为60万元(每人最高贷款限额为30万元)，有补充住房公积金的家庭最高贷款限额为80万元(每人最高贷款限额为40万元)；继续停止向购买第三套及以上住房的家庭发放公积金贷款；住房公积金个人住房贷款担保以所购住房抵押为主，取消住房公积金个人住房贷款强制性机构担保收费项目。

(8)2014年11月13日，上海市住房保障和房屋管理局、上海市规划和国土资源管理局、上海市财政局、上海市地方税务局发布《关于调整本市普通住房标准的通知》。

解读：根据新的标准，普通住宅实际成交价格应低于同级别土地上住房平均交易价格1.44倍以下，内环线内、内外环线间、外环线外每套应分别低于450万元、310万元和230万元。此外，普通住宅应满足的条件还包括单套建筑面积在140平方米以下；五层以上(含五层)的多高层住房，以及不足五层的老式公寓、新式里弄、旧式里弄等，根据有关规定，普通住宅的交易可以享受相应优惠政策。上海市住房保障和房屋管理局相关负责人表示，价格标准调整后，上海商品住房(包括新建商品住房和二手存量住房)交易环节中的普通住房比重将有一定幅度的增加。

(三)重庆房地产政策一览

2014年10月24日，重庆市召开2014年城市棚户区改造工作城市发展新区片区座谈会。

解读：会议提出四条具体要求以推进重庆市12个相关区县的棚户区改造工作：一是相关区县统一思想，健全机制，确保完成2014年目标任务；二是把握棚户区改造项目资金总体平衡原则，尽力而为、量力而行；三是积极探索融资渠道，创新融资模式，落实、利用好金融扶持政策；四是抓住机遇，加快城市棚户区改造步伐。

(四)山东房地产政策一览

(1)2014年1月21日，山东省住房和城乡建设厅、山东省财政厅、山东省发展和改革委员会、山东省物价局联合发布《关于推进公共租赁住房和廉租住房并轨的实施意见》。

解读：该意见指出，要从保障和改善民生出发，有序推进公共租赁住房和廉租住房统筹建设、并轨运行，逐步实现公共租赁住房和廉租住房的统筹建设、统筹分配、统筹运营、统筹管理。到2014年年底前，实现公共租赁住房和廉租住房的统一规划建设、统一准入分配、统一运营管理；全面取消户籍限制，实现同城待遇。

(2)2014年1月27日，山东省人民政府办公厅发布《关于进一步加强住房公积金管理工作的意见》。

解读：该意见的发布是山东省贯彻落实十八届三中全会关于住房公积金工作要求的重要举措，对推动山东省住房公积金事业健康发展具有重要意义。该意见结合山东省的实际，提出了公积金管理工作发展的基本原则和目标要求，规范了公积金缴存、使用、管理政策，明确了保障措施。该意见内容丰富，涵盖面广，创新性强，共分5部分、14条，其中具有创新性内容的措施有十多项。

(3)2014年3月6日，山东省发展和改革委员会发布"我省保障房年内并轨，计划建成近19万套"的消息。消息称，山东省超额完成2013年保障房建设任务。

解读：截至2013年11月底，山东省共开工各类保障性安居工程建设27.88万套，任务完成率为118.4%；连同往年结转项目基本建成22.21万套，任务完成率为130.7%；新增廉租住房租赁补贴户数9 678户，任务完成率为158.6%。并表示，在2014年实现"三统一"，力争让低收入"居者有其屋"，确保《关于推进公共租赁住房和廉租住房并轨的实施意见》政策的预期效果。

(4)12月9日，山东住房城乡建设厅在济南召开全省住房城乡建设工作座谈会。

解读：山东省住房城乡建设厅党组书记指出，2014年全省住房城乡建设事业保持了总体平稳、稳中有进的良好发展态势，各地要正确分析、准确把握2015年建设事业发展面临的新形势、新任务和新要求，积极适应经济发展新常态，不断深化改革，坚持依法行政，推动全省住房城乡建设工作实现六大转变，即推动新型城镇化工作由规划编制向实施落实转变，推动保障性安居工程建设由注重速度向提升质量转变，推动房地产业建筑业由粗放发展向转型升级转变，推动工程建设由行政监管向依法治理转变，推动城市建设由外延扩张向内涵提升转变，推动工作重心由业务为主向"两手并重"转变。

(五)天津房地产政策一览

(1)2014年1月26日，天津市人民政府办公厅发布转发市国土房管局《关于我市非住宅物业专项维修资金交存管理意见》的通知。该意见对天津市非住宅物业专项维修资金的交存管理工作就专项维修资金的交存范围、专项维修资金的交存标准、专项维修资金的交存方式、专项维修资金的使用管理四个方面做了说明。

(2)2014年2月7日，天津市人民政府办公厅发布转发市国土房管局《关于落实2014年住房保障工作责任目标实施意见》的通知。

解读：2014年，天津市委、市政府将改善群众住房条件列为20项民心工程之首，确定了住房保障工作全年任务目标，即开工建设保障性住房6万套，建成保障性住房7.5万套，新增租房补贴家庭1万户，改造危陋房屋20万平方米、1万户。该意见从分解责任目标、落实责任主体、加强协调服务、建立考评机制、加大宣传力度五个方面做了说明，以加快改善天津市中低收入家庭住房条件，全面完成2014年住房保障工作责任目标。

(3)2014年2月19日，天津市国土资源和房屋管理局、天津市地方税务局、天津市财政局发布《关于调整我市普通住房价格标准的通知》。该通知表明，凡同时满足住宅小区建筑容积率在1.0及以上、单套建筑面积在144平方米及以下、成交单价不高于普通住房价格标准三项条件的住房确定为普通住房。

(4)2014年2月19日，天津市国土资源和房屋管理局、天津市地方税务局发布《关于调整天津市2014年存量住宅交易计税基准价格的通知》，该通知就天津市2014年存量住宅交易计税基准价格调整问题通知如下：交易房屋的计税价格＝各等价位区计税基准价格×(建筑年代修正系数+建筑面积修正系数+朝向修正系数+楼层修正系数+建筑结构修正系数+设施设备修正系数)。

(5)2014 年 2 月 19 日，天津市发展和改革委员会、天津市城乡建设和交通委员会发布《天津市经济适用住房价格管理办法》。

解读：该办法规定，房地产开发企业销售经济适用住房不得在批准的房价外加收任何费用或强行推销及搭售商品。下列费用不得计入经济适用住房价格，即住宅小区内经营性设施的建设费用，开发经营企业留用的办公用房、经营用房的建筑安装费用及应分摊的各种费用，各种与住房开发经营无关的集资、赞助、捐赠和其他费用，各种赔偿金、违约金、滞纳金和罚款，按规定已经减免及其他不应计入价格的费用。

(6)2014 年 3 月 12 日，天津住房保障网发布“住房保障租房补贴政策再扩面”的消息。该消息表示，经市政府同意，天津市将调整廉租住房租房补贴和经济租赁房租房补贴政策，降低收入准入门槛，进一步扩大政策覆盖面。廉租住房租房补贴从家庭上年人均月收入低于 1 160 元(含)放宽到 1 260 元(含)，经济租赁房租房补贴从家庭上年人均月收入低于 2 200 元(含)放宽到 2 400 元(含)。市内六区符合廉租房租房补贴条件的家庭，每户最低月租房补贴额为 540 元；符合经济租赁房租房补贴条件的家庭，每户最低月租房补贴额为 285 元。

(7)2014 年 5 月 31 日，天津市国土资源和房屋管理局发布《天津市直管公产房屋管理办法》。

解读：该办法规定，承租人若擅自改变房屋用途、擅自转租、转让承租房屋、续拖欠租金 12 个月以上，经书面告知逾期仍不支付、其他严重违反房屋租赁合同约定情形等行为，直管公产房屋管理单位有权解除房屋租赁合同并收回房屋；未依法签订租赁合同、房屋使用权有争议、承租人拖欠房屋租金、承租人擅自拆改房屋结构、成套独用住宅房屋变为成套伙用住宅房屋、国家和本市规定不得转让或者变更的其他情形直管公产房屋不得转让使用权或者变更承租人；房屋使用权有争议的、经鉴定属于危险房屋的、征收决定范围内的、属于非成套或者成套伙用住宅房屋的、国家和本市规定禁止出售的其他情形，直管公产房屋不得出售。该办法自 7 月 1 日起实施。

(8)2014 年 10 月 17 日，天津市国土资源和房屋管理局、天津市城乡建设委员会、天津市规划局、天津市财政局、天津市金融工作局、天津市住房公积金管理中心发布《关于进一步促进我市房地产市场平稳健康发展的实施意见》。

解读：该意见是结合天津市实际，就支持居民合理住房需求、做好住房金融服务工作、加大税收政策支持力度、引导企业合理开发建设、规范房地产市场秩序、加强房地产市场监测分析、利用市场资源补充保障性住房需求、深化部门联动服务、强化房地产市场舆论引导等十个方面提出意见，以进一步促进天津市房地产市场持续健康发展，支持京津冀协同发展和天津市经济快速发展，满足居民合理住房需求。

(9)2014 年 11 月 19 日，天津市综治办、市国土房管局、市公安局等九部门联合发布了《关于加强我市出租房屋综合管理工作实施意见》。

解读：该意见对住房最小出租单位和人均租住面积最低标准都做出了明确规定。该意见指出，市行政区域内出租的住房应当符合建筑、消防、治安、卫生等方面的安全条件，应以原规划设计为居住空间的房间为最小出租单位，不得将原设计为居住空间的房间分割出租。厨房、卫生间、阳台和地下储藏室等非居住空间不得出租供人员居住。出租住房的人均租住使用面积不得低于5平方米。

(六)成都房地产政策一览

(1)2014年2月15日，成都市政府官方网站公布《成都市人民政府办公厅关于进一步推进五城区棚户区改造工作的实施意见》，该意见提到将棚户区分为四类进行改造，优先安排群众改造意愿强烈的区域，并且要最大限度地保持城市空间形态和传统风貌特色。并且居民原居住面积低于48平方米，符合住房保障条件的，按不低于48平方米产权建筑面积的标准户型安置，免收48平方米以内补差款。

(2)2014年2月28日，成都住房公积金管理中心发布《成都住房公积金再交易住房个人贷款管理办法》。该办法就贷款对象、用途和条件，贷款额、期限、利率，贷款申请与审批，贷款担保，贷款程序，贷款偿还，贷款管理七个方面做了说明。

(3)2014年4月15日，成都市城乡房产管理局发布《关于2014年第一次公布成都市中心城区享受优惠政策普通住房平均交易价格的通知》。

解读：调整后，成都市中心城区(五城区，含高新区)不同环域范围土地上按建筑面积计算的住房平均交易价格经测算后确定为二环以内为11 000元/平方米，二环至三环之间为8 800元/平方米，三环以外为8 600元/平方米；享受优惠政策普通住房按规定应同时满足以下条件，即住宅小区建筑容积率在1.0以上(含1.0)，单套建筑面积在144平方米以下(含144平方米)，实际成交价格低于公布的同一范围土地上住房平均交易价格1.4倍以下。此标准有效期限为2014年4月20日起至下次标准调整为止。

(4)2014年4月29日，成都市政府发布《成都市人民政府关于完善我市购房入户政策的通知》。

解读：自6月1日起，成都市调整灾后重建的购房落户政策，规定购买满90平方米以上住房且缴纳社保满一年以上才能落户。此前，外地人在成都参加社会保险一年即可买房，落户只需购买满70平方米以上住房即可。此外，该通知还显示，购买商品住房时间，以在房管部门进行合同备案登记的日期为准，购买二手房的时间以在房管部门进行房产买卖过户登记的日期为准。新政一出，意味着为促进灾后重建的70平方米以上即可入户的政策停止执行。

(5)2014年6月23日，成都市人民政府新闻办公室召开新闻发布会，就该市出台的《成都市关于促进当前经济平稳增长的二十二条措施》进行介绍。据了解，成都支持居民合理住房需求，优化房地产政策，促进居民首套房和改善性住房消费。此外，该市还将加快保障房建设，9月底前将竣工各类保障房2万套。

(6)2014年9月18日，成都市城乡房产管理局发布《成都市中心城区公共租赁住房配租细则》。

解读：该细则适用于武侯、锦江、金牛、青羊、成华及成都高新区范围内由成都市政府统一组织建设的公共租赁住房配租，有效期3年。该细则对中心城区公租房登记、摇号、选房、签约，以及配租管理等做了详细的规定。该细则指出，成都市城乡房产管理局负责统筹协调决策公共租赁住房配租事宜。市住房委员会办公室负责拟定公共租赁住房配租政策。受成都市城乡房产管理局委托的配租机构具体实施登记、摇号、选房等工作。市公共住房管理中心负责签约、入住及后期管理等工作。成都房地产信息中心负责登记、选房、摇号系统软件制作及其他信息技术支持。需要注意的是，保障对象为个人的，只能选择套一以下户型，且面积超过 40 平方米以上部分按市场价收取租金。据了解，常规的公租房价格，是按照市场价的 70%～80%收取。

(7)2014 年 10 月 30 日，成都住房公积金管理中心发布关于贯彻落实《关于发展住房公积金个人住房贷款业务的通知》等文件精神的实施意见，就调整公积金贷款申请条件、提高单笔公积金贷款最高额度、积极支持缴存职工合理的住房贷款需求、推进异地贷款业务四个方面提出了具体实施意见。

(七)深圳房地产政策一览

2014 年 8 月 29 日，深圳市住房公积金管理委员会印发《深圳市住房公积金提取管理规定》。

解读：该规定取消了住房消费提取后留存 1 个月缴存额的限制和其他住房消费提取前应已缴存 12 个月公积金的限制。此外，该规定还表明深圳对职工购买 90 平方米(含 90 平方米)以下的首套公积金贷款实行首付两成的优惠政策，所购住房建筑面积在 90 平方米以上，首付比例不低于三成，而公积金贷款利率为贷款基准利率的 0.69 倍。对于购买第二套住房的改善型需求，使用公积金贷款实行首付款比例不得低于六成的政策，公积金贷款利率为贷款基准利率的 0.75 倍。个人公积金贷款额度最高为 50 万元，家庭为 90 万元。

(八)珠海房地产政策一览

(1)2014 年 5 月 5 日，珠海市住房保障服务中心发布印发《珠海市社会力量投资建设公共租赁住房管理暂行办法》的通知。该办法从多个方面鼓励民间资本参与公租房的建设和管理，并对房源筹集及建设、规定政策、支持租金及租赁、管理准入、退出和责任五个方面做了说明。

(2)2014 年 8 月 15 日，珠海市住房和城乡规划建设局发布印发《珠海市高层次人才住房保障暂行办法》的通知。

解读：该办法表示，高层次人才和青年优秀人才住房保障采取租房补贴、购房补助和租住人才周转住房等方式。其中一级高层次人才每人每月可享受 2 000 元租房补贴，二级高层次人才每人每月可享受 1 700 元租房补贴，三级高层次人才每人每月可享受 1 400 元租房补贴，青年优秀人才每人每月可享受 500 元租房补贴；一级高层次人才首次购房可享受 100 万元购房补助，二级高层次人才首次购房可享受 60 万元购房补助；人才周转住房建设坚持“政府投资建设为主，其他渠道筹集为辅”的原则，对租住者实行租金优惠，限价租赁。

(3)2014 年 10 月 20 日，珠海市住房保障服务中心发布《珠海市住房货币分配资金(住房补贴)使用管理补充规定》的信息。该规定主要就住房补贴的提前领取条件、住房补贴资金提取使用的条件、住房补贴资金提取使用的审批办法三个方面做了补充说明。

(九)佛山房地产政策一览

(1)2013 年 11 月 8 日，佛山市住房保障网发布关于印发《佛山市禅城区公共租赁住房管理实施细则》的通知。

解读：公共租赁住房是指由政府主导投资、建设和管理，或由政府提供政策支持，其他各类主体投资建设，纳入政府统一管理，限定建设标准和租金水平，面向本区内符合条件的中低收入住房困难家庭、外来务工人员和各类型人才等群体出租的政策性住房。该细则所称公共租赁住房包括廉租住房和租赁型经济适用住房，将廉租住房、租赁型经济适用住房同公共租赁住房合并管理，统一归类为公共租赁住房。该细则就公租房管理的职责分工、规划建设、用地安排、资金筹集、申请条件等方面做了说明。该区公租房保障对象主要为本区城镇户籍中低收入住房困难家庭且同时具备申请人家庭具有本区城镇户籍且实际在本区工作或居住；家庭人均年收入不高于上一年度当地城镇居民人均可支配收入；家庭人均财产总额不高于 11 万元，其中银行存款和投资类资产不高于 5 万元；申请人及共同申请的家庭成员在本市人均自有住房或租住政府公房、单位自管公房等建筑面积在 15 平方米(含 15 平方米)以下这些条件，以及另文规定的符合条件的各类型人才。

(2)2014 年 2 月 20 日，佛山市住房保障网发布关于印发《高明区公共租赁住房调房暂行规定》的通知。

解读：该规定进一步完善了高明区住房保障制度，规范了该区公共租赁住房调房的相关流程及要求，达到了切实解决保障对象的实际困难的目的。该规定指出，公租房承租人若家庭成员中有下肢残疾或视力残疾、行动不便的或家庭成员中有年满 75 周岁以上的老年人可申请调换出入方便、楼层较低的，同一户型面积相近的公租房。公租房承租人家庭原则上只能申请一次调换公租房。

(3)2014 年 11 月 7 日，佛山市住房和城乡建设管理局发布《佛山市商品房屋租赁管理实施办法》。

解读：该办法阐述了商品房出租登记备案制度。该办法规定房屋租赁双方自签订、变更合同之日起，30 日内要办理商品房屋租赁备案手续；若违规出租商品房屋，最高可罚 3 万元；同时规定厨房、卫生间、阳台和地下储藏室不得出租供人员居住。新颁布的该办法有望调解出租双方矛盾纠纷，其中规定出租人应当按照合同约定履行商品房屋的维修义务并确保租赁商品房屋和室内设施安全，对未及时修复损坏的商品房屋，影响承租人正常使用的，应当按照约定承担赔偿责任或者减少租金。该办法还规定商品房屋租赁合同期内，出租人不得单方面随意提高租金水平；若承租人转租商品房屋，应当经出租人书面同意。

三、2013 年 11 月～2014 年 11 月房地产相关政策总结

纵观 2013 年 11 月～2014 年 11 月国务院下属的各部和各委员会(以下简称部委)出台的主要房地产政策及主要城市出台的各项细则，我们可以看出，中央出台的主要政策包括 2013 年 12 月住建部、财政部、国家发改委《关于公共租赁住房和廉租住房并轨运行的通知》，12 月财政部、国家税务总局《关于棚户区改造有关税收政策的通知》，2013 年 12 月住建部《关于保障性住房实施绿色建筑行动的通知》，2014 年 7 月国务院办公厅《关于进一步加强棚户区改造工作的通知》，地方细则主要是 3 月北京市住房和城乡建设委员会出台的《关于进一步加强廉租住房与公共租赁住房并轨分配及运营管理有关问题的通知》和 8 月北京市城市和住房建设委员会发布的《关于在本市保障性住房中实施绿色建筑行动的若干指导意见》，2 月成都市政府官方网站公布成都市人民政府办公厅《关于进一步推进五城区棚户区改造工作的实施意见》。总结 2014 年房地产政策特点，主要是政策更加全面、目标更加明确。主要从以下几个方面进行总结。

(一)保障性住房管理方面

北京：2014 年，北京市政府提出了在廉租住房与公共租赁住房并轨分配及运营管理方面实现了房源分配统一、租金标准统一、退出管理统一、承租家庭租金不变。

上海：调整和完善了廉租住房政策标准和廉租住房申请审核有关操作政策。与 2013 年相比，申请廉租住房家庭的收入和财产准入标准有以下调整，即 3 人及以上申请家庭人均年可支配收入调高 4 800 元、人均财产调高 10 000 元，2 人及以下申请家庭人均年可支配收入调高 5 280 元、人均财产调高 11 000 元。

天津：对经济适用住房价格管理做了相关规定，明确说明房地产开发企业销售经济适用住房不得在批准的房价外加收任何费用或强行推销及搭售商品。

珠海：提出了对公租房房源筹集及建设、规定政策、支持租金及租赁、管理准入、退出和责任五个方面的管理办法。

佛山：就公租房管理的职责分工、规划建设、用地安排、资金筹集、申请条件等方面的管理办法做了说明。

(二)商品房价格调整方面

北京：全市住房平均交易价格按照 2013 年的单价每建筑平方米 2.2 万元、套总价 260 万元确定。其中区域调整系数五环内为 1.5，五至六环之间为 1.2，六环以外为 0.9。

上海：与 2012 年相比，就实际成交价格方面，坐落于内环线以内的价格上限提高 120 万元/套，内环线与外环线之间的价格上限提高 110 万元/套，外环线以外的价格上

限提高 70 万元/套。

成都：与 2013 年第二次公布的中心城区享受优惠政策普通住房平均交易价格相比，2014 年第一次公布的平均交易价格二环以内提高 200 元/平方米，二环至三环之间提高 300 元/平方米，三环以外提高 400 元/平方米；享受优惠政策普通住房应满足的条件未改变。

(三)加强棚户区改造方面

北京：开发性金融、创新企业债券融资等可以为棚改提速提供依法合规、操作便捷、成本适当、来源稳定的融资渠道，保证了棚改任务的资金需要。

重庆：要推进 12 个相关区县的棚户区改造工作，即健全机制，把握棚户区改造项目资金总体平衡原则；并积极探索融资渠道，创新融资模式，落实、利用好金融扶持政策。

成都：将棚户区分为四类进行改造，优先安排群众改造意愿强烈的区域；并且居民原居住面积低于 48 平方米，符合住房保障条件的，免收 48 平方米以内补差款。

(四)公租房和廉租房并轨方面

北京：自 2011 年以来，北京市逐步实现了廉租住房与公共租赁住房并轨运行。2014 年要实现房源分配统一、租金标准统一、退出管理统一、承租家庭租金不变。

山东：2014 年年底前，实现公共租赁住房和廉租住房的统一规划建设、统一准入分配、统一运营管理；全面取消户籍限制，实现同城待遇。

(五)住房公积金管理

北京：推出公积金异地贷款制度，并缩短公积金缴存时间，使更多人享受公积金贷款买房的政策，加大居民对房地产市场的需求。

上海：对无住房公积金贷款记录或已结清住房公积金贷款的家庭，购买首套自住住房，执行首套房贷款政策；对拥有 1 套住房并已结清住房公积金贷款的家庭，为改善居住条件再次申请住房公积金贷款购买普通商品住房的，即贷款首付款比例为 30%。

山东：结合山东省实际，提出了公积金管理工作发展的基本原则和目标要求，规范了公积金缴存、使用、管理政策，明确了保障措施。

成都：就住房公积金再交易个人贷款的贷款对象、用途和条件，贷款额、期限、利率，贷款申请与审批，贷款担保，贷款程序，贷款偿还，贷款管理七个方面的管理做了说明。

深圳：取消了住房消费提取后留存 1 个月缴存额的限制和其他住房消费提取前应已缴存 12 个月公积金的限制；购买 90 平方米(含 90 平方米)以下的首套公积金贷款实行首付两成的优惠政策。

（六）新型城镇化建设方面

北京：当前要发挥好现有政策性金融机构在城镇化中的重要作用，同时研究建立城市基础设施、住宅政策性金融机构，以促进新型城镇化建设。

山东：2014 年全省要正确分析、准确把握新形势，积极适应经济发展新常态，推动全省住房城乡建设工作实现“六大”转变。

（七）促进经济平稳增长

天津：结合天津市实际，支持居民合理住房需求、加大税收政策支持力度、规范房地产市场秩序、加强房地产市场监测分析、利用市场资源补充保障性住房需求等，以促进天津市房地产市场持续健康发展。

成都：支持居民合理住房需求，优化房地产政策，促进居民首套房和改善性住房消费，促进当前经济的平稳增长。

综上，2014 年房地产细则实施城市一览表如表 2.1 所示。

表 2.1　2014 年房地产细则实施城市一览表

细则	实施城市
保障性住房管理	北京、上海、天津、珠海、佛山
商品房价格调整	北京、上海、成都
加强棚户区改造	北京、重庆、成都
公租房和廉租房并轨	北京、山东
住房公积金管理	北京、上海、山东、成都、深圳
新型城镇化建设	北京、山东
促进经济平稳增长	天津、成都

四、2015 年房地产市场相关政策展望

总体来说，2014 年房地产市场受经济下行影响发展并不景气。政府采取一系列宏观调控和体制改革举措，主要集中在各地限购政策的取消、房地产税改革、新型城镇化建设、房地产融资支持等方面。以上政策的实行稳定了经济运行情况，也对房地产市场发展起到了一定的调节作用。预计 2015 年，政府可能主要从以下几个方面采取相应的调控政策。

(一)一线城市或将继续保留限购政策

截至2014年11月，除了北京、上海、广州、深圳四个一线城市和三亚之外，46个限购城市当中41个已正式取消或变相放松限购，落实2014年“双向调控”的思路，楼市进入“后限购时代”。但从一线城市房地产市场特性及市场发展趋势来看，由于其需求总量较大，从总体趋势来看是供不应求，外来性的投资性需求较为活跃，当楼市限购政策替代性的长效调控政策或调控机制尚未崭露头角之时，2015年一线城市限购政策取消的可能性不大。

(二)加快推进房地产税改革

十八届三中全会提出“加快房地产税立法并适时推进改革”，2014年全国经济体制改革九大任务也包括了推进房地产税制改革。对于房地产税改革的推进，公众备加期待。主要集中在以下三个方面：一是房地产税立法要与现行税费合并同步进行，按照“简税种、宽税基、低税率、严征管”的原则来设计；二是房地产税制改革要统筹安排，在不增加企业和消费者总税负的情况下，开征房产持有环节税的同时应降低流转环节的税收；三是在房地产税立法框架基本形成后广泛征求民意，使立法的过程变成引导预期、统一思想、完善政策的过程。因此，推进房地产税改革或将成为2015年房地产调控政策的方向之一。

(三)信贷政策持续调整，或将迎来降准降息通道

2014年信贷政策在房地产业所发挥的积极作用继续彰显，11月央行降息更是给予市场强有力的利好信号，房地产供需两端和资本市场均将受益。同时，地方政府加快公积金及普通住宅标准调整，支持居民合理自住需求，减轻首置首改购房负担。同时，由于宏观经济环境影响，货币政策存在进一步调整的可能。21日的大幅降息，或将预示着又一次宽松化调整通道的打开。

(四)加快实现新型城镇化建设

中国经济呈现出新常态预示未来中国经济增长将更趋平稳，增长动力更为多元，发展前景更加稳定。在新常态下，房地产调控手段也逐渐回归市场化，即限购等短期行政调控措施退出，差别化信贷为代表的信贷政策向长期稳定发展，不动产登记、房地产税制改革等长效机制稳步推进。2014年12月9日，中央经济工作会议在北京召开，未来新型城镇化如何持续为社会经济发展提供动力备受关注，而集体土地制度改革能否如预期所言在农村工作会议取得突破，也将值得期待。

第三章 2014年房地产市场运行状况评价

在经过多年研究与探索的基础上，中国科学院大学产业研究中心于2013年正式构建与推出中国科学院房地产指数系列(以下简称中科房指)，包括中科房地产健康指数、中科房地产区域指数、中科房地产金融状况指数与中科房地产场景指数。中房科指将在每年年度报告中进行更新发布。

一、中科房地产健康指数(CAS-REH)

(一)CAS-REH指标体系

对房地产市场的健康状况进行评价，首先必须构建科学、全面和具有可操作性的指标体系。指标选取的准确性和正确性直接关系到指标的有效性和指导性。

CAS-REH指数在指标选取过程中，首先要求指标必须有全面性，即将市场整体的健康水平、房地产产业内部的健康水平及房地产业与民生相关领域的健康水平予以综合考虑，以保证能够对市场中各个领域的问题都涵盖和涉及。其次，在全面选取的基础上，CAS-REH指数还强调指标应具有代表性。房地产市场健康评价指标体系涵盖的内容十分丰富，每个方面的问题都可以通过很多指标予以体现，在指标选取的过程中，着重抓住与评价对象直接相关或能够产生重大影响的要素，突出具有代表性的对象。再次，CAS-REH指数的指标选取还注重指标的可靠性。面对很多类似、重叠或者可以相互替代的指标，其可能由不同的部门发布，机构或部门间可能存在不同的统计口径，在时间长度等方面亦有不同。在选取指标时，CAS-REH指数的指标尽可能选择时间长度较长、统计方法和统计口径较为稳定的指标作为指数的主要参考指标。最后，还应考虑指标的可获得性，指标的选取一定要便于在评价过程中的实施。指标的选取尽可能与国家现有的统计指标相一致，以使评价和分析的指标更易获得。

(二)CAS-REH指标简介

为了全面反映房地产市场运行健康状况，CAS-REH指标系统共设置四个一级指标，分别是房地产业与国民经济协调关系、房地产市场供求关系、行业内部协调关系、房地产业与民生协调关系。每个一级指标下设若干二级指标，如表 3.1 所示。

表 3.1　CAS-REH 指标体系

一级指标	二级指标
房地产业与国民经济协调关系	房地产业开发投资额/GDP
	房地产开发投资额/固定资产投资额
	居民居住消费价格指数/居民消费价格指数(CPI)
房地产市场供求关系	商品房竣工面积
	商品房销售面积
	商品房新开工面积
	吸纳率(商品房销售面积/商品房竣工面积)
	商品房新开工面积/施工面积
行业内部协调关系	商品房销售额
	房地产企业景气指数
	商品房新开工面积/商品房竣工面积
	房地产开发贷款资金/房地产企业自有资金
房地产业与民生协调关系	商品住宅平均销售价格/城镇居民可支配收入
	房价增长率/收入增长率

1. 房地产业与国民经济协调关系

房地产业开发投资与 GDP 之比反映的是当年房地产开发投资额占当年 GDP 总量的比例。房地产业与国民经济的协调发展非常重要，因为合理的房地产投资有利于推进房地产业经济的增长，带动相关产业的发展，从而促进国民经济的增长。如果房地产开发投资额在 GDP 中所占比例过高，则会导致供给过剩。房地产开发投资额占全社会固定资产投资额的比例，反映了当年房地产开发投资总额在当年全社会固定资产投资总额中的比例。此项基础性指标直接反映出房地产投资结构是否合理。一般而言，房地产对区域经济有拉动作用，但是当房地产发展过热(或过冷)时，即与国民经济发展不协调时，房地产业增加值的增长速度(减少速度)会明显快于 GDP 的增长速度(减少速度)，这时房地产业增加值/GDP 这一指标便会发生明显的变化。所以房地产市场与国民经济协调发展时，该指标应该维持在一个合理的比例。

房地产开发投资额/固定资产投资额反映房地产开发投资在宏观经济中占有重要的地位，该指标反映了在投资方面房地产业对宏观经济的拉动情况。一般而言，房地产投资增加(或减少)，固定资产投资也会随之相应增加(或减少)，因此，在房地产市场及社会经济均发展稳定时，房地产开发投资额/固定资产投资额应该是一个比较稳定的数值，但是当房地产市场发生波动时，房地产开发投资额在固定资产投资额中所占的比例就会产生显而易见的波动。

居民居住消费价格指数/居民消费价格指数(consumer price index，CPI)，此指标表示观察期内居民居住类消费占总体消费的比例。居民消费价格总指数由一揽子商品价格加权平均组成，其中某一时期居住类消费占总体比例过高或过低都能够反映出房地产市场波动状况对于居民生活的影响，以及这种影响占总体消费的比重。观察这一指标有利于了解和总体物价波动水平相比，居住类消费的波动在其中所扮演的角色。

2. 房地产市场供求关系

商品房竣工面积是指商品房屋按照设计要求已全部完工，达到入住和使用条件，经验收鉴定合格（或达到竣工验收标准），可正式移交使用的房屋建筑面积总和。观察期内观察此指标的变化能够细致了解房地产市场的供给状况，一定时期内竣工面积的萎缩可能导致未来市场供应不足，同时也会对市场预期产生影响。相反，商品房竣工面积的过快增长能够反映出市场供给充足，但也可能导致控制面积增大的问题。此指标的稳定变化能够为房地产市场的供求平衡提供有效保证。

商品房销售面积，此指标表示报告期内出售商品房屋的合同总面积。由现房销售建筑面积和期房销售建筑面积两部分组成。现房销售面积是指在报告期内正式签订买卖合同、已经竣工达到入住条件的商品房屋建筑面积，包括以一次性付款方式和分期付款方式销售的现房建筑面积。期房销售面积是指在报告期内正式签订买卖合同、正在建设尚未竣工交付使用的商品房屋建筑面积，包括以一次性付款方式和分期付款方式销售的商品房屋建筑面积。期房销售建筑面积竣工后不再结转为现房销售建筑面积。此指标能够反映市场活跃程度和总体成交状况，销售面积增长过于迅速可能反映市场过热，可能出现投机炒作，过低的商品房销售面积可能表示市场观望情绪浓重，市场对未来预期不明，交易冷淡。

土地购置面积反映观察期内开发企业拿地状况，此指标表明未来市场供给的充足状况，同时反映开发企业对未来市场前景的预期。土地购置面积持续扩大，反映了市场的繁荣，开发企业对房地产开发投资前景较为乐观。相反，如果土地购置面积持续减少，可能反映市场进入低潮期，开发企业拿地愿望降低，对未来市场持观望态度。另一方面，如果土地购置面积在观察期内激增，可能表示市场出现过热现象，亦不利于房地产市场平稳有序发展。

吸纳率，此指标反映房地产市场基本供求平衡状况，观察期内商品房销售面积超过商品房竣工面积能够反映开发企业手中可售房源存量下降，市场需求增强。如果商品房销售面积大幅超过商品房竣工面积，表明市场供不应求现象严重，可能催生投机炒房现象。同时，如果商品房竣工面积持续大于销售面积，表明市场中消费者观望气息浓重，成交放缓，开发企业手中空置房屋面积出现不断增加的可能。

商品房新开工面积/房屋施工面积，此指标是前瞻性指标，反映当年商品房新开工面积在当年施工面积中的比例大小。房屋新开工面积，是指在报告期内新开工建设的房屋建筑面积，不包括上期跨入报告期继续施工的房屋面积和上期停建、缓建而在本期恢复施工的房屋面积。房屋施工面积，是指报告期内施工的房屋建筑面积，包括本期新开工面积和上年开发跨入本期继续施工的房屋面积，以及上期已停建在本期复工的房屋面积。当此比值降低时说明新开工面积的增长幅度放缓，是观望情绪浓厚等原因造成的销售市场低迷，因此二者的比值能从侧面反映商品房市场的供给情况。

3. 行业内部协调关系

商品房销售额是指报告期内出售商品房屋的合同总价款，反映了市场的绝对规模。包括销售前期预售的定金、预售款、首付款及全部按揭贷款的本金等款项。

房地产企业景气指数，此指标能够有效衡量房地产企业自身的发展状况，房地产市场的良性发展离不开稳定、健康的房地产开发企业。此指标能够从企业内部的运营状况角度反应房地产开发企业自身景气程度。

商品房新开工面积/商品房竣工面积，此指标反映房地产市场当前与未来供给状况。观察期内商品房新开工面积过低，一方面反映出市场开发热情走低，有可能出现土地囤积现象，另一方面可能会在未来造成市场供给不足，以及数值过高可能表示市场出现过热现象，同时会导致未来某一时刻商品房集中入市，给市场造成冲击。

房地产开发贷款资金/房地产企业自有资金，此指标反映房地产开发企业资金来源状况。观察期内房地产企业贷款数额和自有资金比例过高，表明房地产开发企业开发热情高涨，通过大量银行贷款完成开发，同时表明房地产开发企业具有较大的资金风险，一旦市场出现波动，出现资金链断裂的可能性加大，为整个市场带来隐患。如果此比例过低反映房地产开发企业开发热情减退，同时信贷支持力度不足，亦不利于房地产企业和房地产市场的高效运转。

4. 房地产业与民生协调关系

商品住宅平均销售价格/城镇居民可支配收入，是反映商品住宅价格增长的幅度是否与居民收入的增长相协调的指标。商品住宅平均销售价格说明市场上为大多数购买者提供的普通商品住宅所处的价格水平，当商品住宅平均销售价格与大多数购买者的收入比例相协调时，则商品住宅的价格不会脱离市场需求的支撑，仍然处于大多数购买者的购买能力之内；但是当商品住宅价格长期增长过快，远远高于大多数购买者的居民收入可承受范围时，则预示着商品住宅销售价格开始脱离市场支撑，容易产生市场波动，引起全社会的经济社会问题。客观上，商品住宅平均销售价格/城镇居民可支配收入必然有一个合理的比例区间，比例过低或比例过高，都存在相应的问题。

房价增长率/收入增长率，房价增长率与收入增长率的比例关系能够反映出房地产市场价格增长与市场中的消费者购买力的协调程度。如果房价增速大大高于人民群众的收入增长速度，则可能对民生产生极为负面的影响，会导致购房难等问题，同时，购房支出给消费者造成过重的负担可能导致消费者其他领域消费能力不足，影响消费者生活质量。两增长率的长期偏离会对市场的可持续发展造成威胁。

(三)CAS-REH 的解读及功能

围绕上面提出的房地产健康评价体系，运用因子分析法确定各指标的权重，以万德(WIND)数据库的数据为基础，计算 CAS-REH 指数，结果如表 3.2 所示。

表 3.2　CAS-REH 指数

时间	指数值	时间	指数值	时间	指数值
2001Q1	100.00	2005Q4	179.34	2010Q3	174.32
2001Q2	114.36	2006Q1	170.51	2010Q4	186.98
2001Q3	113.96	2006Q2	162.37	2011Q1	157.24
2001Q4	117.74	2006Q3	159.46	2011Q2	173.30
2002Q1	159.21	2006Q4	150.26	2011Q3	161.35
2002Q2	135.43	2007Q1	148.97	2011Q4	125.84
2002Q3	152.37	2007Q2	168.92	2012Q1	182.91
2002Q4	71.35	2007Q3	177.73	2012Q2	144.75
2003Q1	148.95	2007Q4	168.73	2012Q3	153.67
2003Q2	167.73	2008Q1	215.36	2012Q4	146.42
2003Q3	158.59	2008Q2	159.38	2013Q1	147.36
2003Q4	154.31	2008Q3	128.76	2013Q2	155.53
2004Q1	155.53	2008Q4	95.22	2013Q3	153.72
2004Q2	154.27	2009Q1	73.13	2013Q4	163.41
2004Q3	156.73	2009Q2	101.02	2014Q1	148.29
2004Q4	165.15	2009Q3	124.64	2014Q2	152.46
2005Q1	135.26	2009Q4	172.35	2014Q3	158.77
2005Q2	143.27	2010Q1	168.71	—	—
2005Q3	149.71	2010Q2	171.23	—	—

注：Q 表示季度

根据表 3.2，我们构建了 CAS-REH 指数图，如图 3.1 所示。

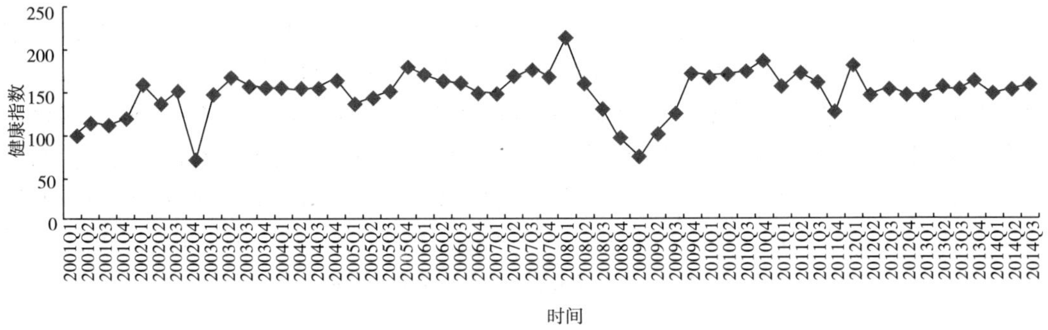

图 3.1　CAS-REH 指数

1. CAS-REH 指数解读

追溯到 1998 年，市场化主导的住房分配格局初步形成，在此基础上，房地产二级市场全面启动，在财税领域，有关房地产的配套税收等制度日趋成熟，在金融市场上，与房地产交易有关的融资贷款开始兴起，一系列新词汇，如“按揭”“房奴”等概念开始为人们所熟知。在以上这一系列综合政策的推动之下，我国的房地产业驶上了高速发展的快车道。这一快速发展的势头连续保持了多年，在这一轮房地产发展的浪潮中，一些城市特别是一线大城市，在一定的时期内出现了种种发展问题，导致了商品房价格及土地价格不正常地扭曲上涨。

在21世纪的最初几年，是这一轮房地产市场新发展的起始时期，在这几年中，普通购房者的自用需求是市场的主导，商品房价格也没有出现迅速拉升，当然这也导致了市场供求并不旺盛，市场活跃度不高。从CAS-REH指数上看，随着市场的不断完善，各种机制理顺，市场健康水平在不断的波动中呈现稳定上升态势，2002年出现的市场结构性过剩、空置率增加及二级市场发展不成熟等问题也为整体市场留下了隐患，以致在2002年年末指数出现了较大波动。

2003年，中国整体的国民经济被突如其来的“非典”疫情拖累，出现了增长缓慢和局部动荡，也正是在这一年，国务院发布《促进房地产市场持续健康发展的通知》，在这一则通知中，首次提出了发展“以住宅为主的房地产业已经成为国民经济的支柱产业”，并明确了住房市场化的基本方向。我国房地产投资大幅增长，房地产业在这一年成为了拉动国民经济整体上升的重要行业。从CAS-REH指数上看，这一阶段市场受到政策利好的刺激得到良好发展，保持了较高的健康状态。

2004年和2005年，国家相继出台了财税、金融政策，对房地产市场进行宏观调控，在调控政策的影响下，房地产市场成交价格有所下跌。2004年第一季度，房地产行业开发投资额已经出现了超过40%的增幅，2004年全国商品房成交均价涨幅达到14.4%，远远高出过去5年不足4%的平均增长幅度。在这样的背景下，政府迅速采取措施，对房地产市场施加了有效地政策干预，在当年启动的房地产市场调控措施中，暂停了半年内农用地向非农建设用地转化，同时央行提高了商业银行存款准备金率和项目资本金比例，对于不包含经济适用房的房地产开发项目对资本金的要求提高到了35%。在2005年的两会上，由温家宝所做的《政府工作报告》首次明确提出要抑制房价过快上涨势头，并将这一目标作为当年宏观调控的一项重要任务。从CAS-REH指数上看，面对市场出现的过热苗头，在前期保持的良好健康水平下，2005年的市场健康水平明显低于前一时期，但政府所采取的一系列有效措施，短时间内给房地产市场起到了降温作用，使健康水平获得回升，市场健康程度仍属平稳。

2003～2005年，房地产市场为未来的快速上涨积蓄了充足的能量，这可以被视作是房地产市场上涨期的前奏。这几年中，整体国民经济的快速发展带来了人民收入的迅速提高，购买力持续提升，客观上对住房消费产生了极大刺激。但整体看来，这三年的商品房价格增速开始提高，房地产市场的投资功能被逐渐挖掘，大量资金涌入房地产市场，对房地产市场的整体火热起了关键的推动作用。在进入“十一五”时期后，由于前一阶段房地产调控措施打压了开发投资热情，导致房地产市场供应减缓。在对供给端施加影响的时候，市场中的购买需求并没有减少。由于新开工面积出现了明显的下降，对房地产市场投资者、自住者的心理预期造成了负面压力，给人们造成了供不应求的未来市场预期，一些重点城市的房地产价格逆势增长。面对被逐渐推高的房价和高涨的投资热情，政府从优化房地产市场结构，调整房地产相关领域税收及严格控制土地使用和收紧贷款等诸多渠道对房地产市场进行宏观调控。2006 年出台了代表性的政策——“套型建筑面积 90 平方米以下住房(含经济适用住房)面积所占比重，必须达到开发建设总面积 70%。”

尽管政府在调控方面采取了一系列措施，但是从成效来看与预期存在着较大的差距，2006～2008 年，房地产市场在不断的调控中持续火爆，价格持续走高，房价已经成为了民生问题的重要热点。虽然不断有新盘入市，但那几年一直出现有效供给不充足的问题，在保障性住房领域举措不多，仅有的几项措施也没有能够完全落地实施，楼市追涨现象不断出现。截至 2007 年 12 月，70 个主要城市新建商品住房销售价格同比上涨达到 11.4%，环比上涨 0.3%。在 2008 年上半年，房地产市场销售价格已经稳定在高位，市场已经越来越清晰地意识到，期盼房价下跌几乎已经不再可能，市场观望气息浓重。2008 年上半年成交量下降超过 50%。但是，2008 年爆发的全球性金融危机使房地产开发企业在政策上获得了难得的红利，投资性需求对市场起到了主推和提振作用，在宏观经济出现下行风险和不利波动的同时，房地产市场反而走强。之后我国政府为了防范房地产市场受到国际金融危机的影响，采取了一系列措施使房地产业度过了经济危机。从 CAS-REH 指数上看，伴随着楼市的持续增温，市场变得空前活跃，但这种火热中却伴随着失控的风险，在 2006 年市场火爆中健康水平达到高位，但随着市场风险的增加及市场价格与人民收入的不协调日趋显现，市场健康程度从开始一路向下，至 2008 年年底达到了历史最低。

在 2009 年，随着经济危机影响的减退，房地产市场逐渐恢复，2009 年房地产业又呈现高速增长的态势，房地产开发投资额和房地产价格创历史新高。“小阳春”之后房价如脱缰般展开了全面的上涨，房地产市场重新走入了高涨期，全国各主要城市涨声四起，不少天价楼盘涌现，各地也频频出现“地王”。在金融危机的阴影还没有完全从市场退去的时候，与绝大多数仍然在困境中徘徊的行业相比，房地产业则走出了完全不一样的轨迹。不足半年就实现了从濒临绝境到重获新生的巨变，重新攀升的房价让购房者再次回到观望中，房地产市场成交额已经达到 GDP 的 20%，地产泡沫愈演愈烈。从 CAS-REH 指数上看，在 2009 年年初，健康指数达到观察期内的最低值，随着保障性住房成规模上市及对征收物业税的规划，政府再一次表明了坚决调控的态度，市场正在努力回归正常的轨道。

从 2010 年到 2012 年，房地产市场调控政策不断加码，中央管理层多次反复强调了要坚持住宅市场调控不动摇。房产税在上海和重庆两地试点，房地产市场调控也纳入了地方政府考核关注之列，“限贷”“限购”等一系列强力措施不断出台，在这一系列相关政策的作用下，楼市进入了一个相持期。2011 年，全国 70 个大中城市中有 68 个城市的房价上涨，其中 10 个城市的房价涨幅超过 10%。虽然期间我国政府连续 3 次出台宏观调控政策对房地产市场进行调控，但从以上数据来看，调控效果并不是很理想。从 CAS-REH 指数上看，和 2009 年的低谷相比，房地产健康程度明显改善，尽管在 2011 年前后由于市场对政策的“抗药性”逐渐显现，市场健康水平出现了下降，但仍然可以发现，我国房地产市场的发展在经过 10 余年的波动和成长后，正在向着健康和稳定的趋势发展。

2013年，“宏观稳、微观活”成为房地产政策的关键词，全国整体调控基调贯彻始终，不同城市政策导向出现分化。2013年年初“国五条”及各地细则出台，继续坚持调控不动摇，“有保有压”方向明确。下半年以来，新一届政府着力建立健全长效机制、维持宏观政策稳定，十八届三中全会将政府工作重心明确为全面深化改革，不动产登记、保障房建设等长效机制工作继续推进，而限购、限贷等调控政策更多交由地方政府决策。不同城市由于市场走势分化，政策取向也各有不同，北京、上海等热点城市陆续出台措施平抑房价上涨预期，而温州、芜湖等市场持续低迷的城市，在不突破调控底线的前提下，微调当地调控政策以促进需求释放。全国房地产开发投资比2012年名义增长19.8%(扣除价格因素实际增长19.4%)。其中，住宅投资占房地产开发投资的比重为68.5%。房地产开发企业房屋施工面积比2012年增长16.1%。房地产开发企业土地购置面积比2012年增长8.8%，土地成交价款增长33.9%。商品房销售面积比2012年增长17.3%，房地产开发企业到位资金比2012年增长26.5%。从CAS-REH指数上看，和2012年房地产健康状况的动荡相比，房地产健康程度呈现继续改善情况，我国房地产市场的发展经过波动和成长后，在向着更加健康和稳定的趋势发展，从侧面反映政府坚决调控的态度，市场在向着正常的轨道回归。

2014年上半年，全国、地方两会陆续召开，中央更加注重房地产市场健康发展的长效机制建设，积极稳妥推进市场化改革，不动产登记制度加速推进，全面深化改革成为关键词。新型城镇化规划的提出与落实，有助于房地产行业平稳发展；同时一系列房地产业相关制度渐进改革，房地产业长效机制逐步推进。从政策影响来看，随着信贷政策的适度收紧和市场供求关系的改变，全国房地产整体出现下滑迹象，新开工面积、销售面积、土地购置面积同比出现负增长，不同城市间的分化现象较为明显。从CAS-REH指数来看，房地产市场健康状况先有较小降低，之后呈现反弹状态。与此同时，各地房地产调控政策调整动作则趋于频繁，在“双向调控”的基调下，定向放松限购，通过信贷、公积金等方式鼓励刚需，成为部分面临去化风险城市的政策突破口。下半年新一届政府的房地产调控思路已经逐渐清晰，中央更加看重经济增长的质量，更加重视增长方式转型和经济结构的升级。房地产开发投资增速平稳回落，新开工面积再次出现负增长，增幅下滑显著，受上半年基数偏高影响，房屋销售增速小幅下滑，销售形势整体趋紧，房地产贷款增速小幅回落，个人住房贷款增速平稳，房价同比上涨的城市个数稳定在高位，但整体涨幅持续回落，土地购置面积出现小幅下降，地价涨幅回落。从CAS-REH指数来看，房地产市场的健康状况呈现较小幅度的稳步上升趋势，总体而言，房地产市场正在回归正常轨道，且目前比较稳定。

2. CAS-REH 指数的功能

首先，CAS-REH指数能够对房地产市场健康发展状况予以监测，通过科学方法获得的定量指标对中国城市房地产发展的健康发展做出全面和准确的探测，能够通过简单易行的方式发现房地产市场发展中存在的隐患和问题。CAS-REH指数对极为不利的市场变化十分敏感，如2009年年初CAS-REH指数所表现出来的极低指数。除此之外，对于不同城市，CAS-REH指数能够用来进行横向比较，以对不同城市房地产市场健康发展程度的不同提供量化意见，对房地产市场健康程度欠佳的地区或城市提供借鉴和参考作用。

其次，CAS-REH 指数还具备市场引导功能，其能够通过一定的标准，为市场发展和人们的思维意识指明方向。在当前中国房地产市场发展面临诸多问题和困难的背景下，CAS-REH 指数对市场将起到重要的指引作用。CAS-REH 指数在对房地产市场发展的评价过程中，摒弃了单一、粗放的评价方式，而是将市场及其内外部的协调性统一考虑，对房地产市场的协调和可持续发展提供重要参考。引导政府、企业和消费者从全面、合理的角度看待房地产市场发展，有助于决策者及时调整管理手段和调控措施，有助于房地产企业走上科学发展的轨道，也有助于消费者面对纷繁复杂的市场局面做出理性和正确的判断。

最后，CAS-REH 指数对未来市场具有预警作用。房地产市场出现的波动可能会对整体社会经济运行造成巨大危害，除对房地产市场进行监测和市场进行引导外，CAS-REH 指数还力图为市场提供预警功能。通过对房地产市场健康状况的跟踪、监控，CAS-REH 指数反映房地产市场变化和整体健康水平，政府主管部门可以利用指数了解房地产业发展状况与行业结构及行业与宏观经济的协调比例关系，为调控国民经济产业结构和引导房地产业健康发展服务，同时减少银行信贷风险，为调整房地产业的地区结构和统筹兼顾提供参考。

二、中科房地产区域指数(CAS-DREH)

(一)CAS-DREH 指数简介

由于各个地区经济发展水平不同，资源禀赋等存在差异，我国房地产市场也呈现区域差异。各个城市、地区之间房地产市场的运行情况各不相同，出现区域分化。CAS-DREH 指数，以我国一、二、三线 35 个大中城市为样本，比较各个城市、地区房地产市场的相同点和不同点提供数值依据，也为政府实施多角度、多层次的房地产政策提供重要的理论依据。

CAS-DREH 指数是由中国科学院大学房地产研究中心推出的，它通过各项房地产市场指标的加成求值反映我国 35 个大中城市房地产市场供需现状，以便进行不同地区、不同城市房地产市场的横向比较，为国家进行房地产市场区域化调控，为房地产企业进行区域性投资，为个人消费者购房决策提供数值依据。CAS-DREH 指数以北京、上海、广州、深圳、天津、南京、沈阳、武汉、成都、重庆、济南、西安、乌鲁木齐、杭州、青岛、大连、宁波、哈尔滨、长春、厦门、郑州、长沙、福州、兰州、贵阳、南宁、合肥、太原、石家庄、呼和浩特、南昌、西宁、银川、海口、昆明 35 个大中城市经济运行及房地产市场运行的年度数据为依据，以各城市之间的相对得分反映我国区域房地产市场供需发展的相对现状和趋势。CAS-DREH 指数位于不同区间，代表城市房地产市场供需情况，如表 3.3 和表 3.4 所示。

表 3.3　CAS-DREH 指数样本城市

城市类别	城市
一线城市	北京、上海、广州、深圳、天津
二线城市	南京、杭州、沈阳、武汉、成都、重庆、济南、西安、乌鲁木齐、杭州、青岛、大连、宁波、哈尔滨、长春、厦门、郑州、长沙、福州、兰州、贵阳、南宁、合肥、太原、石家庄、呼和浩特、南昌
三线城市	西宁、银川、海口、昆明

表 3.4　CAS-DREH 指数区间及反映的供需状况

CAS-DREH 指数区间	供需状况
0～25	供需匹配程度较差
25～50	供需匹配程度一般
50～75	供需匹配程度较好
75～100	供需匹配程度很好

(二)CAS-DREH 指标体系

1. 评价指标的选取

1)评价指标选取的原则

对区域房地产市场供需现状进行评价，首先建立科学、全面、具有可操作性的指标体系。指标选取的准确性和正确性直接关系到最终得出数值的有效性、可靠性和指导性。

CAS-DREH 指数的指标选取遵循科学性、代表性、全面性、可靠性、可获得性的特点。首先，要求选取的指标具有科学性。在指数计算指标选取中，我们总结经典房地产市场理论并结合我国房地产市场运行现状，选取反映房地产市场供需状况的六个指标，它们是地区总人口数、人均可支配收入、固定资产投资中的国内贷款、房地产市场投资额、商品房待售(空置)面积、商品房竣工面积和土地购置面积。同时，这些指标的选取具有代表性。其次，要求指标具有全面性，即将房地产市场运行的基本指标与城市区域特征综合考虑，要充分考虑区域的人口特征、经济发展特征、居民收入特征等。同时，这些指标以占比、增长率、人均值等方式去除区域经济差异，客观反映区域间的相对情况。再次，CAS-DREH 指数中指标的选取注重指标的可靠性。数据由不同的机构发布，机构或部门间可能存在不同的统计口径，并且很多指标是类似、重叠或者可以互相替代，因此，在指标选取时，CAS-DREH 指数尽可能选择统计方法和统计口径较为稳定的指标作为主要参考指标。最后，指标的可获得性也非常重要。选择的指标可获得才能有利于指标体系的构建和最终数值的计算。例如，部分税收指标在房地产区域指数中有一定影响程度，但由于数据难以获得，所以未编制在我们的指标体系内。

2)评价指标选取的理论依据

20 世纪 90 年代后，研究者们开始综合考虑各种宏观经济因素对房地产价格的影响，其理论依据为存量—流量模型或者代表性个人模型。尽管这两类模型的理论背景不同，可以总结出描述房地产市场的模型一般包含三个方程——需求方程、供给方程和市场均衡方程。Iacoviello 在新凯恩斯模型的框架下引入房地产，发现房地产抵押贷款极大地放大了房地产总需求对于房地产价格冲击的反应①。同时王来福和郭峰通过实证研究，发现货币供应量与利率变化冲击对中国房地产价格有正向影响②。史永东和陈日清建立了一个随机最优控制模型，发现房地产价格和贷款利率有较强的正相关关系③。张涛等的研究发现，最优房地产价格水平取决于房地产抵押贷款和住房消费的收益与成本的对比④，根据其所得到的房价决定公式为

$$P_H=\frac{U'_H/U'_C}{R_A+\beta(R_m-R_A)+(\delta+\tau+m)} \tag{3.1}$$

其中，U'_H、U'_C 分别为效用函数对非耐用消费品、住房的一阶偏导数；R_A 为资产回报率；R_m 为住房抵押贷款回报率；δ 为住房折旧率；m 为住房维持成本与住房实际总价值比值。货币因素通过影响房地产需求，决定房价水平的两种传导途径，一是通过调节按揭贷款利率，二是通过调节按揭贷款成数，在此公式中以 β 表示，即调节住房按揭贷款首付款比例。由于我国各地区的贷款利率水平较为相似，分析各个城市货币政策对房价的作用，通过利率水平来反映区域差距，已有学者做过类似研究，其结果由于所选取样本的不同，各有差异。在本书中，由于各个城市房地产按揭贷款统计数据获取较为困难，拟通过城市银行贷款数额来反映货币政策的实施对于城市信贷规模的影响，进而影响城市房价水平。

在存量—流量模型中，对于房地产价格的分析主要建立在供给、需求层面通过建立供给、需求方程对房地产价格的形成因素进行分析。Muellbauer 和 Murphy⑤ 于 1997 年及 Mishkin⑥ 于 2007 年分别构建了房地产需求方程：

$$Q_{it}^d/\text{pop}=f(y,\ \text{uc},\ D) \tag{3.2}$$

其中，y 为人均收入；pop 为人口；uc 为资本使用成本。

以及 Muellbauer 和 Murphy⑤ 于 1997 年构建的房地产供给方程：

$$Q_{it}^s=s(p,\ \text{vac},\ \text{const},\ D) \tag{3.3}$$

其中，vac 为房屋空置率；const 为新开工面积；D 为影响房地产供给的其他因素；p 为房屋价格，在这其中可以选用房地产开发投资额这一指标。

根据以上研究的影响因素可以得到类似的影响区域房地产价格的约简模型。例如，

---

① Iacoviello M. House price, borrowing constraints and monetary policy in the business cycle. American Economic Review, 2005, 95(3): 739-764.

② 王来福，郭峰．货币政策对房地产价格的动态影响研究．财经问题研究，2007，(11)：31-41.

③ 史永东，陈日清．不确定性条件下的房地产价格决定：随机模型和经验分析．经济学(季刊)，2008，(8)：211-212.

④ 张涛，龚六堂，卜永祥．资产回报、住房按揭贷款与房地产均衡价格．金融研究，2006，(2)：1-11.

⑤ Muellbauer J, Murphy A. Booms and busts in the UK housing market. The Economic Journal, 1997, 107 (445): 1701-1727.

⑥ Mishkin F S. Housing and the montrary transmission mechanism. National Bureau of Economic Research, 2007.

式(3.4)所示，模型左边的 P 为房地产价格，右边为影响区域房地产价格的各个指标。

$$P=F(\text{pop},\ \text{Pcdi},\ \text{Loan},\ \text{Vacancy},\ \text{Inv},\ \text{Land},\ D) \tag{3.4}$$

其中，pop 为人口；Pcdi 为人均可支配收入；Loan 为银行贷款规模；Vacancy 为房地产空置面积；Inv 为城市房地产投资额；Land 为土地购置面积；D 为其他外生变量。

选用的房地产价格指标是通过计算得到，其计算方式为各个城市商品房销售额除以商品房销售面积，单位为元/平方米。其中商品房销售额、商品房销售面积数据来源于各省相关年份的统计年鉴及各城市统计年鉴。同时其他数据包括城市年末总人口、人均可支配收入、银行贷款规模、房屋空置面积、房屋竣工面积、土地购置面积及城市房地产投资额来源于各省及各城市相关年份统计年鉴、CEIC 宏观经济数据库与万德数据库。

2. 指标简介

以上获取的 CAS-DREH 指标系统中的五个指标，可以分别从需求和供给两个角度进行分类。这五个指标分别代表了城市房地产市场的需求和供给状况。

表 3.5　CAS-DREH 指标体系

需求	单位
城市总人口数	千人
人均可支配收入	元/人
供给	单位
固定资产投资中国内贷款	万元
商品房待售(空置)面积	万平方米
商品房竣工面积	万平方米
城市房地产投资额	百万元

代表城市房地产市场需求指标有城市总人口数和人均可支配收入。

城市总人口数是指城市常住人口，他们与城市的活动有密切关系，是构成城市的社会主体。

人均可支配收入是指个人可支配收入的平均值。个人可支配收入是指个人收入扣除直接税和非商业性费用后的余额。人均可支配收入是决定消费支出的重要决定因素，是衡量国家生活水平的重要指标。

代表城市房地产市场供给指标有固定资产投资中国内贷款、商品房待售(空置)面积、城市房地产投资额。

固定资产投资中国内贷款反映房地产开发企业资金来源和资金周转状况。固定资产投资中主要包括国内贷款、国家预算内资金、利用外资、自筹资金和其他资金来源。其中，国内贷款在我国固定资产投资中占主要份额。

商品房待售(空置)面积主要是指在房地产开发项目中，已竣工的商品房至报告期尚未售出或出租的商品房的面积。

商品房竣工面积主要是指商品房按照设计施工全部完工，达到入住和使用条件，正式移交使用的房屋建筑面积总和。

土地购置面积主要是指房地产开发投资中购置的土地的面积。

城市房地产投资额是指城市固定资产投资中，投入房地产领域的资金额度。

3. 2013 年 CAS-DREH 指数

围绕上文提出的房地产区域供需状况评价体系，运用因子分析法确定各指标的权重，以万德、CEIC 数据库的数据为基础，计算 CAS-DREH 指数，结果如表 3.6 所示。

表 3.6　35 个大中城市 CAS-DREH 指数

地区	城市	得分	排名	地区	城市	得分	排名
华东	上海	84.35	3	华中	郑州	41.96	11
	杭州	54.44	6		武汉	50.39	7
	青岛	34.05	16		长沙	36.50	14
	南京	22.92	24		南昌	11.20	30
	济南	25.67	22	西北	西安	45.05	10
	福州	38.99	12		乌鲁木齐	7.19	33
	厦门	20.98	25		兰州	7.36	32
	宁波	31.72	18		西宁	4.84	35
	合肥	30.13	19		银川	9.88	31
华南	广州	46.92	9	西南	重庆	87.59	2
	深圳	31.89	17		成都	61.80	5
	海口	5.80	34		昆明	38.84	13
	南宁	16.11	28		贵阳	23.23	23
华北	北京	100	1	东北	沈阳	61.92	4
	太原	14.90	29		大连	49.73	8
	天津	35.75	15		长春	19.68	27
	石家庄	29.38	20		哈尔滨	28.16	21
	呼和浩特	20.63	26				

注：得分是将原始分标准化在 0～100 范围内的数值，是相对分数，单独考察没有含义

(三)CAS-DREH 指数的解读及功能

1. CAS-DREH 指数解读

CAS-DREH 指数测算区域房地产市场的供给和需求匹配状况。根据以上建立的指标体系，需求指标包括城市总人口数和人均可支配收入；供给指标包括固定资产投资中国内贷款、商品房待售(空置)面积、商品房竣工面积和城市房地产投资额。从统计年鉴、CEIC 数据库和万德数据库中获取数据，采用因子分析法选取权重，对各个城市进行打分，获得以上结果。该结果是各个城市比较的相对结果，根据得到的结果对各个城市的结果进行排名。

结果表明，北京、重庆和上海排名分别为第 1 名、第 2 名和第 3 名。乌鲁木齐、海口和西宁排名分别为第 33 名、第 34 名和第 35 名。排名前十名的城市主要有北京、重

庆、上海、沈阳、成都、杭州、武汉、大连、广州、西安，其中大部分为我国沿海一线城市。排名后十名的城市主要有呼和浩特、长春、南宁、太原、南昌、银川、兰州、乌鲁木齐、海口、南宁，其中大部分为我国三线城市及旅游城市。一线城市房地产市场发展程度较高，通过市场配置和政府引导，我国一线城市房地产市场供给和需求匹配程度较高；三线城市市场化程度低，房地产市场调节主要依靠政府引导，房地产市场供给和需求匹配程度较低。旅游城市房地产价格高，旅游城市房地产需求面积高，同时房地产空置面积也高，购置的房地产大部分为居民旅游服务，而并不是居民住房的刚性需求。高住房需求导致房价高，但是没有达到供给和需求的良好匹配。

综上所述，由于我国房地产市场的区域经济发展水平，人口年龄结构和房地产市场发展状况不同等原因，我国房地产市场供给和需求状况存在明显差异。全国采用无差别的房地产政策存在问题。政府可根据一、二、三线城市或者其他划分，对我国房地产市场进行差别化调控。

2. CAS-DREH 指标的功能

首先，CAS-DREH 通过理论基础分析和科学方法对房地产市场的供给和需求匹配状况进行测算，对房地产市场未来的发展进行全面和准确的探测，进而发现房地产市场发展中存在的隐患和问题。CAS-DREH 对不利的房地产市场变化十分敏感，对不同城市的房地产市场能够进行横向比较，对不同城市的房地产市场发展程度提供量化意见，对房地产市场供给和需求匹配欠佳的地区或城市提供借鉴和参考。

其次，中科房地产指数具有市场引导功能，为房地产市场供给和需求匹配不佳的城市指明政策微调的方向。中科房地产指数，摒弃了单一、粗放的评价方式，根据经典宏观经济和城市经济学理论，采用科学的计算方法，对城市房地产市场的供给和需求匹配状况进行评价，为房地产市场的协调和可持续发展提供重要参考。

最后，CAS-DREH 对房地产市场未来发展具有重要的预警作用。房地产市场创新程度低、受国家政策影响大、市场化程度不高，但是房地产市场为投资人带来大额收益。收益的来源不是因为技术进步，也不是因为实体经济的发展。因此，房地产市场的巨额收益应该引起人们的关注。CAS-DREH 能够检测房地产市场供给与需求匹配状况，进行城市间横向比较，对房地产市场未来发展具有重要的预警作用，为调整房地产市场的地区结构和统筹兼顾提出参考。

三、中科房地产场景指数(CAS-RES)

(一)CAS-RES 指标体系

1. 评价指标的选取

根据科学性、系统性、综合性和可操作性原则，对科教、文化、卫生、交通与环境五个层面进行综合考虑构建场景指标体系；在此基础上，本着代表性的原则针对每个层次选取子指标，着重抓住与评价对象关系密切的要素。

此外 CAS-RES 指标体系的选取必须注重各子指标的可靠性。不同部门发布的诸多相似、具有可替代的统计指标，其统计口径、统计频率等方面可能不尽相同。在选取指标时，CAS-RES 指标体系尽可能挑选统计频率较为合适、统计方法和统计口径较为稳定的指标作为主要参考指标。

2. 指标简介

为了全面反映房地产区位属性，CAS-RES 指标体系设置了五个一级指标，即科教、文化、卫生、交通、环境。每个一级指标下设若干二级指标，指标体系如表 3.7 所示。

表 3.7 CAS-RES 指标体系

目标层	二级指标	一级指标指标	单位
场景指数	科教	普通高等学校	所
		普通中学	所
		小学	所
		普通高等学校教师	人
		普通中学教师	人
		小学教师	人
	文化	剧场、影剧院数	个
		每百人公共图书馆藏书	册
	卫生	医院、卫生院数	个
		医院、卫生院床位数	张
		医生数	人
	交通	每万人拥有公共汽车	辆
		人均城市道路面积	平方米
	环境	建成区绿化覆盖率	%

(二)CAS-RES 指数构建

围绕上文提出的 CAS-RES 指标体系，以 2001～2005 年的数据为样本，运用因子分析法确定中科房地产场景指数体系各指标权重①，数据来源为中经网统计数据库，结果如表 3.8 所示。

① 吴迪，高鹏，董纪昌．基于场景理论的中国城市居住房地产需求研究．系统科学与教学，2011，(3)：253-264.

表 3.8 CAS-RES 指数

年份	2006	2007	2008	2009	2010	2011	2012
北京	100	110.6	113.35	117.16	118.85	122.8	122.38
上海	100.36	103.9	102.31	105.47	112.25	110.26	110.39
重庆	71.81	77.07	80.58	84.46	91.1	95.2	94.72
武汉	48.99	49.76	51.37	53.02	57.28	60.06	59.74
成都	42.18	44.66	49.36	47.83	50.33	55.45	54.91
西安	41.37	41.79	45	50.5	51.81	55	54.66
南京	41.57	44.29	47.24	49.13	50.29	52.37	52.15
哈尔滨	40.67	42.04	44.97	47.91	49.9	50.65	50.55
沈阳	39.84	40.83	40.65	42.12	44.87	47.75	47.43
杭州	36.3	39.09	39.49	41.05	43.06	45.21	44.97
郑州	29.5	31.55	33.26	35.71	38.23	42.04	41.63
济南	33.64	34.81	35.76	36.57	36.37	38.17	37.99
长沙	27.11	27.43	28.55	30.4	32.05	37.19	36.66
长春	30.61	31.55	32.06	33.45	34.55	35.58	35.47
昆明	26.32	27	21.32	24.9	25.76	34.81	33.89
太原	30.02	30.23	32.26	33.56	33.27	34.65	34.51
佛山	25.66	27.19	27.64	28.37	29.63	31.29	31.11
大连	25.27	25.4	27.3	28.68	28.34	28.87	28.82
南昌	23.64	23.66	24.05	25.18	24.36	28.69	28.26
合肥	19.06	19.96	22.03	24.46	25.81	28.13	27.88
石家庄	21.85	23.73	28.01	29.99	26.72	28.06	27.96
青岛	23.21	24.19	24.95	25.16	26.55	27.69	27.56
兰州	20.4	23.4	22.63	24.05	25.59	27.06	26.90
乌鲁木齐	20.9	22.81	23.86	28.12	25.89	26.92	26.84
南宁	21.33	21.6	22.74	24.06	25.85	26.86	26.74
福州	17.27	18.18	19.71	20.81	23.1	24.44	24.28
贵阳	19	20.46	19.92	22.01	23.27	24.12	24.02
唐山	19.02	20.24	22.34	22.22	21.04	21.76	21.70
宁波	17.25	18.11	18.41	19.55	20.53	21.49	21.38
苏州	15.73	16.57	17.85	18.94	20.04	21.25	21.12
徐州	14.17	14.7	15.18	15.48	20.56	21.14	21.03
淄博	19.29	19.3	20.48	20.37	20.39	20.38	20.38
无锡	16.27	16.42	17.3	17.05	17.93	18.86	18.76
厦门	14.15	15.51	16.56	17.04	17.6	18.44	18.35
呼和浩特	13.33	13.63	14.55	16.07	17.45	16.58	16.65

续表

年份	2006	2007	2008	2009	2010	2011	2012
衡阳	10.18	10.73	11.91	14.32	15.37	16.41	16.29
临沂	11.42	12.33	13.52	15.77	15.93	15.86	15.87
潍坊	10.23	10.6	11.79	12.52	12.96	15.67	15.40
中山	10.94	11.98	13.12	13.61	14.91	15.65	15.56
洛阳	12.47	13.06	13.18	14.48	14.9	15.36	15.31
温州	12.46	12.97	13.66	14.25	15.68	15.17	15.21
淮安	13.65	13.89	13.84	13.88	14.39	14.79	14.75
烟台	12.27	12.93	13.58	14.01	14.09	14.3	14.28
扬州	8.39	8.66	8.78	9.19	9.35	14.27	13.78
邯郸	12.63	14.18	13.85	15	13.98	14.01	14.02
包头	11.85	12.6	12.92	13	13.51	13.83	13.80
南通	7.31	7.91	8.19	12.87	13.21	13.75	13.69
吉林	13.28	13.16	13.36	13.26	13.6	13.63	13.63
大同	13.14	16.03	13.47	13.93	13.72	13.33	13.37
大庆	10.83	11.66	11.64	12.01	14.98	13.05	13.21
南阳	11.24	11.39	11.7	11.73	12.01	12.85	12.76
枣庄	11.99	12.18	12.34	11.74	12.21	12.73	12.67
西宁	8.15	8.38	5.92	8.92	9.66	12.66	12.35
保定	9.88	10.44	11.53	14.83	11.32	12.38	12.31
湛江	12.43	11.03	11.09	11.44	14.39	12.14	12.34
莆田	9.95	10.17	10.63	10.92	11.5	12.13	12.06
泉州	8.47	9.33	9.99	9.56	10.59	11.84	11.71
泰安	10.52	9.01	9.49	10.28	11.01	11.41	11.36
绵阳	8.38	8.88	9.14	10.05	10.59	11.36	11.28
商丘	9.21	9.42	11.04	11.34	11.03	11.35	11.32
南充	10.2	11.6	10.78	10.65	11.36	11.28	11.28
鞍山	9.89	9.85	9.89	9.98	9.8	11.2	11.06
岳阳	7.11	7.91	10.31	11.44	10.43	11.12	11.06
柳州	9.49	9.73	10.06	6.91	11.14	11.04	11.01
齐齐哈尔	10.5	10.25	9.72	14.15	14.05	10.85	11.16
银川	8.49	8.62	8.96	9.2	9.71	10.82	10.70
新乡	8.82	9.13	8.84	9.57	10.28	10.59	10.55
芜湖	7.89	7.75	8.68	8.6	9.76	10.55	10.46

续表

年份	2006	2007	2008	2009	2010	2011	2012
阜阳	8.93	9.11	9.45	9.61	9.83	10.5	10.43
济宁	7.78	8.24	8.35	8.74	8.98	10.06	9.95
平顶山	8.05	8.22	8.34	9.1	9.72	9.98	9.95
赤峰	8.66	8.96	8.95	9.12	9.93	9.98	9.96
宜昌	8.15	8.31	8.38	8.94	9.43	9.84	9.80
安阳	9.04	8.34	7.64	8.13	8.89	9.83	9.72
锦州	7.72	7.78	8.45	8.14	8.2	9.69	9.54
宝鸡	8.29	10.1	10.13	9.46	9.7	9.61	9.62
常德	7.35	7.81	8.48	9.23	9.46	9.6	9.58
信阳	7.67	7.97	7.95	8.84	9.11	9.35	9.32
盐城	7.89	8.4	8.67	9.04	9.14	9.34	9.32
秦皇岛	6.84	8.6	8.23	8.33	8.68	9.24	9.18
荆州	7.32	7.53	8.25	8.35	8.53	9.01	8.96
莱芜	7.42	7.54	7.75	7.43	8.89	8.89	8.88
菏泽	7.12	7.45	7.8	8.42	8.96	8.87	8.87
六安	6.98	7.1	7.9	8.32	10.65	8.83	8.99
天水	6.59	7.59	7.35	8.83	8.75	8.69	8.70
抚顺	8.86	8.61	8.65	8.15	7.96	8.68	8.61
台州	7.44	7.62	7.92	8.13	8.29	8.67	8.63
淮北	7.78	8.03	8.04	8.32	8.4	8.66	8.63
湘潭	7.74	7.08	7.57	7.3	8.3	8.6	8.56
桂林	6.59	7.41	8.41	8.1	8.3	8.52	8.50
镇江	7.29	7.45	7.59	7.69	7.9	8.49	8.43
开封	7.68	7.49	7.91	7.89	8.23	8.45	8.42
泸州	6.36	6.67	7.17	7.49	7.78	8.36	8.30
佳木斯	6.41	6.96	6.25	6.48	8.05	8.33	8.28
聊城	6.31	6.2	7.05	7.9	8.03	8.32	8.29
临汾	6.96	7.09	7.7	7.52	7.94	8.2	8.17
邢台	6.55	6.75	7.42	8.9	7.84	8.17	8.14
东营	7.64	8.15	7.94	8.17	8.22	8.13	8.14
茂名	6.29	6.72	7.05	7.34	7.91	8.1	8.07
焦作	6.31	6.59	6.46	7.16	8.12	8.09	8.08
长治	5.88	6.29	6.85	8.9	7.2	8.03	7.96

续表

年份	2006	2007	2008	2009	2010	2011	2012
宜宾	6.32	5.66	5.81	6.09	7.49	8.02	7.95
自贡	6.19	6.89	7.23	7.25	7.51	7.89	7.85
乐山	6.23	6.23	6.29	6.7	7	7.77	7.69
蚌埠	6.47	6.68	7.04	7.39	7.69	7.73	7.73
运城	3.94	4.12	5.57	7.19	7.36	7.7	7.67
牡丹江	6.66	6.7	6.67	6.61	7.21	7.66	7.61
遵义	5.5	6.08	6.95	7.15	8.26	7.65	7.70
郴州	5.15	5.72	5.97	5.87	6.08	7.59	7.44
内江	5.8	6.05	6.33	6.63	6.84	7.56	7.48
九江	5.42	5.43	5.36	6.25	6.45	7.55	7.44
日照	6.23	6.4	6.55	6.43	7.13	7.5	7.46
江门	8.27	8.62	8.88	9.35	9.43	7.48	7.68
漯河	6.77	6.93	7.1	7.19	8.31	7.48	7.56
张家口	6.64	6.73	6.86	7.22	7.28	7.47	7.45
永州	6.3	6.56	6.77	7.05	6.99	7.45	7.40
本溪	6.75	6.91	7.72	7.58	7.45	7.41	7.42
金华	5.86	6.33	6.47	6.73	7.3	7.35	7.34
十堰	5.65	5.96	6.13	6.07	6.78	7.33	7.27
嘉兴	5.9	5.96	6.12	6.51	6.95	7.3	7.26
濮阳	5.55	5.87	5.99	6.4	6.8	7.15	7.11
赣州	4.66	5.22	5.64	6.25	6.28	7.12	7.03
辽阳	5.63	6.57	6.4	6.99	7.17	7.1	7.11
连云港	5.96	5.98	6.45	6.92	6.87	7.09	7.07
遂宁	5.63	5.77	6.62	7.65	7.35	7.04	7.07
益阳	6.22	6.3	6.36	6.61	6.61	7	6.96
鄂州	5.84	5.74	6.11	6.51	6.13	6.96	6.88
鸡西	4.94	4.87	4.82	6.57	6.19	6.94	6.86
湖州	5.85	5.99	6.17	6.4	6.46	6.9	6.86
玉林	5.39	5.74	5.29	6.15	6.45	6.77	6.73
沧州	5.55	5.92	11.25	11.28	6.97	6.68	6.75
攀枝花	5.55	5.57	5.79	5.96	6.18	6.44	6.41
阜新	5.43	5.63	5.81	5.98	6.12	6.43	6.40
亳州	5.08	5.25	5.59	5.57	6.12	6.33	6.31

续表

年份	2006	2007	2008	2009	2010	2011	2012
驻马店	4.14	4.36	4.76	5.24	5.62	6.3	6.23
营口	4.6	5.72	6.14	6.22	6.3	6.28	6.28
抚州	5.74	5.48	5.68	5.84	6.02	6.25	6.22
葫芦岛	5.47	5.24	5.26	5.9	6.2	6.22	6.22
威海	4.79	4.52	5.05	5.41	5.86	6.14	6.10
盘锦	4.5	5.04	3.92	5.42	5.52	6.13	6.07
邵阳	4.58	4.04	4.73	5.55	5.88	6.11	6.08
孝感	4.75	4.79	4.68	4.97	4.92	6.1	5.98
滨州	4.77	4.68	5.16	5.82	5.99	6.07	6.06
马鞍山	4.25	4.33	4.58	4.69	4.91	5.89	5.79
泰州	4.19	4.78	5.29	5.53	5.53	5.88	5.84
安庆	4.88	4.83	5.4	5.33	5.46	5.88	5.83
曲靖	4.92	4.72	5.1	5.28	5.58	5.79	5.77
黄石	5.71	5.62	5.87	6.07	6.11	5.75	5.79
四平	5.66	5.07	5.48	5.47	5.48	5.7	5.68
怀化	3.71	3.85	4.06	4.59	4.48	5.7	5.58
伊春	5.03	5.02	4.81	5.76	6.04	5.68	5.71
德阳	3.73	3.94	3.85	4.35	4.41	5.67	5.54
绍兴	4.52	4.73	4.92	5.16	5.41	5.65	5.62
阳泉	5.67	5.56	5.49	5.86	6.38	5.62	5.69
宜春	5.25	5.42	5.18	5.16	5.54	5.61	5.60
晋中	3.78	3.77	4.26	4.68	5.2	5.57	5.53
漳州	3.86	4.21	4.4	4.71	5.22	5.55	5.51
承德	4.34	4.71	4.91	5	5.27	5.5	5.48
萍乡	5.12	5.24	5.21	5.24	5.42	5.45	5.44
三亚	3.29	3.7	3.87	4.28	4.49	5.21	5.13
上饶	2.15	2.44	4.56	4.55	4.96	5.18	5.16
保山	3.91	4	4.31	4.49	4.75	5.12	5.08
景德镇	4.31	3.66	3.79	4.04	4.64	5.11	5.06
忻州	4.22	4.5	4.48	4.6	4.84	5.07	5.04
肇庆	3.88	4.74	4.66	4.67	4.94	5.04	5.02
衢州	4.37	4.6	4.71	4.75	4.81	5.03	5.01
荆门	4.51	4.51	4.61	4.82	4.69	4.83	4.82

续表

年份	2006	2007	2008	2009	2010	2011	2012
周口	3.79	3.87	4.31	4.57	4.92	4.77	4.78
安顺	4.26	4.12	4.28	4.56	4.72	4.71	4.71
丹东	5.32	5.43	5.4	5.62	5.65	4.69	4.78
舟山	3.96	4.07	4.07	4.26	4.47	4.67	4.65
许昌	3.47	3.62	3.91	4.35	4.59	4.62	4.61
龙岩	3.88	3.89	4.13	4.26	4.42	4.52	4.51
鹤岗	4.16	4.08	4.62	4.4	4.49	4.49	4.49
鹤壁	3.78	3.88	4.57	4.19	4.35	4.35	4.35
六盘水	4.35	3.84	3.89	4.18	4.27	4.27	4.27
娄底	3.3	3.89	4.09	3.85	3.99	4.24	4.21
玉溪	3.31	3.43	3.65	3.73	4.02	4.21	4.19
宣城	2.93	3.5	3.77	4	4.14	4.16	4.16
梧州	3.3	3.98	3.44	3.89	3.96	4.11	4.10
德州	4.25	4.14	4.26	4.21	4.81	4.06	4.13
丽水	2.97	3.16	3.18	3.39	3.61	4.02	3.98
铁岭	3.2	3.45	2.97	3.05	3.46	3.99	3.93
滁州	3.06	3.59	4.11	3.61	3.66	3.9	3.88
晋城	3.52	3.61	3.73	3.53	3.92	3.89	3.89
铜陵	3.34	3.42	3.52	3.71	3.75	3.82	3.81
黄冈	2.92	3.12	3.21	3.05	2.72	3.73	3.63
吉安	3.05	3.22	3.46	3.63	3.47	3.67	3.65
随州	6.87	5.45	6.13	3.51	3.54	3.64	3.63
通化	3.3	3.36	3.4	3.39	3.59	3.6	3.60
池州	3.09	3.04	3.07	3.32	3.41	3.58	3.56
乌海	4.28	3.28	3.4	3.39	3.52	3.47	3.47
潮州	2.35	3.02	3.25	3.23	3.15	3.41	3.38
白城	3.42	3.49	3.43	3.22	3.41	3.4	3.40
朝阳	3.32	3.34	3.35	3.36	3.68	3.35	3.38
张家界	2.79	3.06	3.29	3	2.99	3.33	3.30
达州	3.06	3.02	3.55	4.03	3.56	3.25	3.28
南平	2.94	2.95	2.95	2.98	2.99	3.24	3.21
黄山	2.74	2.79	2.99	2.94	3.01	3.18	3.16
绥化	3.06	3.53	3.49	3.48	3.55	3.15	3.19

续表

年份	2006	2007	2008	2009	2010	2011	2012
宁德	2.41	2.49	2.66	2.74	3.12	3.11	3.10
三门峡	2.34	2.38	2.58	2.76	2.84	2.97	2.95
克拉玛依	3.01	2.73	2.77	2.75	2.82	2.86	2.85
三明	2.62	2.26	2.37	2.34	2.64	2.75	2.74
呼伦贝尔	2.51	2.41	2.59	2.34	2.61	2.7	2.69
七台河	2.94	3.16	3.13	3.28	3.42	2.62	2.69
吴忠	1.97	2.16	2.23	2.47	2.5	2.53	2.53
鹰潭	1.29	1.34	1.48	1.51	1.64	1.76	1.74
黑河	1.07	1.15	1.05	1.42	1.29	1.64	1.61

为了进一步揭示场景与房价之间的匹配性，下文对商品房销售均价标准化数据与 CAS-RES 指数做商，以此反映城市房价的性价比。根据我们的研究假设，房价指标比场景指标，数值越大则性价比越低，数值越小则性价比越高。例如，重庆市 2006～2012 年，房价场景比都不高于 0.6。则表明，重庆市房价在全国范围内较为合理，结果如表 3.9 所示。

表 3.9　房价场景匹配性指数

年份	2006	2007	2008	2009	2010	2011	2012
重庆	0.38	0.43	0.42	0.49	0.57	0.6	0.53
哈尔滨	0.8	0.88	1.02	1.07	1.29	1.32	1.08
西安	0.97	0.98	1.05	0.93	1.04	1.35	1.25
沈阳	1.02	1.09	1.23	1.28	1.46	1.49	1.37
成都	1.04	1.16	1.19	1.24	1.42	1.45	1.4
上海	0.87	0.97	0.97	1.47	1.56	1.6	1.41
郑州	1.18	1.37	1.43	1.45	1.57	1.64	1.55
北京	1	1.26	1.32	1.42	1.81	1.66	1.57
石家庄	1.14	1.25	1.13	1.55	1.75	2.04	1.7
南阳	1.53	1.64	2.1	2	2.09	2.47	1.7
长沙	1.18	1.46	1.41	1.45	1.66	1.91	1.72
衡阳	1.48	1.62	1.78	1.82	1.89	2.15	1.76
商丘	1.91	2.43	1.64	1.97	2.25	3.08	2
乌鲁木齐	1.25	1.41	0.2	1.48	2.08	2.32	2.02
太原	1.44	1.54	1.51	1.74	2.63	0.41	2.03
保定	1.99	2.27	2.31	1.98	2.84	2.93	2.16
新乡	2	2.05	2.43	2.4	2.66	3.04	2.17

续表

年份	2006	2007	2008	2009	2010	2011	2012
合肥	1.98	1.98	1.97	2.09	2.76	2.72	2.27
南宁	1.63	1.9	2.1	2.29	2.4	2.32	2.28
南昌	1.6	1.82	1.74	1.81	2.26	2.5	2.37
永州	2.43	2.51	2.16	2.42	3.05	3.4	2.4
洛阳	1.9	2.19	2.37	2.29	2.57	2.83	2.42
邯郸	1.8	1.85	2.12	2.38	2.83	2.99	2.43
安阳	2.24	2.37	3.11	2.88	2.98	3.4	2.46
齐齐哈尔	1.84	2.2	2.6	2.36	2.52	3.65	2.48
运城	4.43	4.4	3.35	3.05	3.07	7.98	2.5
岳阳	1.97	2.39	2.45	1.95	3.02	3.17	2.58
宝鸡	2.18	1.77	1.94	3.34	3.39	4.02	2.63
唐山	1.48	1.86	1.66	1.92	2.35	2.88	2.7
佛山	1.82	2.35	2.35	2.66	3.08	3.08	2.75
平顶山	2.32	2.41	2.7	2.69	2.99	3.49	2.76
锦州	2.69	3.05	3.69	3.98	5.1	4.02	2.85
信阳	2.61	2.58	2.55	2.59	2.71	3.49	2.86
大连	2.16	2.65	2.55	2.63	3	3.37	2.92
大同	1.92	1.59	2.02	2.45	2.62	1.22	2.94
临汾	3.39	4.15	3.82	4.34	3.93	4.71	2.96
伊春	2.25	2.51	3.37	3.25	3.45	4.17	2.99
邢台	3.04	3.29	3.25	2.78	3.84	4.2	3.07
漯河	2.62	3.06	2.75	3.32	3.1	3.68	3.13
包头	1.98	2.94	3.02	3.14	3.99	3.86	3.14
大庆	2.87	2.72	3.08	3.59	3.4	4.2	3.16
驻马店	3.98	3.76	3.61	3.64	3.75	4.42	3.19
呼和浩特	2.15	2.3	2.27	2.93	2.84	3.04	3.2
常德	3.06	2.6	2.73	2.65	2.87	3.83	3.2
佳木斯	2.79	2.88	3.76	4.67	4.16	4.53	3.23
南充	1.47	1.66	2.4	2.95	3.19	4.19	3.24
赤峰	2.3	2.51	2.88	3.32	3.57	4.12	3.26
焦作	2.33	3.3	4.42	3.46	3.54	4.2	3.33
杭州	2.07	2.35	2.57	3.11	3.96	3.14	3.34
郴州	3.04	3.73	3.53	3.58	4.28	4.3	3.38

续表

年份	2006	2007	2008	2009	2010	2011	2012
湘潭	2.33	3.06	3.2	3.86	4.16	4.7	3.43
鞍山	3.23	3.56	3.56	4.07	4.51	4.49	3.44
中山	3.38	4.03	4.04	4.09	4.23	4.56	3.53
益阳	1.84	2.42	3.18	3.51	4.18	4.64	3.58
长治	3.7	4.68	3.58	3.43	4.4	5.98	3.59
怀化	4.19	4.64	4.09	4.32	5.1	4.84	3.61
开封	2.97	3.83	3.16	3.64	4.13	4.41	3.63
邵阳	3.22	3.81	3.71	3.72	3.85	4.68	3.71
濮阳	3.31	3.38	4.16	3.95	4.01	4.59	3.73
泸州	2.43	3.11	3.35	3.52	4.42	5	3.77
阳泉	3.43	4.59	5.32	5.68	4.92	6.68	3.8
西宁	3	3.49	5.92	3.92	4.17	3.48	3.82
忻州	3.87	4.02	4.89	3.4	5.2	2.96	3.86
牡丹江	2.86	3.25	3.8	4.93	5.49	5.44	3.91
阜阳	2.34	2.79	3.1	3.75	4.53	5.05	3.95
湛江	2.02	2.81	2.96	3.95	3.52	4.95	4.02
绵阳	2.63	2.69	3.07	3.41	4.06	4.29	4.07
银川	3.41	3.37	3.81	4.62	4.89	4.89	4.13
玉林	4.28	4.12	4.41	4.45	4.42	5.55	4.13
阜新	3.62	4.36	5.12	4.66	5.45	5.8	4.16
柳州	2.96	3.37	3.57	5.79	4.21	4.6	4.18
茂名	3.05	3.49	3.43	3.91	4.27	5.77	4.21
本溪	4.06	4.38	4.25	4.98	5.42	5.91	4.22
鸡西	4.22	4.91	5.58	5.21	6.41	5.97	4.26
张家口	2.93	3.16	3.21	3.8	4.68	4.81	4.27
周口	3.81	4	4.02	5.06	4.52	5.95	4.35
自贡	2.51	2.97	3.46	4.18	4.85	5.35	4.38
内江	2.51	2.66	3.48	3.92	4.78	5.56	4.41
沧州	3.66	4.32	2.31	2.89	5.13	6.17	4.46
淮北	2.95	3.13	3.85	3.97	4.16	5.49	4.49
六安	2.88	3.57	3.82	4.22	3.98	5.71	4.58
桂林	4.04	3.93	4.01	4.45	5.2	5.51	4.62
九江	2.96	4.19	4.49	5.8	5.45	5.87	4.62

续表

年份	2006	2007	2008	2009	2010	2011	2012
辽阳	4.41	4.11	4.98	5.12	5.72	6.23	4.68
宜宾	3.09	3.7	4.29	5	4.96	5.43	4.75
抚顺	2.99	3.36	3.97	4.68	5.54	5.7	5.04
蚌埠	4.03	4.59	4.74	5.46	6.64	7.23	5.07
抚州	2.68	3.71	3.93	4.46	5.07	6.98	5.19
遂宁	2.66	2.95	2.74	2.8	3.84	5.46	5.25
芜湖	4.44	5	5.54	5.41	6.43	6.2	5.33
秦皇岛	5.07	5.19	5.8	6.25	6.27	6.45	5.54
鹤岗	4.37	4.88	4.68	5.73	5.8	8.59	5.61
亳州	4.49	3.93	4.69	4.99	5.65	7.31	5.62
乐山	2.67	3.66	4.34	4.28	5.75	6.67	5.64
鹤壁	4.17	5.05	4.63	5.6	6.77	7.75	5.78
宁波	3.81	4.17	4.74	5.55	6.6	10.03	5.79
宜春	2.92	3.28	3.96	4.53	5.16	7.19	5.82
承德	5.5	6.65	5.97	6.9	7.26	8.16	5.9
许昌	5.16	5.61	5.96	6.48	6.68	7.78	5.93
朝阳	5.82	6.11	7.44	6.71	7.61	8.89	5.94
盘锦	4.87	4.36	9.25	7.31	7.69	7.27	6.02
安庆	3.93	4.48	4.18	5.51	6.61	6.95	6.03
营口	4.25	3.9	4.36	5.52	6.63	7.31	6.12
萍乡	4.08	3.81	4.16	4.93	5.7	7.44	6.28
葫芦岛	3.84	5.12	5.72	5.67	6.85	6.46	6.32
娄底	7.36	4.46	5.18	5.96	6.08	6.34	6.52
晋中	4.84	5.78	5.6	5.46	5.77	6.92	6.57
丹东	4.93	5.36	5.83	6.8	7.01	8.7	6.63
江门	3	4.22	4.33	4.82	6	8.63	6.74
攀枝花	4.37	4.48	4.52	5.63	4.92	6.77	6.79
上饶	7	6.83	4.38	5.48	6.61	8.05	6.84
景德镇	3.78	5.95	6.74	6.4	6.23	9.85	6.84
梧州	6.62	5.76	6.97	7.67	7.83	8.19	6.85
德阳	5.49	6.63	7.33	7.72	9.06	8.35	7.15
马鞍山	6.34	7.91	8.45	10.24	10.78	7.89	7.25
绥化	5.12	5.09	5.94	7.93	8.15	11.64	7.38

续表

年份	2006	2007	2008	2009	2010	2011	2012
赣州	3.65	4.25	4.43	5.12	6.62	7.4	7.4
铁岭	7.02	7.04	8.37	9.21	9.8	8.71	7.4
克拉玛依	6.95	7.09	0.44	8.35	11.31	11.26	7.92
三门峡	8.03	6.68	6.58	10.18	9.34	10.26	8.23
张家界	6.57	7.21	7.04	8.06	10.46	10.39	8.25
晋城	6.91	9.5	9.14	9.39	9.26	7.86	8.51
肇庆	7.13	7.5	7.59	8.92	10.01	11.38	8.96
吉安	4.76	5.47	5.32	6.3	8.83	11.57	9.47
宣城	7.67	6.79	8.15	8.55	9.43	11.79	9.56
滁州	7.23	7.1	7.11	9.94	11.39	12.32	10.08
湖州	6.88	7.78	8.21	9.6	11.73	11.35	10.28
嘉兴	7.05	8.16	8.72	9.27	11.04	10.67	10.32
呼伦贝尔	8.98	9.67	11.93	12.64	12.89	17.21	10.7
池州	7.28	8.54	10.16	10.69	12.54	14.76	10.75
达州	4.87	6.31	6.73	7.03	9.75	12.57	10.85
潮州	7.94	7.22	7.83	8.4	11.74	11.94	11.05
七台河	6.74	6.98	7.52	7.49	9.4	15.5	11.3
吴忠	8.82	8.73	10.25	11.46	13.42	14.63	11.36
乌海	4.53	7.42	6.94	7.28	11.2	13.84	11.64
台州	7.67	8.09	8.21	9.55	10.41	12.05	11.94
铜陵	8.45	12.65	11.32	12.13	14.77	15.49	12.01
黄山	7.76	8.59	9.29	11.58	13.82	15.75	12.35
温州	5.65	7	7.82	11.51	10.36	13.44	12.82
衢州	6.66	7.33	7.84	9.47	13.3	16.51	13.87
金华	7.83	9.09	8.15	9.78	10.74	12.7	14.41
黑河	14.41	11.69	19.56	22.58	24.85	22.37	15.46
绍兴	11.72	12.9	13.15	14.89	16.95	17.86	16.48
鹰潭	11.8	16.91	15.26	23.31	24.47	24.29	20.45
丽水	17.88	19.01	20.87	22.14	19.71	22.16	23.5
舟山	13.03	14.54	18.31	18.96	24.51	26.81	25.11
三亚	24.56	22.93	28.28	31.39	46.54	29.66	25.5

(三)CAS-RES 的解读及功能

1. CAS-RES 指数解读

数据显示，二线城市中重庆、哈尔滨、西安、沈阳、成都的房价场景匹配性指数小，住宅性价比值最高。以重庆为例，重庆房价场景匹配性指数一直小于 1，表明重庆的居住场景性价比较高。一方面由于重庆基础设施及场景建设处于全国较高水平，仅次于北京、上海；另一方面，重庆商品房销售均价却不到北京的三分之一。

一线城市内部，北京、上海的房价场景匹配性指数均在 1 和 2 两个区间中，这是比较符合实际的。北京、上海房价处于相对全国较高的水平，然而借助奥运会与世博会的契机，北京与上海城市建设水平，场景完善程度也乔冠全国，因此，场景指数显示北京、上海的城市住宅性价比尚处于合理范围之内。

除了这些主要城市，我们可以看到，鹰潭、丽水这些三线城市，其房价场景性价比普遍略低。三线城市的城市设施及场景发展相对滞后是老大难问题，而房价在一线城市的火爆，给这些城市带来了辐射作用，催生了这些地区的房地产“泡沫”。

2. CAS-RES 指标的功能

CAS-RES 指数能够反映房地产的区位属性，指导房地产行业可持续发展。场景因素在我国城市居民居住区位选择集分布中具有重要的影响作用。尤其是在截面意义上，场景水平与房地产发展水平显著相关，场景指数越高的地区，房价水平普遍较高；反之较低。我国房地产行业所采用的粗放型发展方式已经不可维持，必须改变现有的经营和发展模式，将发展和经营的重点由原来的规模化转向精细化，在绿色、低碳、人文领域实现新的增长和突破。本指数反映了房地产产品的根本属性——区位性，可以为房地产行业的精细化经营服务提供借鉴和参照。此外，场景指数也在某种程度上体现了区域房地产价格的发展潜力。场景的丰富与完善必将带来房地产及其相关行业的不断发展，而房地产的发展又进一步带来周围场景投资的阶跃式增长，从而推动房地产的进一步发展。

四、中科房地产金融状况指数(CAS-REF)

(一)CAS-REF 指数简介

CAS-REF 指数是由中国科学院大学房地产研究中心于 2013 年首度推出的，是反映我国整体房地产金融体系运行状况的综合指数。CAS-REF 指数以 2000 年 1 月为基期(2000M1＝100)，通过观察其变动趋势或与其他相关指标结合分析，可以评判和预测我国整体房地产金融体系的运行状况，甚至在一定程度上可以反映我国潜在的房地产金融风险。

在我国，房地产业是一个高投入、高收益和高风险的资本密集型产业，对金融资本的依赖度很高。而目前我国的房地产金融市场仍处于一个初级阶段，尚未形成一个健全的、多层次的市场体系。我国房地产金融体系以一级市场为主，二级市场尚未真正建立起来。其中，一级市场又以商业银行为主，相关数据和调查均显示，房地产在银行的总贷款额占比很高。因此，我国房地产金融市场尤其是商业银行业蕴涵很大的房地产金融风险。但与此同时，我国房地产金融市场又肩负“为房地产开发经营提供资金保障”和“支持居民住房消费能力的提高”两大主要使命。

目前，国内学者和相关机构尚未建立专门针对我国房地产金融市场运行状况的指数。已有的相关指数，如金融状况指数，也不足以充分反映我国房地产金融市场的运行状况。鉴于此，本研究中心建立 CAS-REF 指数，旨在达到两方面的目的：一是考量其能否较好地为房地产开发经营提供资金保障和支持居民住房消费能力的提高提供依据；二是监测我国潜在的房地产金融风险。

(二)CAS-REF 指数的指标体系与评价方法

1. 评价指标的选取原则

科学合理地选取评估我国房地产金融状况的指标是构建 CAS-REF 指数的基本前提，由于反映房地产金融状况的指标不易界定，因此，在构建 CAS-REF 指数的指标体系时按照以下五项基本原则来挑选指标。

第一，全面性。对房地产金融状况的评估应该涵盖房地产金融的主要方面，CAS-REF 指数既要监测我国房地产金融风险，又要考量其能否较好地为房地产开发经营提供资金保障和支持居民住房消费能力的提高提供依据。因此，对于房地产金融状况每一个主要方面的变动都应采用一个或者多个指标进行评估，而且这种评估要能较好地度量变动或影响的程度。

第二，简洁性。一般而言，选取指标的数量越多越能充分全面反映房地产金融的状况，但是指标太多也容易造成指标的重复和累赘，而且并非所有的指标都能达到预期的度量目的，因此在选取指标时要考虑指标的实用性。只有选定的指标体系为完备集中的最小集合，才能避免重复和累赘，并能达到识别的目的。

第三，可操作性。可操作性，一是指所选择的指标必须是可量化的，而且可以通过某些方式取得相应的数据。二是指各个指标数据的时间长度和频度必须保持一致，对于频度不一致的指标数据，应是可以通过一定的工具和手段进行调整，最终确保所有指标数据具有相同的时间长度和频度。

第四，可比性。为了便于与其他指标或历史数据进行横向或纵向对比，CAS-REF 指数评价指标应保持指标的名称和体系结构等方面尽量与现行制度统一，对于指标的计算口径和相应数据的选取曾出现历史变动的，应进行相应调整以确保数据的连续和相对稳定。此外，对其中的异常点也要进行调整，这样的指标体系才具有实际意义。

第五，预警性。CAS-REF 指数的重要功能是就是它的预警功能，这就要求在建立指标体系时应尽量选取具有先行性的指标，或者所选指标能从根本上反映我国房地产金融体系所面临的潜在风险，或者所选指标能预示我国房地产金融体系能在多大程度上为房地产开发经营提供资金保障和支持居民住房消费能力的提高。

2. CAS-REF 指数的指标体系

基于以上五项指标选取原则，着眼于我国房地产金融体系共选取了以下 7 个指标。具体指标及相应的指标解释如表 3. 10 所示。

表 3. 10　CAS-REF 指数评价指标体系

序号	指标	指标解释
1	商品房销售均价	房价的变动跟房地产金融风险密切相关，我们选用商品房销售均价(商品房销售额/商品房销售面积)作为衡量房地产金融风险的指标之一
2	上证房地产指数	上证房地产指数(000 006. sh)是衡量房地产金融状况的指标之一(月数据由日数据加权平均所得)
3	房地产开发国内贷款	衡量房地产金融状况的指标之一(房地产开发资金来源：国内贷款)
4	房地产开发自筹资金	间接衡量房地产金融状况(房地产开发资金来源：自筹资金)
5	银行间同业拆借加权平均利率	同业拆借市场能够迅速反映货币市场的资金供求状况，银行间同业拆借加权平均利率可以作为金融市场市场利率的代理变量
6	人民币实际有效汇率指数	真正体现一国汇率水平并对宏观经济产生实际影响的应当是实际汇率而不是名义汇率，我们采用人民币实际有效汇率指数(2010 年＝100)作为汇率的代理指标
7	CPI	选用消费者价格指数(上年＝100)作为衡量通货膨胀率指标

3. CAS-REF 指数的评价方法

1)向量自回归模型

向量自回归(vector auto-regression，VAR)模型是一种常用的计量经济模型，由克里斯托弗·西姆斯(Christopher Sims)在 1980 年提出。VAR 模型是基于数据的统计性质建立模型，把系统中每一个内生变量作为系统中所有内生变量的滞后值的函数来构造模型，从而将单变量自回归模型推广到由多元时间序列变量组成的“向量”自回归模型。VAR 模型是处理多个相关经济指标的分析与预测最容易操作的模型之一，并且在一定的条件下，多元 MA 和 ARMA 模型也可转化成 VAR 模型，因此近年来 VAR 模型受到越来越多经济工作者的重视。

VAR(p)模型的数学表达式是

$$\boldsymbol{y}_t=\mathbf{A}_1\boldsymbol{y}_{t-1}+\cdots+\mathbf{A}_p\boldsymbol{y}_{t-p}+\mathbf{BX}_t+\boldsymbol{\varepsilon}_t$$

其中，$\boldsymbol{y}_t$ 为 k 维内生变量向量；$\mathbf{X}_t$ 为 d 维外生变量向量；p 为滞后阶数；样本个数为

T。$k\times k$ 维矩阵 $\boldsymbol{A}_1$，$\boldsymbol{A}_2$，…，$\boldsymbol{A}_p$ 和 $k\times d$ 维矩阵 $\boldsymbol{B}$ 为要被估计的系数矩阵。$\boldsymbol{\varepsilon}_t$ 为 k 维扰动向量，它们相互之间可以同期相关，但不与自己的滞后值相关及不与等式右边的变量相关，假设 $\boldsymbol{\Sigma}$ 为 $\boldsymbol{\varepsilon}_t$ 的协方差矩阵，是一个 $(k\times k)$ 的正定矩阵。

2)广义脉冲响应函数

VAR 模型的动态分析一般采用"正交"脉冲响应函数来实现，而正交化通常采用 Cholesky 分解完成，但是 Cholesky 分解的结果严格的依赖于模型中变量的次序。Koop 等提出的广义脉冲响应函数[①]正好克服了上述缺点。

运用广义脉冲响应函数后，设响应指标 Z_0 对冲击指标 Z_i 在第 t 期的响应为 λ_{it}，则响应指标 Z_0 对冲击指标 Z_i 在 t 期内的加权响应为

$$\lambda_i=\sum_{t=1}^{T}\frac{1}{t}\lambda_{it},\ i=1,\ 2,\ \cdots,\ n$$

则表 X-X 的指标体系内每个指标的权重为

$$w_i=\frac{\lambda_i}{\sum_{i=1}^{n}|\lambda_i|},\ i=1,\ 2,\ \cdots,\ n$$

计算综合评价函数为

$$F_t=\sum_{i=1}^{m}w_i y_{it},\ i=1,\ 2,\ \cdots,\ n$$

选取样本内第一期的值为基准，设基期的综合评价得分为 F_0，报告期内其他期的综合评价得分 F_t。设定基期的值为 100，则报告期内其他期的值为

$$F_t'=\frac{F_t}{F_0}\times 100,\ i=1,\ 2,\ \cdots,\ T$$

3)CAS-REF 指数的构建

我们选取表 3.10 内指标的 2000 年 1 月～2014 年 10 月的数据为样本，数据均来自万德数据库。通过对数据进行插值、季节性调整、剔除通货膨胀影响和平稳性处理后，将处理后数据按照上文的评价方法进行评价，得到的结果如表 3.11 所示。

根据表 3.11 所示指数结果，可得 CAS-REF 指数趋势图，如图 3.2 所示。

(三)CAS-REF 指数的功能及指导性

1. CAS-REF 指数及解读

从以上 CAS-REF 指数来看，我们仍然可以把我国房地产金融状况大致分成三个阶段，第一个阶段为 2007 年以前，整个房地产金融状况非常平稳，指数波动幅度很小，说明此阶段我国的房地产金融状况良好，房地产市场运行正常。

① 高铁梅．计量经济分析与建模 Eviews 应用及案例．第二版．北京：清华大学出版社，2009：281-285.

表 3.11 CAS-REF 指数结果

时间	CAS-REF 指数	时间	CAS-REF 指数	时间	CAS-REF 指数	时间	CAS-REF 指数
2000-01	100.00	2003-10	99.85	2007-07	96.92	2011-04	97.25
2000-02	96.67	2003-11	101.69	2007-08	48.72	2011-05	105.05
2000-03	97.63	2003-12	98.98	2007-09	91.74	2011-06	101.97
2000-04	96.85	2004-01	99.91	2007-10	100.08	2011-07	98.26
2000-05	100.11	2004-02	96.97	2007-11	108.52	2011-08	104.89
2000-06	95.91	2004-03	99.49	2007-12	125.03	2011-09	103.83
2000-07	99.97	2004-04	100.67	2008-01	88.94	2011-10	112.37
2000-08	96.97	2004-05	104.95	2008-02	117.75	2011-11	100.01
2000-09	101.19	2004-06	101.96	2008-03	118.27	2011-12	104.78
2000-10	96.91	2004-07	102.01	2008-04	124.42	2012-01	98.58
2000-11	96.11	2004-08	101.52	2008-05	111.74	2012-02	95.34
2000-12	98.42	2004-09	99.95	2008-06	125.27	2012-03	99.90
2001-01	99.03	2004-10	98.90	2008-07	110.77	2012-04	97.17
2001-02	111.95	2004-11	100.40	2008-08	117.04	2012-05	93.34
2001-03	97.83	2004-12	100.94	2008-09	111.42	2012-06	98.07
2001-04	98.35	2005-01	101.49	2008-10	103.23	2012-07	108.25
2001-05	96.72	2005-02	100.75	2008-11	100.60	2012-08	109.06
2001-06	100.82	2005-03	101.53	2008-12	89.53	2012-09	97.69
2001-07	101.23	2005-04	102.96	2009-01	100.24	2012-10	100.08
2001-08	103.83	2005-05	102.42	2009-02	86.33	2012-11	101.18
2001-09	101.61	2005-06	99.59	2009-03	93.92	2012-12	87.20
2001-10	104.41	2005-07	101.73	2009-04	87.39	2013-01	89.07
2001-11	99.22	2005-08	97.60	2009-05	84.75	2013-02	106.97
2001-12	99.17	2005-09	98.80	2009-06	80.61	2013-03	111.24
2002-01	110.73	2005-10	100.01	2009-07	76.29	2013-04	101.75
2002-02	102.20	2005-11	99.80	2009-08	120.72	2013-05	92.18
2002-03	93.70	2005-12	99.50	2009-09	101.91	2013-06	109.41
2002-04	99.63	2006-01	97.67	2009-10	88.27	2013-07	105.26
2002-05	100.09	2006-02	99.03	2009-11	89.83	2013-08	90.80
2002-06	100.72	2006-03	98.62	2009-12	107.04	2013-09	84.11
2002-07	95.16	2006-04	96.23	2010-01	112.73	2013-10	97.99
2002-08	101.18	2006-05	97.97	2010-02	113.05	2013-11	106.248 6
2002-09	100.92	2006-06	99.09	2010-03	97.16	2013-12	102.832 2
2002-10	101.13	2006-07	97.12	2010-04	110.04	2014-01	107.888 7
2002-11	102.51	2006-08	99.92	2010-05	124.78	2014-02	105.271 4
2002-12	102.08	2006-09	94.54	2010-06	97.57	2014-03	100.116 7
2003-01	100.76	2006-10	98.25	2010-07	100.83	2014-04	98.063 84
2003-02	101.86	2006-11	92.81	2010-08	89.11	2014-05	104.041 8
2003-03	100.55	2006-12	86.41	2010-09	99.00	2014-06	97.445 34
2003-04	99.84	2007-01	89.77	2010-10	93.34	2014-07	96.811 77
2003-05	100.47	2007-02	103.60	2010-11	104.25	2014-08	89.376 1
2003-06	100.35	2007-03	85.69	2010-12	101.33	2014-09	99.189 56
2003-07	102.99	2007-04	79.61	2011-01	95.78	2014-10	97.961 74
2003-08	100.59	2007-05	64.08	2011-02	105.64	—	—
2003-09	100.69	2007-06	82.38	2011-03	97.50	—	—

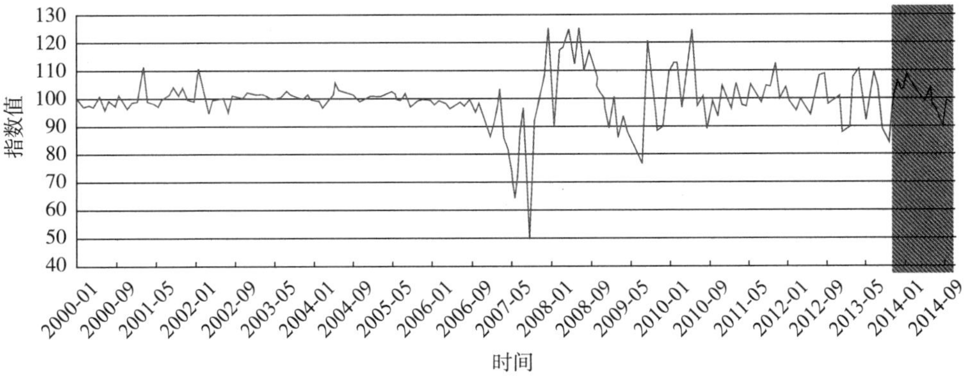

图 3.2　CAS-REF 指数趋势图

第二个阶段为 2007～2010 年第二季度，此阶段 CAS-REF 指数的波动幅度较大，房地产金融状况在 2007 年 8 月达到最差，CAS-REF 指数仅为 48.72，但之后，到 2007 年年底房地产金融状况指数一路回升到 125.0，2008 年的前两个季度 CAS-REF 指数比较平稳，房地产金融状况也较之前明显转好，CAS-REF 指数在 2008 年 6 月达到了最高值 125.3，但是从 2008 年的第三季度开始，房地产金融状况指数一路震荡下滑到 2009 年 7 月的 76.3，2008 年的下半年到 2009 年的上半年是我国遭受由美国次贷危机引发的全球经济危机影响最严重的时期。2008 年 8 月 70 个大中城市房价出现了房改以来的首次下跌，且跌幅逐月增加，房地产企业面临着前所未有的困境，购房者也因房价下跌而出现了还款违约行为，此时的房地产金融状况在不断恶化。2009 年的第三季度，房市在政府"保增长"的经济刺激下，开始止跌回暖，房地产金融状况也出现了转好的迹象，从 CAS-REF 指数上来看，2009 年 8 月底就已经回升到 120.7，虽然之后 CAS-REF 指数有一定幅度的波动，但还在相对较高的数值上，说明在次贷危机影响过后，2009 年第三季度我国的房地产金融状况有了明显的好转。

第三个阶段是 2010 年的第三季度以后，此时 CAS-REF 指数相对处于平稳数值上，此阶段我国房地产金融状况相对比较平稳，但从波动幅度来看，可以发现，第三阶段的波动幅度比第一阶段的幅度相对要大，虽然在经济危机影响过后，我国的房地产金融状况运行良好，相对平稳，但与 2007 年以前相比，我国的房地产金融状况波动幅度增大，房地产市场的风险也在增大。

进一步分析 2014 年我国房地产金融状况，由图 3.3 可以看出，截止到 2014 年 10 月，CAS-REF 指数呈现整体波动式下降趋势，但下降幅度不大，说明 2014 年我国房地产市场的风险整体上在降低。事实上，2014 年政府并没有出台新的房地产干预政策，而只是处于前期政策的消化期，但是 2014 年房企存在去库存压力，房地产市场购房者的预期发生转变，持观望态度，房地产投资呈明显下降趋势。在这种情况下，房地产市场正在逐步从之前的强卖方市场缓慢地向买方市场转变，从市场整体上来看趋于均衡和更加合理，不过区域仍存在结构不合理。此外，保障房建设也取得了实质性进展，这些综合因素都有利于降低房地产市场的风险。

CAS-REF 指数不仅能准确反映房地产金融状况，而且在经济形势发生改变前能对

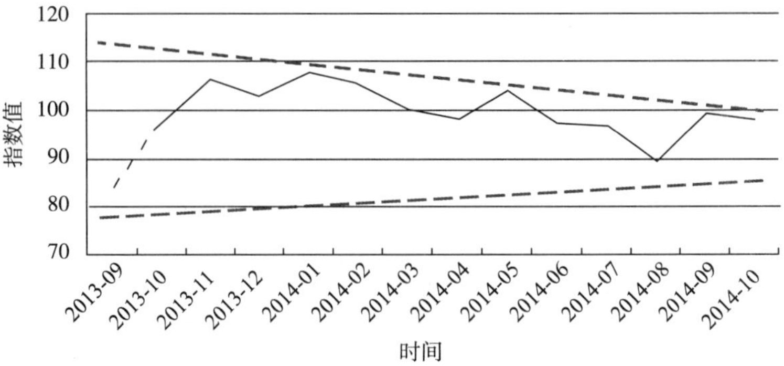

图 3.3 CAS-REF 指数 2013 年 9 月～2014 年 10 月趋势图

房地产市场具备一定的预测能力，比其他反映房地产市场变化的指数具有一定先行性。首先我们比较分析 CAS-REF 指数与房地产业企业家信心指数，从图 3.4 可以看出，CAS-REF 指数曲线的最低点在 2007 年 8 月，而房地产企业家信心指数的最低点在 2008 年 12 月，并且之后 CAS-REF 指数曲线的变化趋势都领先房地产企业家信心指数。因此，可以推断 2015 年房地产企业家信心指数不会出现太大幅度的波动，整体上将趋于平稳。

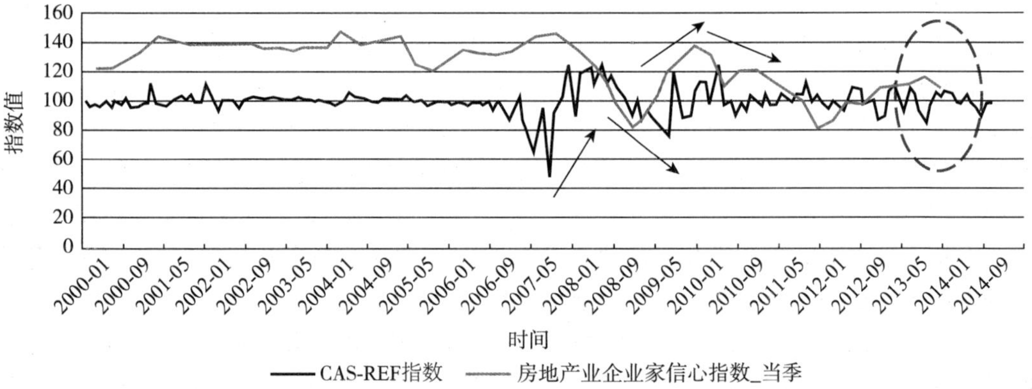

图 3.4 CAS-REF 指数与房地产企业家信心指数对比图

同样的，从图 3.5 和图 3.6 可以看出 CAS-REF 指数的变化也要领先房地产开发综合景气指数和房地产业企业景气指数。因此，我们可以得出 CAS-REF 指数具有很好的预测能力，不仅能准确反映房地产金融状况，而且对房地产市场具有先行预测能力，比其他行业指数要准确及早反映市场的变化。同理，可以推断 2015 年房地产开发综合景气指数和房地产企业景气指数均不会出现太大幅度的波动，同 2014 年相比，整体上仍将趋于平稳。

从 CAS-REF 指数曲线来看，我国的房地产金融状况只在经济危机时期出现过大的波动，其他时期都表现得比较平稳，尤其是 2007 年以前，我国的房地产金融状况运行非常平稳。房地产金融状况运行平稳能促进我国的房地产业发展。2007 年以前，我国的房地产开发投资稳步增加，虽然房价出现了几次大幅度地上涨，但房地产市场运行依然正常有序。对房地产开发企业来说，此时期的主要资金来源是银行贷款，由于

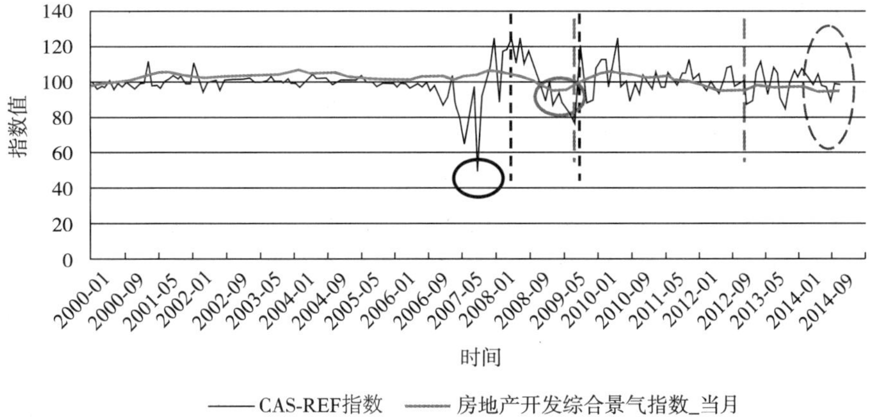

图 3.5　CAS-REF 指数与房地产开发综合景气指数对比图

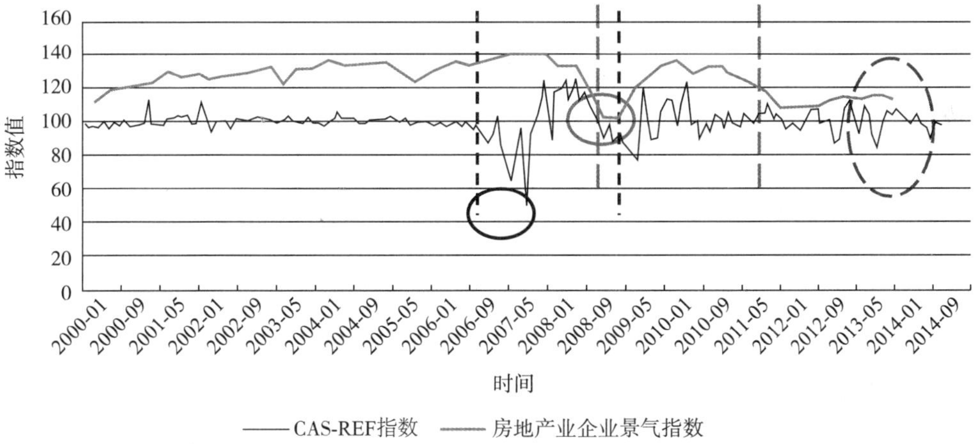

图 3.6　CAS-REF 指数与房地产企业景气指数对比图

1998 年房改以来，国内居民购房需求的猛增，市场一直供需不平衡，房地产企业处于暴利时期，此时的房地产开发投资资金也不断地增加，房地产企业没有出现资金链问题，也没有开发投资资金压力。而对于购房者来说，国内住房按揭贷款开始盛行，银行为房屋购买者提供资金，使他们能提前获得住房。由于银行对购房贷款资格的严格审查，购房者一般不存在违约行为。到了经济危机时期，由于房价在 2008 年出现了首次下滑，导致了购房者的住房资产出现萎缩，部分出现了还款违约行为，但范围不大，仅出现在房价下滑较大的一线城市。而此时开发企业由于受到经济危机、购房者预期的影响，房屋出现滞销导致房地产开发企业的资金链断裂，至少两成开发企业在此时被市场淘汰。在经济危机影响过后，2009 年的第四季度，房价报复性上涨，市场又活跃起来，由于银行在此次经济危机影响中，承受了来自房地产行业的巨大风险，政府也开始控制房地产企业的开发投资资金的银行贷款，很多企业不得不自谋出路，此时银行的贷款风险有所降低。对于购房者来说，由于房价高企上涨，政府出台了很多调控政策，以防止房价过快过猛上涨，且在研究设计一些提高购房者住房消费能力的支持措施，加大保障房、廉租房建设也一定程度上降低了购房者在高房价下所承担的贷款风险。

CAS-REF 指数对我国潜在的房地产金融风险也有一定的监测作用。CAS-REF 指数以月度数据为样本数据，其对我国房地产金融状况的变化较为敏感。我们以 CAS-REF 指数历史期的标准差来衡量我国房地产金融市场面临的潜在风险，从图 3.7 可以看出，2007 年 7 月之前我国房地产金融状况较为稳定，风险水平基本维持在 4 以下，2007 年 7 月之后，潜在的房地产金融风险迅速上升，并与 2010 年 4 月达到峰值，而正是这个时候我国颁布了严厉的"国十条"房地产宏观调控政策，并在之后继续推行了多项房地产宏观调控措施。2012 年 4 月之后，我国房地产金融风险水平虽然仍维持在不超过 10 的高位，但是呈现下降的趋势，说明我国房地产宏观调控政策对于控制房地产金融风险确实起到了一定的积极作用。

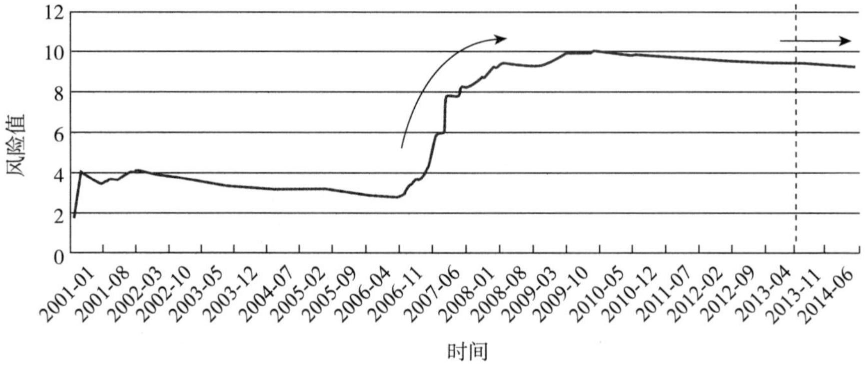

图 3.7 潜在房地产金融风险趋势图

进一步观察 2014 年我国潜在的房地产金融风险，通过图 3.7 和图 3.8 可以看出，2013 年 11 月～2014 年 10 月，我国潜在的房地产金融风险整体上呈直线下降趋势(2013 年 11 月为 9.35，2014 年 10 月下降到 9.13)。虽然下降幅度不是很大，但是相较于 2013 年房地产金融风险的波动式平稳变动，2014 年整体上在向更加良性的方向发展，说明我国房地产金融风险在逐渐缓慢地减小。

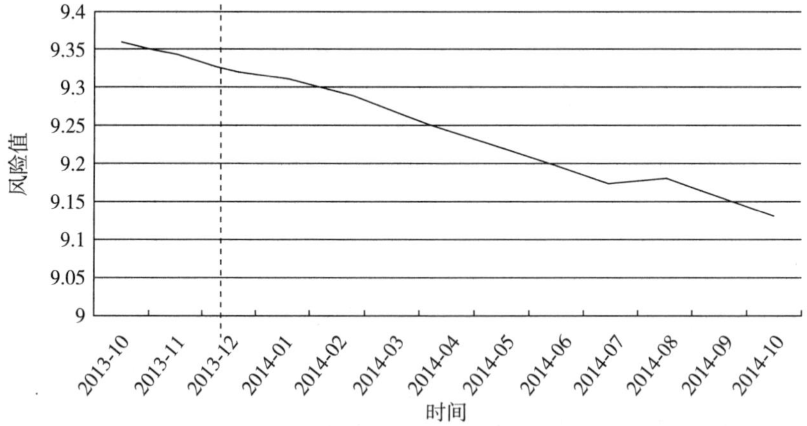

图 3.8 潜在房地产金融风险 2013 年 10 月～2014 年 10 月趋势图

2. CAS-REF 指数的功能及指导性

从前文构建 CAS-REF 指数的过程及解读来看，CAS-REF 指数有利于对我国房地产金融体系的整体运行状况进行科学、客观地评估。其主要具有三方面的功能：一是评估我国房地产金融体系运行状况的功能；二是预测我国房地产金融市场走势的功能；三是监测我国潜在的房地产金融风险的功能。

(1)评估我国房地产金融体系运行状况的功能。2000 年我国房地产金融市场相对稳定，CAS-REF 指数以 2000 年 1 月为基期(2000M1＝100)，通过比较报告期与基期数值的差距可以评估我国房地产金融体系在报告期内的运行状况。同时，通过观察报告期内 CAS-REF 指数的变化也有助于加强各界人士对我国房地产金融市场变化趋势的认识，政府亦可以通过该指数来评估房地产相关调控政策的实施效果，探析当前我国房地产金融市场面临的问题，并以此作为依据来颁布或调整相应房地产金融调控政策。

(2)预测我国房地产金融市场走势的功能。CAS-REF 指数具有先行性，通过观察其走势，可以预测未来我国房地产金融体系的运行趋势。对于房地产开发企业和购房者而言，准确预测我国房地产金融市场的运行趋势，有助于其较好的调整自己的经营策略和消费方式。目前，由于我国严厉的房地产宏观调控，房地产企业尤其是中小房地产企业面临巨大的资金压力，许多房地产中小企业纷纷倒闭。而对于购房者，其购房行为则对房地产市场的非理性预期影响很大。我国房地产市场两大参与主体目前所面临的形势都不利于我国房地产市场的健康发展。而 CAS-REF 指数恰好可以为房地产开发企业和购房者选择更合适的经营策略和消费方式提供参考，从而最终间接促进我国房地产市场的发展。

(3)监测我国潜在的房地产金融风险。CAS-REF 指数以月度数据为样本数据，其对我国房地产金融状况的变化较为敏感。本研究中心采用 CAS-REF 指数历史期的标准差来衡量我国房地产金融市场面临的潜在风险。通过前文的分析，可以看出 CAS-REF 指数对于我国潜在的房地产金融风险确实具有监测作用，通过观察 CAS-REF 指数历史期的标准差(反映我国潜在的房地产金融风险)趋势图，可以评估我国房地产金融风险变化的趋势及变化的程度。此外，结合 CAS-REF 指数历史期的标准差的趋势图，也可以对我国宏观调控政策的效果在一定程度上进行评估。

第四章　重点城市房地产市场运行情况

一、北京市1～10月房地产市场分析

(一)北京市1～10月经济形势概况

2014年以来，面对经济下行压力，北京市围绕"稳增长""调结构"各项工作，狠抓工作落实，有力促进了经济社会平稳发展，实现了稳中有进，北京市前三个季度地区生产总值累计增速分别为7.1%、7.2%和7.3%。根据北京市统计局最新数据，1～3季度北京市实现地区生产总值14 774.1亿元，按可比价格计算，比2013年同期增长7.3%，增速比上半年提高0.1百分点。分产业看，第一产业增加值112.2亿元，增长0.2%，增速回落0.5百分点。第二产业增加值3 064.6亿元，增长7.0%，增速提高0.1百分点，其中工业增加值2 525.8亿元，增长6.3%，增速提高0.2百分点；建筑业增加值538.8亿元，增长10.6%，增速回落0.4百分点。第三产业增加值11 597.3亿元，增长7.4%，增速提高0.1百分点，其中房地产业增加值918.5亿元，比2013年同期下降5.7%。

2014年1～10月，北京市经济运行主要呈现以下特点。

1. 工业增势稳定，企业利润增长较快

1～10月，北京市规模以上工业增加值，按可比价格计算，比2013年同期增长6.5%，增速比上半年提高0.2百分点。规模以上轻工业增加值比2013年同期增长0.7%，规模以上重工业增加值比2013年同期增长8.3%。

分行业看，1～10月，在39个工业大类行业中，25个行业增加值同比增长，13个行业同比下降，1个行业同比持平。重点行业中，铁路、船舶、航空航天和其他运输设备制造业增长1倍，计算机、通信和其他电子设备制造业增长12.7%，通用设备制造业增长11.2%，汽车制造业增长10.2%，医药制造业增长8.7%，电力、热力生产和供应业增长1.8%。

北京市企业利润实现了较快增长。1～3季度，北京市规模以上工业企业实现销售产值12 937.1亿元，比2013年同期增长6.7%。其中出口交货值1 052亿元，下降7.1%；内销产值11 885.1亿元，增长8.1%。1～8月，北京市规模以上工业企业实现利润826.4亿元，比2013年同期增长14.2%。

2. 第三产业运行平稳，企业效益表现较好

1～3季度，北京市第三产业增加值按可比价格计算，比2013年同期增长7.4%。重点行业中，信息传输、计算机服务和软件业增加值1 378.1亿元，增长12.1%；金融业增加值2 269.1亿元，增长11.9%；科学研究、技术服务与地质勘查业增加值1 205.3亿元，增长11.0%；租赁与商务服务业增加值1 209.1亿元，增长7.0%；批发和零售业增加值1 839.1亿元，增长5.6%；第三产业中，住宿和餐饮业、房地产业、公共管理与社会组织增速同比下降，其中，房地产业增加值918.5亿元，同比下降5.7%。1～8月，北京市规模以上第三产业企业实现利润11 672.3亿元，比2013年同期增长11.2%。

3. 投资稳步增长，部分行业增长较快

1～10月，北京市完成全社会固定资产投资5 996.6亿元，比2013年同期增长7.0%，增速比上半年提高0.4百分点。其中，完成基础设施投资1 512.4亿元，同比增长11.8%；完成房地产开发投资3 173.7亿元，同比增长14.8%，其中，完成住宅投资1 599.3亿元，同比增长15.9%。

分产业看，前三个季度第一产业完成投资135.4亿元，同比下降10.6%；第二产业完成投资506.7亿元，同比增长6.1%，其中电力燃气水生产业完成固定资产投资256亿元，同比增长66.8%；第三产业完成投资4 576亿元，同比增长7.6%，其中房地产业和公共管理社会组织固定资产投资同比增长均超过10%，科学研究、技术服务业和居民服务及其他服务业固定资产投资同比增长均超过30%。

4. 消费品市场持续回暖，信息消费快速增长

1～10月，北京市实现社会消费品零售总额7 389.1亿元，比2013年同期增长8.4%，增速比上半年提高0.9百分点。按消费形态分，商品零售额6 787.7亿元，增长9.3%，餐饮收入537.4亿元，下降0.6%。从限额以上零售企业营业收入看，三大类商品销售增长较快，其中，文化、体育用品及器材零售业销售收入同比增长14.8%，医药及医疗器材专门零售业销售收入同比增长12.8%，家用电器及电子产品专门零售业销售收入同比增长17.2%。

信息相关消费快速增长。1～10月，北京市实现社会消费品网上零售额1 069.9亿元，比2013年同期增长65.1%。

5. 居民消费价格总体保持稳定，生产价格继续下降

1～10月，北京市居民消费价格指数同比上涨1.8%，涨幅较上半年回落0.4百分点。其中，食品类上涨3.4%，烟酒及用品下降0.3%，衣着类上涨0.2%，家庭设备用品及维修服务类上涨0.3%，医疗保健和个人用品类下降0.1%，交通和通信类下降0.5%，娱乐教育文化用品服务类上涨3.7%，居住类上涨1.5%。

1～3季度，北京市工业生产者出厂和购进价格同比增速分别下降0.9百分点和0.8

百分点。

6. 就业形势保持稳定，居民收入稳步增加

9 月末，北京市法人单位从业人员 985.9 万人，同比增长 2.9%，比二季度末提高 0.2 百分点。1～10 月，北京市城镇居民人均可支配收入 36 363 元，同比增长 9.5%，扣除价格因素实际增长 7.7%；农村居民人均现金收入 19 876 元，同比增长 10.4%，扣除价格因素实际增长 8.6%。

(二)北京市房地产市场概况

1. 房地产开发投资

1～10 月，北京市房地产投资额同比增长幅度尽管出现了一定的波动，总体增长幅度依然较大(图 4.1)。1～10 月，北京市完成房地产开发投资 3 173.7 亿元，比 2013 年同期增长 14.8%，房地产开发投资占全社会固定资产投资的 52.9%，比 2013 年提高了 3.6 百分点。

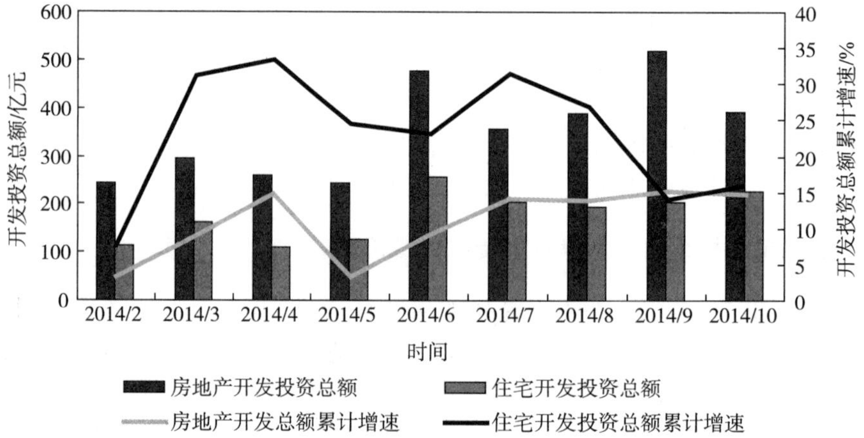

图 4.1 2014 年北京市房地产开发投资额同比增速

资料来源：北京市统计局

从房地产开发投资累计同比变化趋势来看，受 2013 年年初房地产开发投资下滑的影响，2014 年年初房地产开发投资增速同比上升较快，4～5 月出现一定程度的走低，进入下半年，北京市房地产开发投资又开始反弹。北京市房地产开发投资总额的变动趋势显示出，虽然房地产市场全年都受到商品房库存高企和成交量低迷的不利影响，然而在央行房贷新政和政府推出的税收优惠政策等利好消息的刺激下，房地产企业依然对市场抱有信心。此外，2014 年保障房的大量开工建设也在一定程度上加速了 2014 年的房地产投资。

从房屋类型来看，商品住宅投资仍然是房地产开发投资的主体。2014 年 1～10 月，北京市完成住宅投资 1 599.3 亿元，同比增长 15.9%，完成写字楼(办公楼)投资 613.5

亿元，同比增长 31%，完成公寓别墅投资 92.1 亿元，同比下降 21.6%，完成商业、非公益用房及其他类型房地产投资 960.8 亿元，同比增长 5%。1～10 月北京市完成的房地产投资中，住宅投资占大部分，达到 49%，如图 4.2 所示。

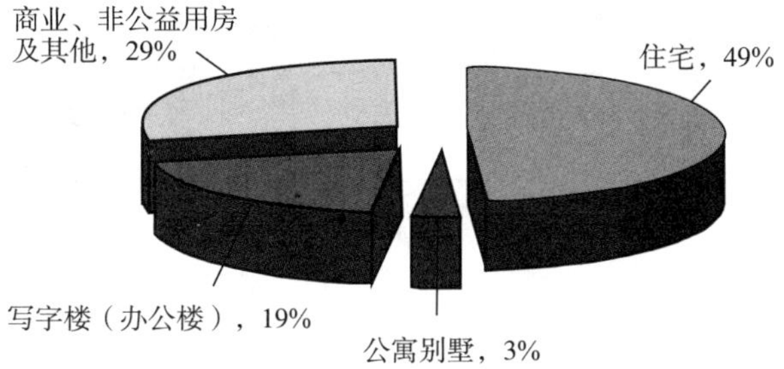

图 4.2 分类型房地产开发投资情况

资料来源：北京市统计局

如图 4.3 所示，1～10 月，北京市房地产开发项目 2014 年到位资金为 5 319.1 亿元，比 2013 年同期下降 15%。其中，来自银行及非金融机构贷款为 1 697.9 亿元，同比增长 10.9%；自筹资金为 1 579.7 亿元，同比下降 14.7%；自筹资金中自有资金为 332.3 亿元，同比下降 34%。值得注意的是，房地产企业自有资金比例由 2013 年同期的 8.05%下降为 6.25%，下降了 22.4%。这可能与近期监管部门对房企持续放松融资政策有关。

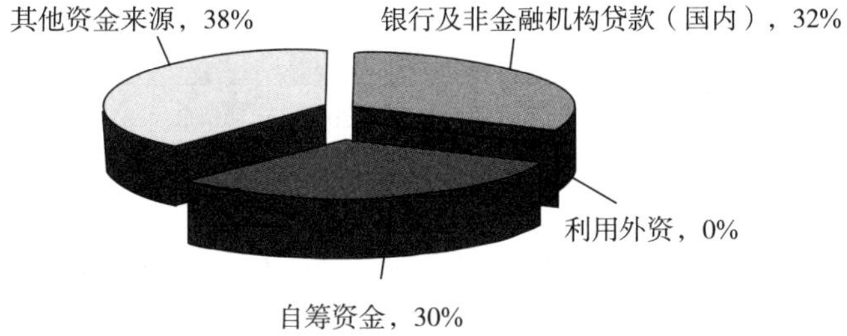

图 4.3 分资金来源房地产开发投资情况

资料来源：北京市统计局

2. 商品房建设情况

2014 年 1～10 月，北京市商品房累计施工面积 13 213.2 万平方米，同比增长 0.8%，如图 4.4 所示。商品房新开工面积比 2013 年同期出现较大幅度下降。然而商品房新开工面积环比却是持续上升的，反映出在库存压力和市场需求不旺的不利影响下，房企对房地产市场未来的走势依然是看好的，如图 4.5 所示。

2014 年 1～10 月北京市商品房累计竣工面积 1 421 万平方米，同比增长 23.8%。受近 4 年来北京市商品房建设增速放缓的影响，2014 年 1～10 月北京市商品房竣工面积增速同比出现了较大幅度的下降，如图 4.6 所示。

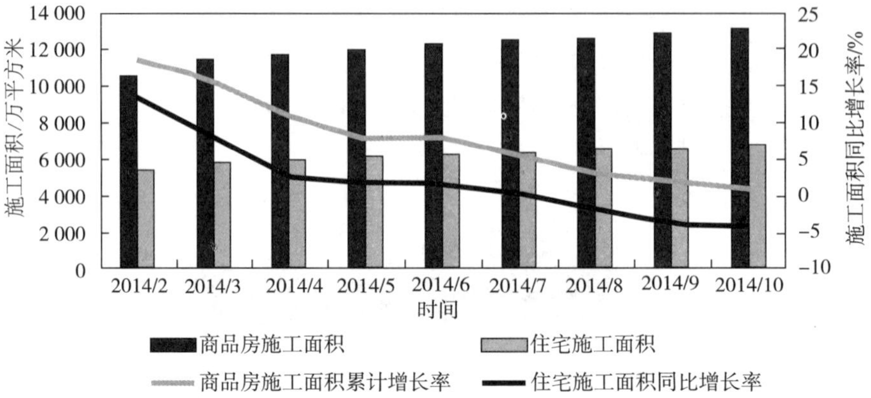

图 4.4　2014 年 1～10 月北京市商品房施工面积情况

资料来源：北京市统计局

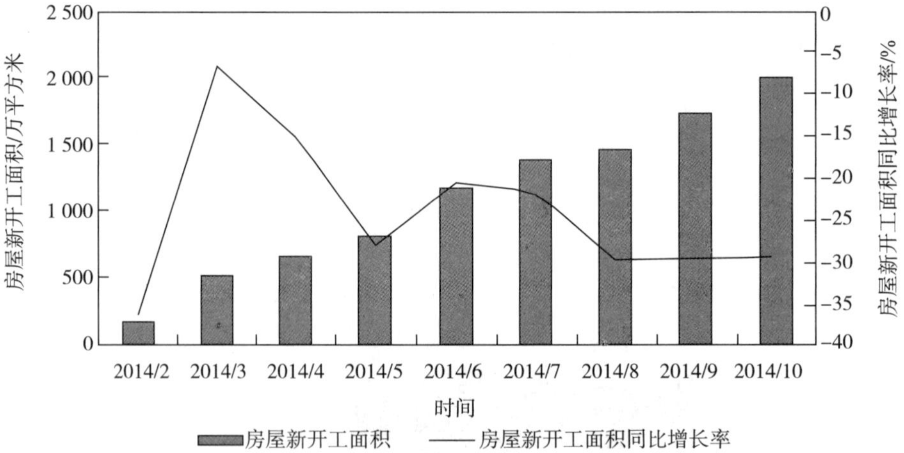

图 4.5　2014 年 1～10 月北京市房屋新开工面积情况

资料来源：北京市统计局

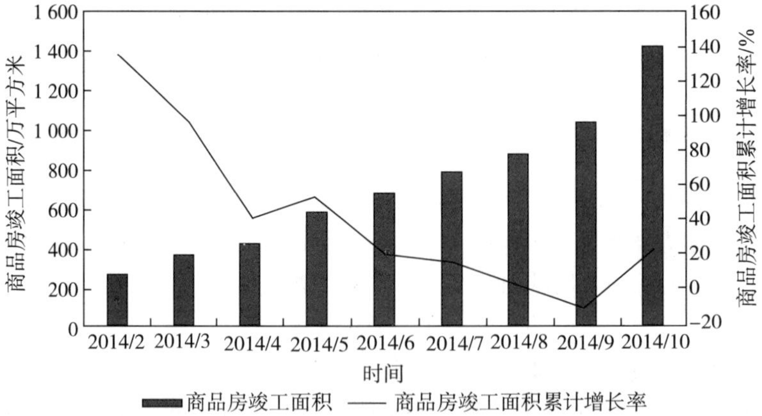

图 4.6　2014 年 1～10 月北京市商品房竣工面积情况

资料来源：北京市统计局

3. 商品房交易情况

2014年北京市商品房月度交易较2013年同期均出现较大幅度下降，销售量呈现"先降后升"的变动趋势。如图4.7所示，1～10月累计销售面积1 030.5万平方米，比2013年同期下降29%，其中商品住宅累计销售面积802万平方米，比2013年同期下降23%。

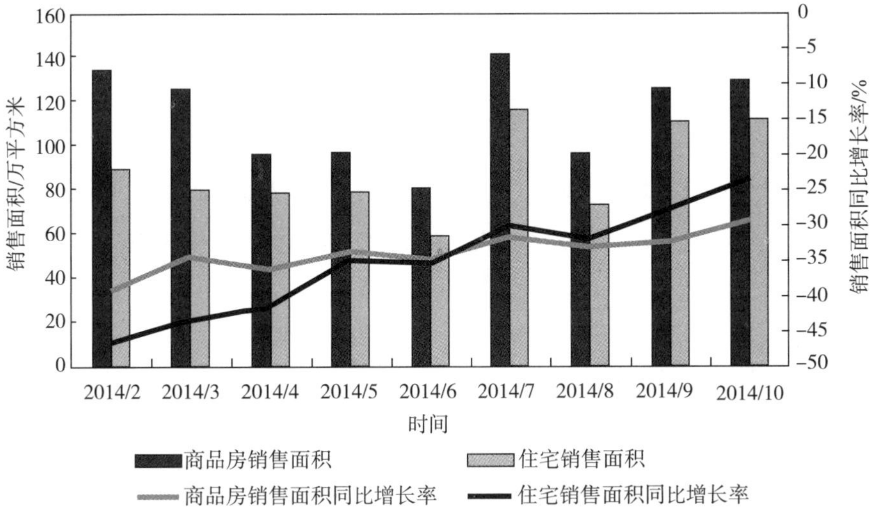

图4.7 2014年1～10月北京市商品房销售面积情况

资料来源：北京市统计局

据北京市住房和城乡建设委员会统计数据显示，1～10月扣除保障房，北京成交商品住宅5.8万套，同比下降38.6%，创自2008年以来近6年新低。受成交量走低影响，2014年前10个月北京市商品住宅销售额仅为1 516亿元，与2013年同期相比减少了832亿元。虽然市场成交量持续走低，但截至2014年10月北京市场上并未出现大幅降价的楼盘。在房企坚持"扛价"下，2014年前10个月商品住宅的整体成交均价为25 022元/平方米，同比涨9.5%。

4. 商品房交易价格

如图4.8所示，2014年前三个季度北京市新建商品住宅价格基本上波动不大，环比价格呈现持续小幅下降趋势，进入下半年后，房价下跌趋势进一步加大。原因是部分房企受到商品房库存压力过大和成交量低迷的影响开始降价促销。同时，房企年末面临资金周转的压力，随着楼市进入传统的"金九银十"，更多的房企加入了降价的行列。但应该看到，这一轮降价的幅度并不大。

同时，同比价格指数的持续收窄也反映出宏观调控政策对过去几年的房地产市场过热起到了一定的纠正作用。

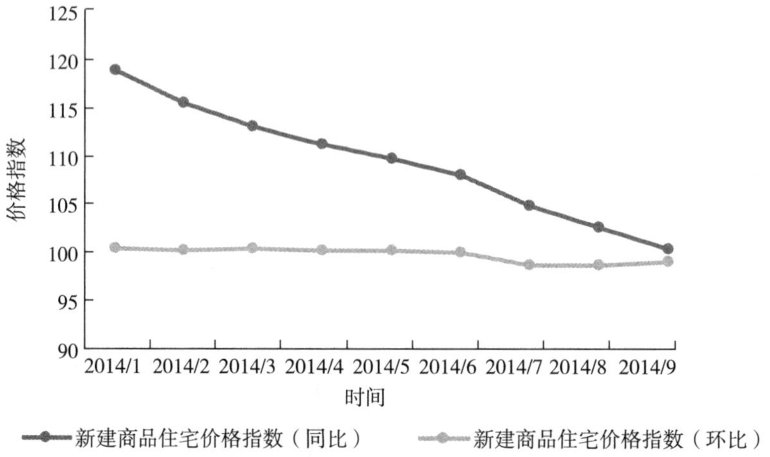

图 4.8　2014 年前三个季度北京市新建商品住宅交易价格情况

资料来源：国家统计局

（三）政策建议

1. 坚持房地产宏观调控，保持政策稳定

2014 年北京市房地产市场面临商品房库存压力高和成交量低迷的双重压力，虽然市场没有出现大的波动，然而供求失衡的矛盾已经凸显。在今后的一段时期，应该继续坚持和贯彻差别化房地产宏观调控政策，同时保持政策的稳定性，以稳定消费者和企业的信心。具体来说，应该继续加大保障型住房的建设力度，完善自住型商品房的相关政策，尽最大可能保障低收入群体的住房需求；同时应该适度支持居民自住、改善型需求，从贷款、税收等多方面给予优惠，提振房地产市场；继续执行限购政策，抑制投机性需求。

2. 大力推进各类保障房建设，完善自住型商品房相关政策

保障性住房既是事关社会和谐稳定的民生工程，也是现阶段调整多元化住房供应体系的重点，同时在当前整体经济增速趋缓及住宅投资增速出现下滑的阶段，保障性住房建设对于稳定投资的功能更加凸显。建议北京市在土地供给上把握住市场的趋势，稳步放开；同时加大保障性住房的建设和制定切实有效的政策，满足夹心层刚性需求利益。

3. 进一步提高二手房市场活跃程度

进一步规范二手房交易行为、降低二手房交易手续费用；加快推进央产房、校产房权属登记、产权确认工作，进一步激活存量房交易热点。

二、上海市前三个季度房地产市场分析

（一）上海市前三个季度经济形势概况

根据上海市统计局数据显示，前三个季度，上海市地区生产总值为 16 607.08 亿元，按可比价格计算，比 2013 年同期增长 7.0%。其中，第一产业产值 72.23 亿元，约占比重为 0.43%，第二产业产值 6 102.17 亿元，约占比重为 36.74%，第三产业产值 10 432.68 亿元，约占比重为 62.82%。在三大产业中，第三产业同比增幅最大，达到了 8.5%，其中交通运输、仓储和邮政业及信息传输、软件和信息技术服务业方面增长最快，同比增幅为 12.5%。

上海经济运行主要呈现以下几个特点。

1. 工业整体呈上升趋势

前三个季度，上海市规模以上工业(以下简称工业)企业完成工业总产值 23 927.05 亿元，比 2013 年同期增长 2.6%，其中前六个月的工业总产值比 2013 年同期增长达到了 4.5%。工业产销率为 99.3%，比 2013 年同期提高 0.3 百分点。工业企业完成出口交货值 5 574.54 亿元，下降 0.3%。

六个重点发展的工业行业共完成工业总产值 15 980.73 亿元，比 2013 年同期增长 2.1%。其中，电子信息产品制造业完成 4 474.68 亿元，下降 1.9%；汽车制造业完成 3 969.99 亿元，增长 10.8%；石油化工及精细化工制造业完成 2 881.74 亿元，下降 6%；精品钢材制造业完成 1 126.46 亿元，下降 0.7%；成套设备制造业完成 2 870.56 亿元，增长 6.5%；生物医药制造业完成 657.31 亿元，增长 8.8%。

2. 社会固定资产投资三大领域“两升一降”

前三个季度，上海市固定资产投资 3 914.32 亿元，比 2013 年同期增长 4.3%。

三大投资领域中，城市基础设施完成投资 653.24 亿元，增长 7%；工业完成投资 727.48 亿元，下降 4.5%；房地产开发完成投资 2 175.5 亿元，增长 8.2%。

本市三大产业投资中，第一产业完成投资 5.52 亿元，下降 18.3%；第二产业完成投资 728.23 亿元，下降 5.1%；第三产业完成投资 3 180.56 亿元，增长 6.7%。

本市投资实际到位资金合计 7 828.68 亿元，其中 2014 年实际到位资金小计 5 311.18 亿元，下降 5.1%。

3. 消费品市场销售持续稳步增长

前三个季度，上海市实现批发零售业商品销售总额 53 998.50 亿元，比 2013 年同期增长 10.6%；实现社会消费品零售总额 6 393.89 亿元，比 2013 年同期增长 8.5%。

分行业看，前三个季度批发和零售业企业实现零售额 5 783.36 亿元，比 2013 年同期增长 8.8%；住宿和餐饮业实现零售额 610.53 亿元，增长 5.3%。

从商品类别看，前三个季度吃、穿、用、烧类商品零售额分别为 1 441.43 亿元、855.21 亿元、3 592.58 亿元和 504.67 亿元，分别增长 5.0%、13.9%、9.1% 和 4.9%，分别占社会消费品零售总额的 22.5%、13.4%、56.2%和 7.9%。

4. 外贸进出口总额较 2013 年有明显增长

在 1～9 月中，上海关区进出口总额达到了 6 407.95 亿美元，比 2013 年同期增长了 6.8%。而上海市进出口总额为 3 431.02 亿美元，比 2013 年同期增长了 5.8%。其中，进口总额为 1 890.56 亿美元，比 2013 年同期增长了 8.7%，而出口总额为 1 540.46亿美元，比 2013 年同期增长了 2.5%。和 2013 年相比，进口总额中国有企业有所减少，外商投资企业及私营企业有所增加，分别为 1 241.05 亿美元和 290.44 亿美元，较 2013 年同期增长分别为 10.3%和 14.1%。

5. 居民人均收入和人均消费支出均有所增长

前三个季度，上海市城市居民家庭人均可支配收入为 35 769 元，人均消费支出为 23 276 元，比 2013 年同期相比分别增长了 9.1%和 9.8%。在收入方面，财产性收入和转移性收入增幅最大，分别比 2013 年同期增长了 12.9%和 14.1%。在支出上，食品、居住、医疗保健和教育文化娱乐服务四个方面增长最为明显，分别比 2013 年同期增长了 11.8%、9.8%、13.6%和 17.1%。

6. 消费者信心指数较为稳定

1～3 季度上海市消费者信心指数分别为 114.2、114.8 和 114.8，没有出现比较大的变化。而其他指数，如整体经济信心指数、就业形势信心指数、家庭收入信心指数和生活质量信心指数均是在比较小的范围内波动，整体来说比较稳定。

(二)1～9 月上海市房地产市场概况

从 2014 年上半年的房地产市场成交量的数据来看，全国的成交表现远低于预期。上海作为一线城市，其下滑幅度虽然低于北京和深圳，但是也同比下降了 30%。在这样的大环境下，前三个季度，上海市的房地产开发投资增幅相对于前两年来说有明显的下降。

1. 房地产开发投资

如图 4.9 和图 4.10 所示，1～9 月，上海市房地产开发投资总体来说还是在不断增长的，到 9 月，全市房地产开发投资完成 2 175.5 亿元，比 2013 年同期增长了 8.2%，增幅比 1～8 月上升了 1.2 百分点。1～9 月全社会固定资产投资额达到了 3 914.32 亿元，房地产开发投资占全社会固定资产投资的比重达到 55.58%。

从不同房屋类型看，商品住宅投资仍然是房地产开发投资的主体，但办公楼投资，商

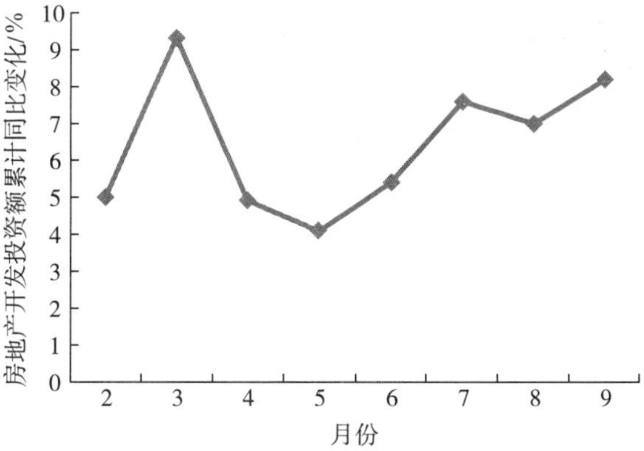

图 4.9　2014 年房地产开发投资额累计同比变化趋势

资料来源：上海统计局

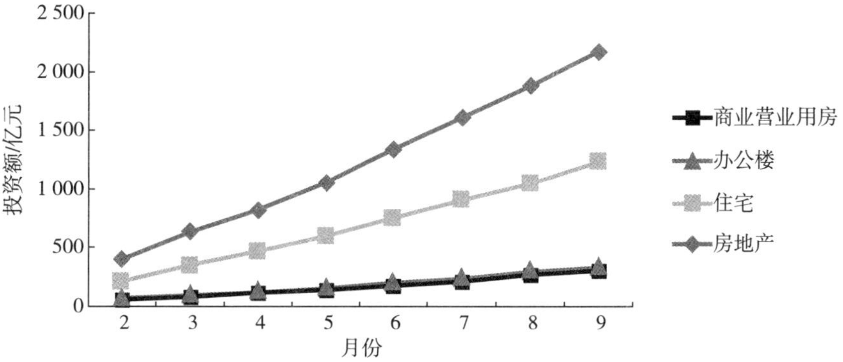

图 4.10　2014 年房地产开发投资额累积变化趋势

资料来源：上海统计局

业营业用房投资上升幅度均略高于商品住宅投资。1～9 月，上海市商品住宅投资 1 226.91 亿元，比 2013 年同期增长 9.6%，约占全部房地产开发投资的 57.40%。办公楼投资较 2013 年同期同样上涨较为显著，1～9 月累计投资额为 330.70 亿元，比 2013 年同期增长 14.8%。而 1～9 月商业营业用房投资达 308.23 亿元，比 2013 年同期增长 10.8%。

2014 年前三个季度虽然没有很多房地产调控政策出台，但是房地产交易市场表现出了始料未及的低迷。在成交量大幅度下降的情况下，市场中的观望气氛也越发的浓重。这使上海房地产市场存在着库存量提高，消化周期拉长的情况。以上半年为例，上海 1～5 月的供求比达到了 1.3，高于 2013 年的 0.9，表现出一定的供过于求。而月底存量也比同期提高了 9%，消化周期则是同比增长了 61%。在这种市场相对比较低迷的情况下，市场十分需要住宅投资的支撑。而从图 4.10 来看，房地产投资额累计变化也确实和以往相同，主要依靠住宅投资的支撑，并且住宅投资的累计同比增长也比较稳定。这说明市场中居民对住房的刚性需求依然存在，这也是支撑房地产市场发展的主要原因。图 4.11 显示办公楼投资额和商业用房投资额数量相当，在房地产投资额中所占比重不大。

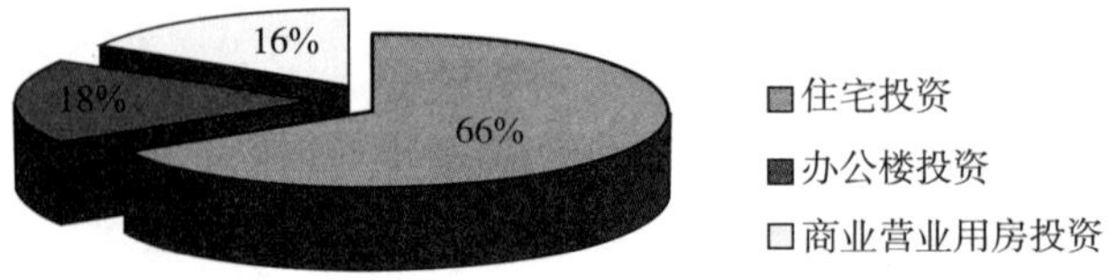

图 4.11　2014 年 1～9 月房地产开发各类投资额累积占比

资料来源：上海统计局

在图 4.12 中，3～4 月的房地产开发投资额同比变化有非常剧烈的变动，从 3 月的按月同比增长 17.6%，到 4 月又骤变为－6.9%。发生如此大的波动主要原因是 2013 年上半年房地产市场整体形势还比较乐观，处于稳定的增长状态。而 2014 年的前 4 个月受房地产市场低迷的影响，房地产开发额一直处于下降的趋势，而两者的变化程度的不断累加导致了数据图 4.12 中出现比较大波动的情况。

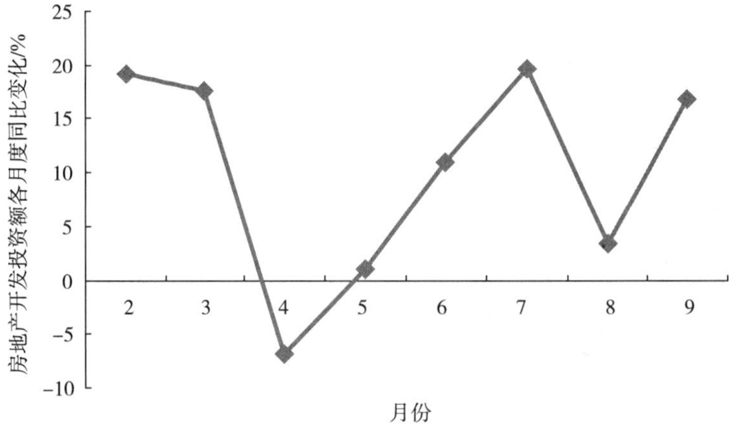

图 4.12　2014 年房地产开发各月投资额同比变化趋势

资料来源：上海统计局

然而在 4 月之后，房地产开发投资额同比变化和房地产开发额都有了显著的提升，并在小幅度的波动下持续的稳定增长。这得益于政府在房地产市场低迷的情况下出台的一些补救措施和调控政策。同时，2014 年年初两会提出的"分类调控"的指导思想也赋予了地方政府更多的自由权，使地方政府在应对房地产市场低迷的时候也有了更多的主动性。虽然上海政府的救市力度比较温和，市场信号作用比实际效果更大一些，但是总体来说，都给市场的开发企业一定的信心。从结果上来看也稳定了房地产开发投资额增长势头。

而从图 4.13 来看，虽然房地产开发额各月度同比变化有比较大的起伏，但是住宅投资额一直在房地产开发投资额中占主导地位。这也说明住宅类开发依旧是房地产投资者最为关注的板块。特别是上海房地产市场在观望气氛浓厚、成交低迷的情况下，上半年上海新建商品住宅成交均价达到了 26 393 元/平方米，同比大幅提升达到 12.4%，创造了历史新高。并且其中 5 万元/平方米以上的住宅成交表现惊艳，同比增长了 55.53%。

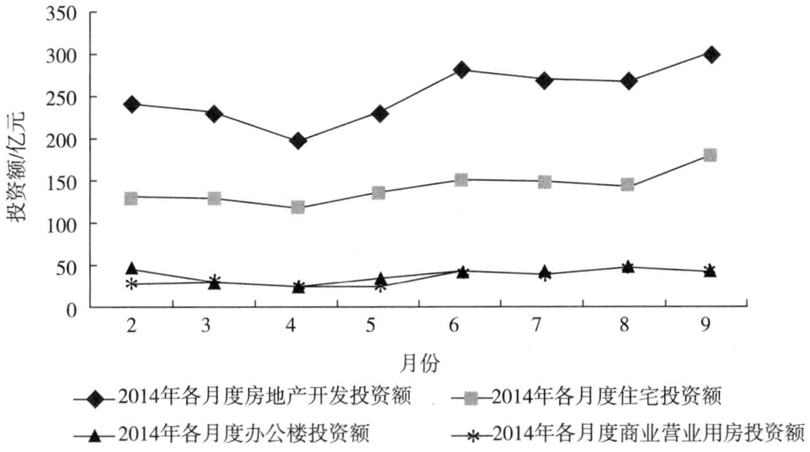

图 4.13　房地产开发各月投资额变化趋势

资料来源：上海统计局

2. 商品房建设情况

随着上海市房地产开发投资的增长，商品房在建规模继续扩大，但由于国家的调控政策和比较低迷的市场表现，新开工面积较 2013 年同期减少，减少幅度由 2 月的 52.3%收窄到 9 月的 8.4%。至 2014 年 9 月上海市商品房施工面积累计 13 426.55 万平方米，比 2013 年同期增长了 4.6%，其中商品住宅施工面积累计 7 854.16 万平方米，比 2013 年同期上升了 1.1%。商品房新开工面积 1 783.51 万平方米，比 2013 年同期减少 8.4%，其中商品住宅新开工面积 974.82 万平方米，比 2013 年同期减少 18.7%。

图 4.14 显示上海市房地产施工面积、新开工面积和竣工面积各月波动较大。施工面积 3 月和 6 月达到最大值，但随后都会出现一个比较明显的下降调整。而在 4 月出现施工面积、新开工面积和竣工面积都处于极低的水平其主要原因是当月房地产开发投资额的下降。从新开工面积和竣工面积累计同比变化来看(图 4.15)，2014 年的下降程度十分明显，虽然总体来看减少幅度在收窄，但这也在一定程度上验证了上海市房地产市场的低迷。

3. 商品房交易情况

1～9 月，上海市商品房累计销售面积 1 315.71 万平方米，比 2013 年同期下降了 19.8%，其中商品住宅累计销售面积 1 133.66 万平方米，比 2013 年同期下降了 19.2%。图 4.16 和图 4.17 直观地表现出在限购和紧缩的房贷政策影响下，上海房地产市场成交面积和成交量的不理想。此前上海搜房网调查显示，逾五成受访者表示 2014 年不会出手买房，近七成受访者认为房价有可能进一步下跌。消费者的观望态度对房地产市场来说无疑是雪上加霜。上海 7 月和 8 月一手商品住宅成交分别环比下降 2%和 7%，进入传统销售旺季的 9 月，虽然成交量环比上涨 31%，但较 2013 年同比下降了 40%。尽管国内大多城市已取消限购，但普遍认为上海在短期内不会放松限购。虽然随

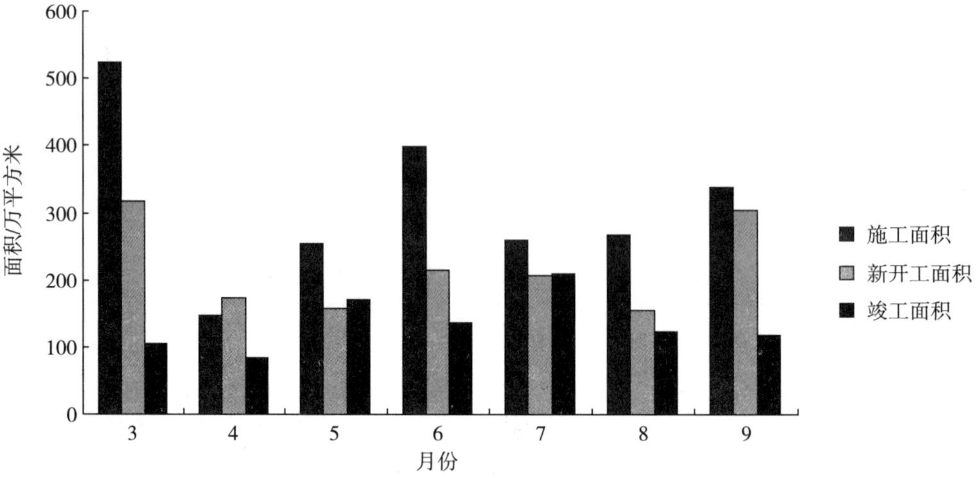

图 4.14　2014 年上海市房地产施工、新开工、竣工面积情况

资料来源：上海统计局

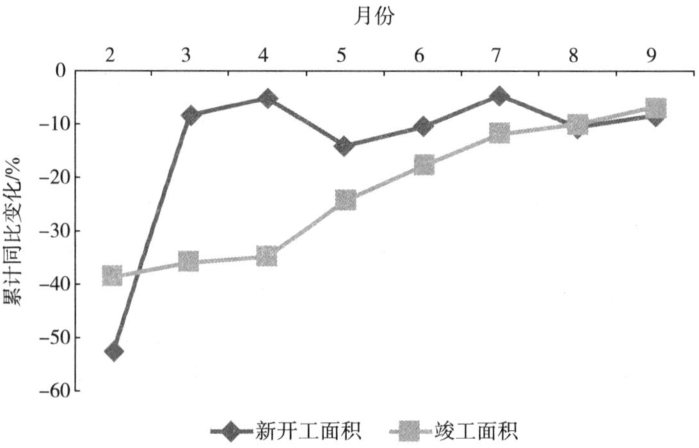

图 4.15　2014 年上海市房地产新开工、竣工面积累计同比变化情况

资料来源：上海统计局

着房贷松动的政策，有望促使上海本地楼市四季度成交温和复苏，但价格不会有大的回升。而且无论是高端和中低端，都将以消化存量为主。

虽然目前房地产市场总体表现并不理想，但正如前面提到的，上海的中高端住宅市场却表现得十分有活力。以上半年为例，中高端住宅市场总计成交 1 759 套，同比 2013 年前六个月成交的 1 131 套，同比增长了 55.53%。这主要因为在 2013 年 11 月上海为了针对楼市交易量上升，房价不断上涨的情况公布了“沪七条”对房地产市场进行调控，“沪七条”一方面在二套房首付、限购方面加大了要求，另一方面对中小套型住房的供应进一步提供了支持，这都不同程度地抑制了中高端市场，对于许多二套房购买者或对中高端住房有需求的人来说可能都会停手或者观望，这也相当于积累了购房需要，而在年后随着政府效果的递减，导向作用的削弱及一些楼盘的打折和降价进一步地吸引着消费者，使中高端住宅市场的刚性需求被进一步地打开，所以使成交量迅速地回升，特别是一些基础设施完善，交通便利或城市规划中有重大利好的地区，房地产市场表现得更为抢眼。

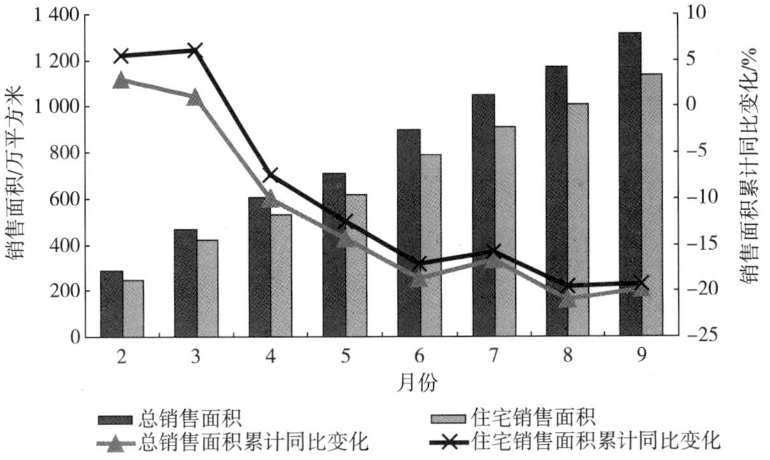

图 4.16　上海市房地产销售面积及住宅累计销售面积情况

资料来源：上海统计局

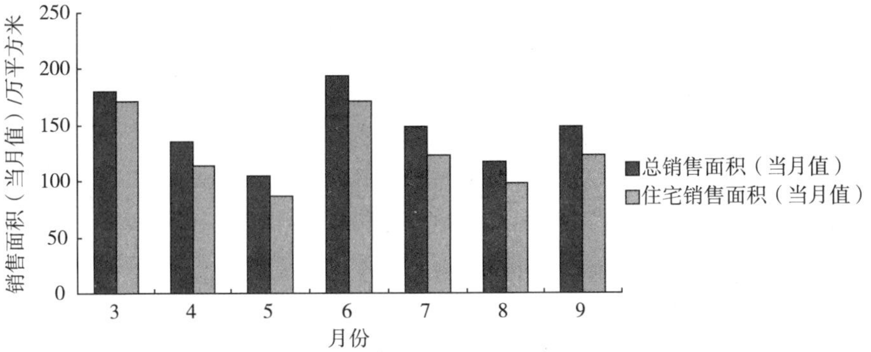

图 4.17　上海市房地产销售面积及住宅各月销售面积情况

资料来源：上海统计局

如图 4.18 所示，2014 年房地产市场新建商品住宅销售价格指数(环比)和二手住宅销售价格指数(环比)波动趋势并不像 2013 年一样表现明显。特别是在 2 月左右，当二手房住宅销售价格指数有明显上涨的时候，新建商品住宅销售价格指数出现了小幅度下调。但是总体而言，变化趋势是大抵相同的，即新建住宅销售价格指数(环比)、新建商品住宅销售价格指数(环比)和二手住宅销售价格指数(环比)在 2014 年的前三个季度都存在不同程度地持续下降。而这也是比较符合目前市场的现状的。

4. 房地产相关政策

4 月 16 日，上海政府部门表示将继续严格执行调控政策，绝对不会有丝毫的放松。上海租房新规，即每间居住不超 2 人、人均面积不低于 5 平方米。上海已对该市居住房

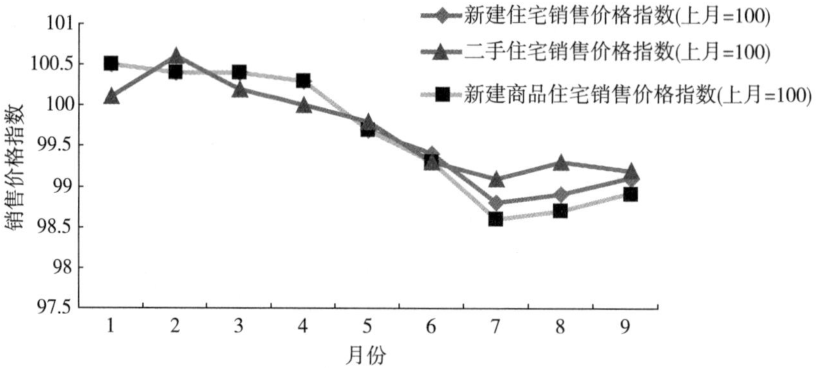

图 4.18　上海市房地产销售价格指数环比

资料来源：国家统计局

屋租赁的相关管理办法进行修改，规定出租居住房屋，每个房间的居住人数不得超过 2 人(有法定赡养、抚养、扶养义务关系的除外)，且居住使用人的人均居住面积不得低于 5 平方米，新规已于 5 月 1 日起实施。

在 5 月初上海市政府发布了《市政府关于加快发展养老服务业推进社会养老服务体系建设的实施意见》，在市政府的"9073"(90%由家庭自我照顾，7%接受社区居家养老服务，3%入住机构养老)养老格局下，在家养老成为绝对主力。

5 月 6 日，上海市召开第 6 次规划土地工作会议。会议指出，严格控制人口规模，建设用地规模只减不增，以土地资源利用方式转变倒逼城市发展转型。

上海市地税局 10 月 29 号发布《关于缴纳 2014 年度个人住房房产税有关事项的提示》，12 月 31 日前应缴纳当年度个人住房房产税码，可通过付费通网站、有关银行或税务专窗缴税；征收对象为 2011 年 1 月 28 日起本市居民家庭在本市新购的第二套及以上住房和非本市居民家庭在本市新购的住房。

11 月 13 日，上海市房管局等四部门出台《关于调整本市普通住房标准的通知》，自 11 月 20 日起实行新规。根据该通知，可以享受优惠政策的普通住房应同时满足三个条件：①房屋需为五层以上(含五层)的多高层住房，以及不足五层的老式公寓、新式里弄、旧式里弄等；②单套建筑面积在 140 平方米以下；③实际成交价格低于同级别土地上住房平均交易价格 1.44 倍以下，坐落于内环线以内的低于 450 万元/套，内环线与外环线之间的低于 310 万元/套，外环线以外的低于 230 万元/套。

(三)政策建议

1. 宏观调控应更加注重区间与方向

宏观调控注重"粗中有细"。在 2014 年两会提出，要创新宏观调控思路和方式。6 月 10 日，中国国务院总理李克强在中国科学院第十七次院士大会和中国工程院第十二次院士大会上做经济形势报告时也表示，要继续坚持宏观调控政策的基本取向，不断创新宏观调控思路和方式，在坚持区间调控中更加注重定向调控，做好预调微调，未雨绸缪、远近结合、防范风险。具体到房地产业来说，也需坚持市场化改革方向，转变政府职能。在中央力图把握构建以政府为主提供基本保障、以市场为主满足多层次需求的住房供应体系这一主要任务时，各地政府需要明确区域、城市的局部调整。这也需要地方政府更注重对政策的调整方向和力度。

2. 适度推进房产税征收，完善房产征税制度

上海自2011年1月28日开征房产税，成为全国率先试点房产税的两个城市之一。房产税的开征主要是完善税制，引导我国房地产产业健康发展，房地产价格合理回归。而在房地产调控政策中所提及的房地产领域税费优化改革将会在重庆、上海等城市房产税试点推进并开征，一方面将延续特大城市限购限贷政策，另外一方面将较大程度的调整城市土地供应制度，使保障性住房供应更加常态和多元化。而在推进过程中，为了更好地完善相应制度，解决实际操作中出现的问题，促进住房产业的信息公开化和透明化需要政府出台相应的政策进行调整，保证过程的顺利。

3. 在去行政化的大环境下，地方政府应更多关注市场

近年来房地产市场调控思路的转变，本质就是去行政化，还市场以本来面目。未来的房地产政策将更加"尊重规律"和"因地制宜"。更多的是通过与房地产市场相适应的法律制度来管理市场、稳定秩序，而不是不停地、过多地或者一刀切地用行政手段干预市场。但是，值得注意的是，房地产政策去行政化不意味着政府放任房地产市场的任意发展。恰恰相反，地方政府将更加关注市场供求关系，尊重市场自身调整和需求，在房地产市场的建设规划方面，更多地提高科学管理水平，因地制宜的出台房地产调控政策。

毕竟，房地产市场去行政化不可能一蹴而就，在去行政化的过程中，必须逐步完善相关的改革措施，建立房地产调控的长效机制，在完成住房信息联网、不动产登记等基础工作的基础上，从土地、金融、财税等方面进行市场化改革，以金融、财税、信贷手段为主，通过市场规律的传导，达到调整市场结构的目的，弱化行政干预。

4. 继续加大保障房投资，确保保障房工程质量

作为促进房地产市场健康发展的一项重要工程，保障性住房的建设一直备受关注。尤其在全国房价高居不下，购房需求日益膨胀的情况下，如何利用保障性住房建设来协调房地产市场整体的发展，使住房资源得到优化配置成为2014年的关注点。李克强总理在工作报告中提出了完善住房保障的两大机制，在提高大城市保障房建设的同时加强配套建设，推进公租房和廉租房并轨运行；采用市场化运作方式，为保障房建设提供长期稳定、成本适当的资金支持。

然而由于保障性住房销售价格较低，房地产开发企业利润空间小，造成很多房地产开发企业不愿进行房地产开发业务。因此，中央政府要采取措施鼓励房地产开发企业投资保障房建设，开展保障房全程监测，确保保障房工程质量。

三、重庆市前三个季度房地产市场分析

(一)2014 年重庆市前三个季度经济形势概况

1. 产业协调发展，总体增速强劲

2014 年前三个季度，重庆全市实现地区生产总值 9 800.53 亿元，同比增长 10.8%，位居全国第一，高出全国平均水平 3.4 百分点，经济总量位居全国第 20 位，比 2013 年同期前进 2 位。从经济运行来看，虽然 2014 年全国地区生产总值增速呈逐渐放缓趋势，重庆作为仅有的三个增速维持在 10%以上的省份，依然保持了较高的增速，说明重庆五大功能区域的发展战略稳固，内生力逐步发力，基本保持了经济平稳向好的发展态势。前三个季度，都市功能核心区实现地区生产总值 1 805.56 亿元，同比增长 7.7%；都市功能拓展区实现地区生产总值 2 315.98 亿元，同比增长 12.5%；城市发展新区实现地区生产总值 3 322.15 亿元，同比增长 11.4%；渝东北生态涵养发展区实现地区生产总值 1 560.78 亿元，同比增长 10.7%；渝东南生态保护发展区实现地区生产总值 496.36 亿元，同比增长 9.4%。核心区域的快速发展带动了其他地区的发展速度，缩小区域发展差异的政策效应日益明显。分产业来看，第二产业仍是支柱产业，发展较快，第三产业迎头赶上，比重逐渐增加。第一产业增加值 711.36 亿元，同比增长 4.2%；第二产业增加值 5 078.97 亿元，同比增长 12.6%，其中工业增加值 4 164.32 亿元，同比增长 12.4%；第三产业增加值 3 170.50 亿元，同比增长 8.6%。

2. 工业平稳增长，企业效益提升

前三个季度，重庆市规模以上工业实现总产值 13 263.44 亿元，同比增长 14.7%，增速平稳。规模以上工业增加值增长 12.7%，高出全国平均水平 4.2 百分点，增速继续位居全国前列。前三个季度，规模以上工业实现出口交货值 1 939.51 亿元，同比增长 23.0%，单位工业增加值能耗同比下降 6.4%，企业产销率达到 97.6%。

从主要产品看，前三个季度共生产微型计算机 4 585.16 万台，同比增长 15.5%，其中笔记本 4 512.49 万台，同比增长 16.6%；汽车 187.15 万辆，同比增长 24.3%，其中轿车 82.64 万辆，同比增长 17.1%；水泥 4 701.88 万吨，同比增长 10.5%；铝材 90.63 万吨，同比增长 15.3%。

从企业效益看，1～8 月重庆市规模以上工业企业实现利润 549.60 亿元，同比增长 45.1%，高出全国平均水平 35.1 百分点。其中汽车制造业实现利润 220.97 亿元，同比增长 82.6%，拉动规模以上工业利润增长 26.4 百分点。

3. 固定资产投资趋于平稳，房地产开发热度消退

前三个季度，重庆市固定资产投资 9 011.82 亿元，同比增长 18.0%，增速较前两

年有所回落但趋于平稳增长，全市固定资产投资在经历 13 年低谷之后逐步回暖，增速较快。分产业看，第一产业投资 331.25 亿元，增长 5.7%；第二产业投资 2 913.89 亿元，增长 21.0%，其中工业投资 2 912.75 亿元，增长 21.0%；第三产业投资 5 766.69 亿元，增长 17.4%。

房地产在经历了 2013 年高速发展后趋于平稳回落，投资金额及施工面积增速平稳。前三个季度，全市房地产开发投资 2 545.11 亿元，同比增长 20.5%。全市商品房施工面积 26 839.25 万平方米，增长 12.9%，其中住宅施工面积 19 198.39 万平方米，增长 8.9%。全市商品房销售面积 3 292.81 万平方米，增长 2.7%。同时由于 2012 年及 2013 年房地产市场的高速增长，市场预期趋于饱和，2014 年新开工面积大幅下降，呈现负增长状态。

4. 社会消费平稳增长，市场消费均衡发展

前三个季度，全市社会消费品零售总额 3 705.69 亿元，同比增长 13.0%，比上半年回落 0.1 百分点，比 2013 年同期回落 0.5 百分点。

分行业看，批发和零售业支撑明显，两者占全市消费品市场零售总额比重达 85.3%，共实现零售额3 162.61亿元，同比增长 13.1%，对社会消费品零售总额增长的贡献率达 85.7%，拉动全市消费品零售总额增长 11.1 百分点；住宿和餐饮业实现零售额 542.71 亿元，增长 12.6%。按经营单位所在地分，城镇实现消费品零售额 3 514.59 亿元，同比增长 12.9%；乡村实现消费品零售额 191.10 亿元，增长 14.8%。

从限额以上(法人企业)商品零售额看，14 个大类商品有 11 个大类实现增长。汽车类、通信器材类、建筑及装潢材料类、家具类和日用品类保持高速增长，同比分别增长 29.1%、27.9%、27.0%、23.1%和 22.7%。家用电器和音像器材类、粮油食品类、服装类、石油及制品类、中西药品类、文化办公用品类 6 类商品零售均保持稳定增长，分别增长 17.7%、15.9%、8.8%、17.8%、17.1%和 14.7%。

5. 外向经济独树一帜，对外贸易持续增长

在全国外贸形势普遍不景气的情况下，重庆外贸独树一帜，保持高速发展。前三个季度，全市实现进出口总值 4 514.42 亿元，同比增长 52.9%，较全国平均水平高 51.1 百分点。其中出口总额 2 920.31 亿元，进口总额 1 594.11 亿元，分别增长 45.5%和 68.6%，增速比全国平均水平分别高 41.9 百分点和 68.7 百分点。

前三个季度，全市新签订外资项目 170 个，签订合同外资额 20.83 亿美元，同比增长 15.1%，实际利用外资 60.58 亿美元，与 2013 年同期持平。实际利用内资 4 643.76 亿元，增长 20.5%。

6. 居民消费价格总体平稳，工业生产者价格小幅下跌

前三个季度，全市居民消费价格同比上涨 1.7%。八大类商品和服务价格呈现“六涨二降”格局，其中，食品、衣着、家庭设备用品及维修服务、医疗保健及个人用品、交通和通信、居住六类价格分别较 2013 年同期上涨 3.5%、1.2%、0.7%、1.3%、

0.4%和 1.6%，烟酒、娱乐教育文化用品及服务价格分别下降 1.9%、0.5%。工业生产者出厂价格和购进价格分别同比下降 1.8%和 2.0%。物价总体水平趋于稳定，符合调控预期。

7. 财政收入持续增长，货币信贷平稳发展

前三个季度，全市公共财政预算收入累计完成 1 389.19 亿元，同比增长 12.1%。其中税收收入 928.76 亿元，增长 15.0%。全市公共财政预算支出 2 264.14 亿元，增长 6.2%。其中，社保和就业、教育和一般公共服务分别支出 346.68 亿元、289.56 亿元和 198.55 亿元，分别增长 10.1%、8.4%和 13.9%，城乡社区事务支出 415.03 亿元，下降 4.5%。截至 9 月末，全市金融机构本外币存款余额 25 086.73 亿元，同比增长 11.4%，其中人民币存款余额 24 337.43 亿元，增长 11.3%；本外币贷款余额 20 178.55 亿元，增长 14.5%，其中人民币贷款余额 19 517.73 亿元，增长 15.1%。

8. 就业形势保持平稳，城乡居民收入稳步提高

全市城镇新增就业人员 56.95 万人，同比增长 1.5%；城镇登记失业率 3.5%。前三个季度，重庆全体居民人均可支配收入 14 023 元，同比增长 11.2%。其中城镇常住居民人均可支配收入 19 380 元，增长 9.4%；农村常住居民人均可支配收入 7 061 元，增长 12.4%。

(二)2014 年重庆市前三个季度房地产市场运行情况

1. 重庆市商品房开发情况分析

1)开发投资分析

2014 年前三个季度重庆市房地产开发投资 2 545.11 亿元，同比增长 20.5%，增速较 1～8 月回落 0.7 百分点，较上半年回落 1.6 百分点。重庆房地产市场在经历了 2011 年的超高速增长后，逐渐趋于平稳回落，从 2012 年开始保持在 25 百分点左右的同比增长速度平稳发展。

从开发投资构成来看，2014 年前三个季度，重庆市建安投资共计 6 539.76 亿元，同比增长 16.7%，比前上半年加快 1.5 百分点，占全市投资比重的 72.6%，较上半年下降 1 百分点，较第一季度下降 3.9 百分点。前三个季度房地产开发投资为 2 545.11 亿元，同比增长 20.5%，比上半年减速 1.6%，占全市投资比重的 28.2%，比上半年减速 0.2 百分点，比第一季度减速 13.9%，投资比重较上半年下降 0.8 百分点，较第一季度下降 6.2 百分点。可以看出，重庆前三个季度房地产投资热度是逐渐降低的，建安投资比重的下降主要体现在房地产投资方面(图 4.19)。

分区域来看，2014 年前三个季度全市房地产开发投资中，都市功能核心区投资 655.66 亿元，同比下降 6.1%，较上半年增幅下降 15.1%，占全市投资总额的 26%；都市功能拓展区投资额 948.18 亿元，同比增长 39.6%亿元，较上半年增幅提高

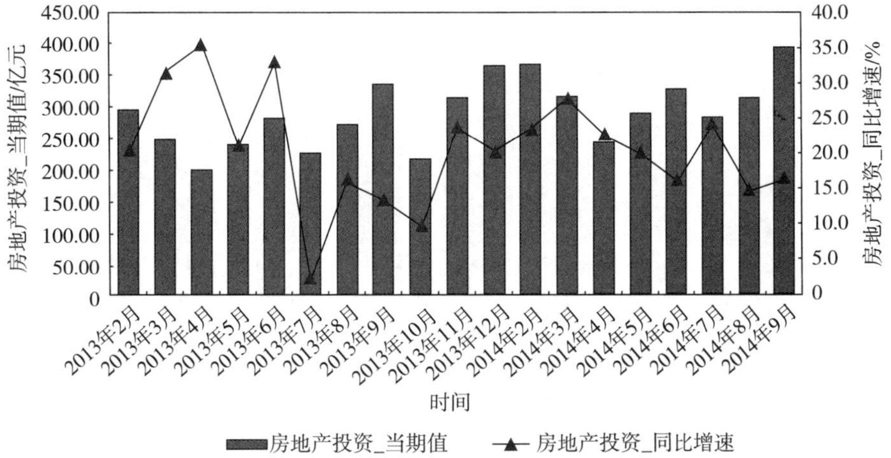

图 4.19　2013～2014 年重庆房地产开发投资及增速

资料来源：重庆市统计局

10.9%，占全市投资总额的 37%；都市发展新区投资额 666.87 亿元，同比增长 37%，较上半年增幅提高 1.8%，占全市投资总额的 26%；渝东北生态涵养发展区投资额 198.55 亿元，同比增长 10.3%，较上半年增幅下降 3.8%，占全市投资总额的 8%；渝东南生态保护发展区投资额 75.85 亿元，同比增长 11%，较上半年增幅提高 11.3%，占全市投资总额的 3%。从整体来看，都市功能核心区较为稳定，而都市功能和城市发展新区的房地产投资占比却在迅速提高，从 2013 年年底的 22%和 21%提升到 37%和 26%是目前重庆房地产投资的主要地区，同时，由于目前房地产的不景气，原本比重就较低的渝东北和渝东南地区比重由 2013 年年底的 16%和 14%降为 8%和 3%(图 4.20)。

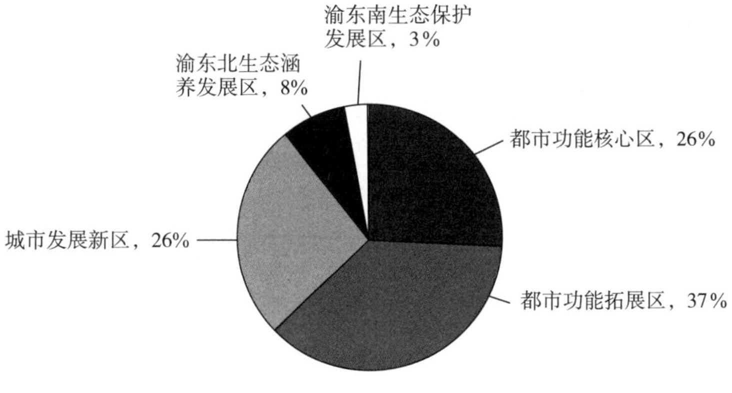

图 4.20　2014 年前三个季度重庆五大区投资比例

资料来源：重庆市统计局

2)商品房施工面积分析

2014 年前三个季度重庆市房地产累计施工面积 26 839.25 万平方米，同比增长 12.9%，较上半年回升 0.8 百分点，其中住宅 19 198.39 万平方米，同比增长 8.9%，增长率远落后于办公楼 976.61 万平方米，同比增长 32.5%，商业营业用房 3 070.64 万平方米，同比增长 21.3%(图 4.21)。

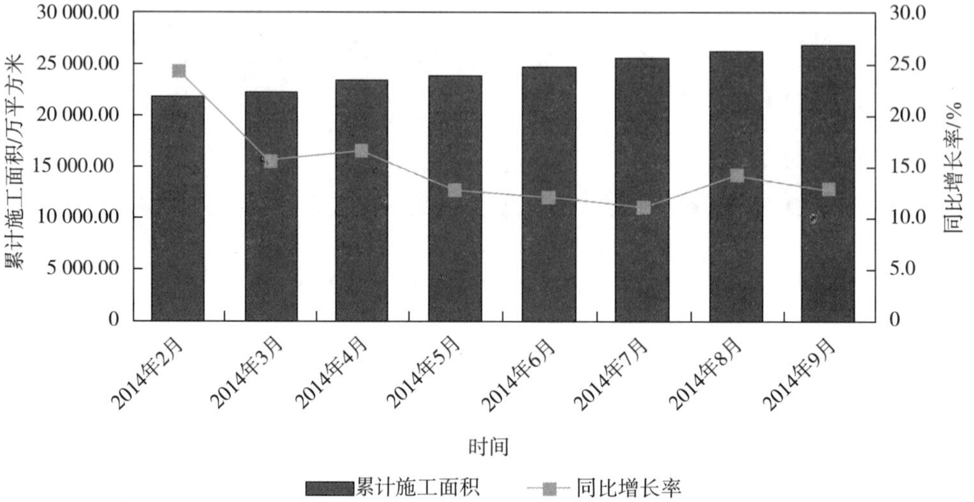

图 4.21　2014 年前三个季度重庆市商品房施工面积及增速

资料来源：重庆市统计局

3)商品房竣工面积分析

2014 年前三个季度重庆市商品房竣工面积累计 2 110.22 万平方米，同比下降 0.4%，较上半年回升 7.8 百分点，其中住宅面积 1 615.07 万平方米，同比增长 1.7%。从月度数据可以看出，由于前两年宏观调控的影响，2014 年的房地产竣工面积波动率较大，超过 20 百分点(图 4.22)。

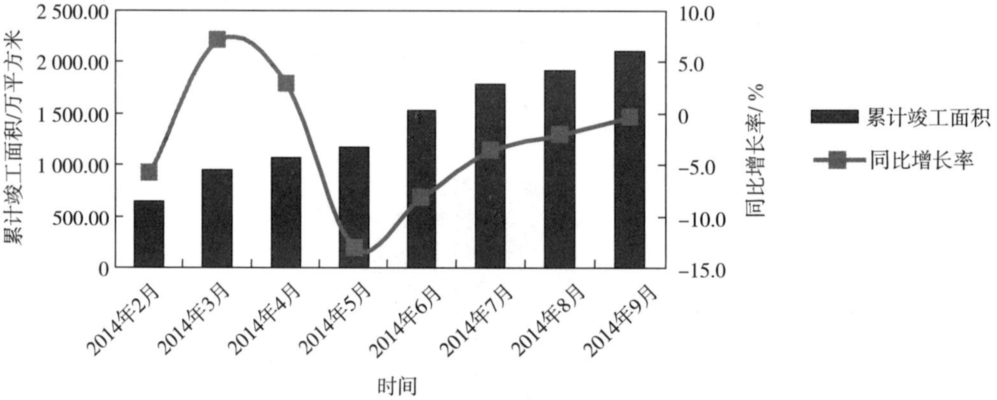

图 4.22　2014 年前三个季度重庆市商品房竣工面积及增速

资料来源：重庆市统计局

2. 商品房销售情况分析

2013～2014 年全国房地产销售整体低迷而且波动幅度巨大。2013 年的“国五条”到税收信贷的一系列“组合拳”对商品房销售市场的作用较为明显，“限购、限贷、限价”的政策调控使2013年全国房地产整体呈下行走势并延续到了2014年，许多房地产企业纷纷转型。在全国房地产市场整体低迷的大背景下，2014年的政策调控重心逐步转移到长效调控上，分类调控的方针、“央五条”等众多房地产利好消息无疑给低迷的房地产市场打了一针强心剂。

1)商品房销售面积分析

从房地产销售面积来看，2014年前三个季度全市房地产销售面积3 292.81万平方米，同比增长2.7%，较前半年提高3百分点。这在2014年全国房地产市场普遍负增长的状态下实属不易，这与重庆有关部门的宏观调控是分不开的。从月度数据可以看出，2014年上半年，重庆市房地产销售总体低迷，4月和6月触底，得益于政府的宏观调控，出现较大反弹，波动幅度超过30百分点，6月和8月同比增幅达到20百分点。从重庆房地产房屋销售类型来看，住宅销售面积同全国大部分地区一样，处于负增长状态，但得益于宏观调控，有逐步回暖的趋势。但是，重庆的商业营业用房的同比增长速度从2014年开始持续高速增长，前三个季度同比增长超过40%，同时，办公楼销售面积从2014年第二季度开始达到了同比68%以上的增幅，前三个季度同比增幅达到65.8%，虽然办公楼和商业营业用房目前的占比较低，在2014年房地产整体市场低迷的背景下却呈现出极高的增长率(图4.23)。

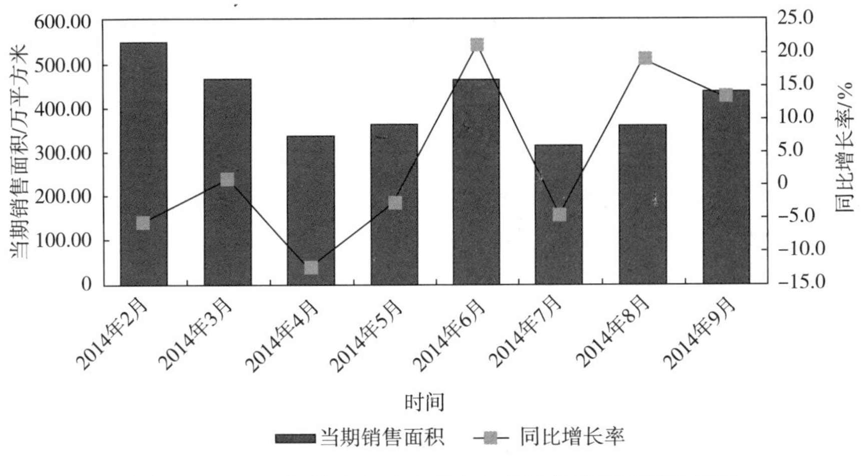

图4.23　2014年前三个季度重庆市房地产销售面积及增速

资料来源：重庆市统计局

2)商品房销售额分析

2014年前三个季度重庆全市商品房销售额1 845.92亿元，累计同比增长3.2%，在2014年全国房地产低迷的大背景下实为难得。从月度数据来看，重庆2014年房地产销售额呈现出较大的波动性，6月为前三个季度同比增长最高的月份，达到25百分点以上，但与销售面积不同的是重庆商品房销售额触底月为5月和7月，并同样在触底后呈现出较大的反弹。从房屋销售类型来看，同样住宅的销售额整体呈现出负增长的趋势，而办公楼和商业营业用房销售额占比虽然同样比较低，但却呈现出很高的同比增长率，不容忽视(图4.24)。

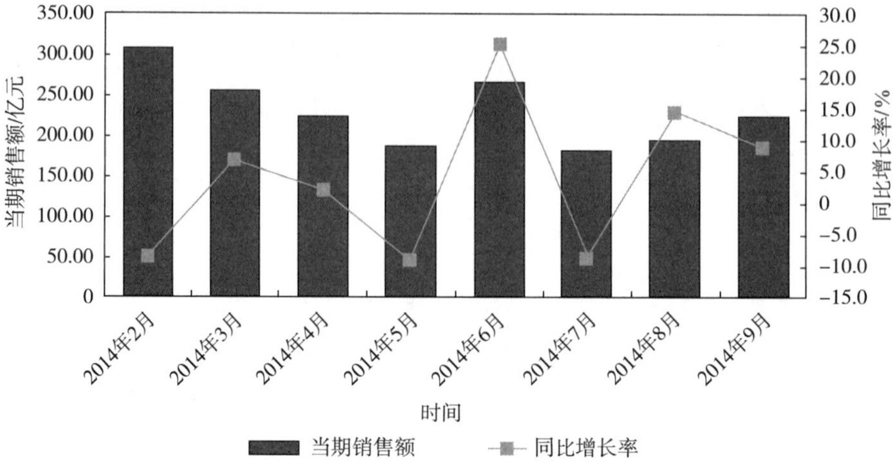

图 4.24 2014 年前三个季度重庆市房地产销售额及增速

资料来源：重庆市统计局

3. 房地产销售价格指数分析

2014 年 9 月，重庆市新建住宅销售价格指数与二手住宅销售价格指数分别为 97.7 和 98.7，同比增速分别为－10.28％和－4.27％。与 2013 年重庆市房地产销售价格指数整体上升，阶段波动的状态形成鲜明对比，2014 年重庆市房地产价格一路下滑，5 月开始就呈现出同比负增长的状态，9 月更是跌破 100，特别是新建住宅销售价格指数，同比增长速度一路下滑，到 9 月已是－10.28％的同比增速令人触目惊心。虽然宏观上的松绑限购、放宽公积金、提升贷款额度等使房地产销售额及销售面积回暖，但房地产的销售价格却是在一路下跌的，急需政府进行房地产结构调整，将房价重新引领回健康的发展轨道(图 4.25)。

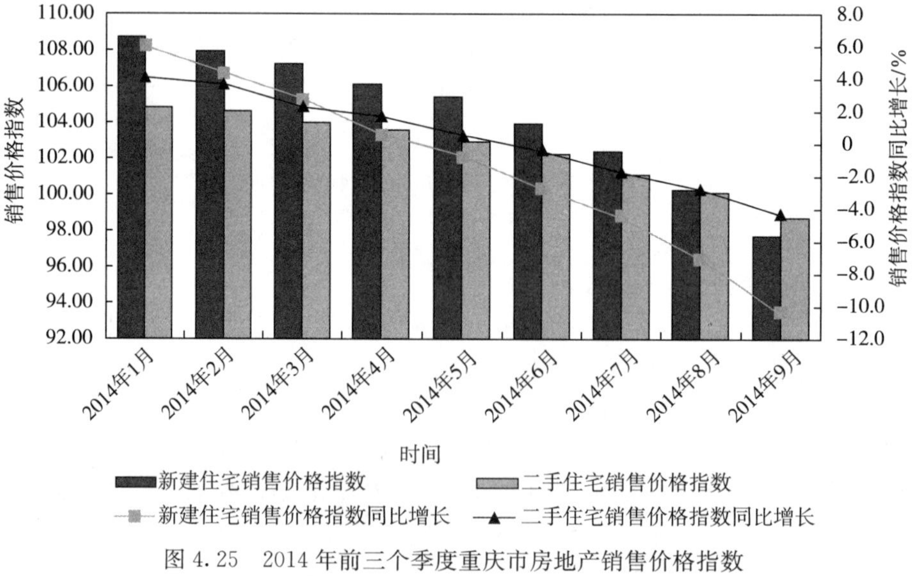

图 4.25 2014 年前三个季度重庆市房地产销售价格指数

资料来源：重庆市统计局

（三）政策建议

2014年上半年，对房地产市场而言可谓风云变幻，1～6月全国商品房、商品住宅成交量呈现同步下行，城市间市场分化更加显著，在宏观经济环境整体偏弱的背景下，政策调控更重长效，逐步将调控重心由短期调控转移至住房制度建设这一长期命题，"双向调控"是2014年楼市调控方向的关键词，变堵为疏，差异化管理。随着中央分类调控方针的出台，杭州、天津等多个城市进行限购松绑，"央五条"的公布、两次降准等一系列向好信息及救市政策的出台，全国房地产低迷的回暖希望近在眼前。在此基础上，重庆实行新的公积金政策，有效地遏制投机性的购房需求，同时单独二胎政策催生三房或四房居住需求，有利于房地产健康持续发展。

(1)加快各类保障性住房建设，保障性安居工程继续推进。以政府为主导，加快各类保障性住房的建设，继续推进保障性安居工程，鼓励中小户型及普通商品房建设，努力实现"低端有保障，中端有市场，高端有约束"的调控布局，抑制投机性的购房需求，理顺政府与市场的职能与作用，保证房地产市场的健康发展。

(2)坚持房地产调控政策，适当放松限购政策，提高贷款金额，千方百计去库存。严格执行并完善政策措施，促进房价的合理回归。在分类调控的大基调下，多方面促进楼市发展，盘活房地产市场，适当放松限购政策，目前全国仅有北京、上海、广州、深圳及三亚五个城市未放松限购政策，从已经采取松绑政策的城市来看，效果比较明显。适度放松公积金使用条件，在一定程度上加大信贷支持，加快行政审批速度，加强完善房地产结构调整，盘活存量，千方百计消化待售商品房面积。

(3)多渠道金融支持棚户区改造。8月4日，国务院下发《关于进一步加强棚户区改造工作的通知》，该通知提出落实财税支持政策，切实加大棚户区改造资金的投入，落实好税费减免政策，同时提出加大对于棚户区改造的金融支持的力度，发挥开发性金融的作用，推进债券创新，优化棚户区改造债券品种方案设计，适当放宽对企业的发债要求，支持国有大中型企业发债用于棚户区的改造。

四、青岛市前三个季度房地产市场分析

（一）青岛市前三个季度经济形势概况

2014年青岛市前三个季度全市生产总值6 135.7亿元，位列全省第一，全国第十二，名义增速8.47%，实际增速7.90%，较2013年同期降低1.8百分点。人均可支配收入27 944元，同比增长9%。分产业来看，第一产业增加值261.8亿元，同比增长3.5%；第二产业增加值2 871.8亿元，同比增长8.4%；第三产业增加值3 002.1亿元，同比增长7.6%。

1. 工业生产稳步增长，转型升级效果显著

前三个季度，青岛市规模以上工业实现增加值增长 9.4%(按可比价格计算)。其中，轻工业增长 7.2%，重工业增长 10.9%。前三个季度，全市规模以上工业实现主营业务收入 11 752.1 亿元；实现利润 525.6 亿元，同比增长 5.5%。分行业看，全市 36 个工业大类中 32 个行业产值实现增长，增长面为 88.9%。家电、石化、服装、食品、机械装备、橡胶、汽车、轨道交通装备、船舶海工、电子信息等 10 条千亿级产业链完成产值 9 268.2 亿元，增长 9.9%，产值占规模以上工业比重为 75.3%。

青岛市加快淘汰落后产能企业，推进高能耗、高污染企业搬迁转型，截止到第三季度末，已有 100 户老城区企业完成搬迁，按规划进入产业聚集区。前三个季度，全市规模以上工业实现战略性新兴产业产值 2 150.1 亿元，增长 24.2%，高端装备制造产业产值 822.8 亿元，增长 25.2%。

2. 固定资产投资保持较快增速

前三个季度，全市固定资产投资 4 188.7 亿元，同比增长 16.5%。分产业来看，第一产业 88.6 亿元，同比下降 2.5%；第二产业 2 055.8 亿元，增长 22%，第三产业投资 2 044.2亿元，同比增长 12.3%。其中，工业投资 1 994.9 亿元，同比增长 20.9%；装备制造业投资 988.4 亿元，同比增长 30.8%；战略性新兴产业投资 576.9 亿元，同比增长 18%；现代服务业投资 1 312.4 亿元，同比增长 10.4%。

3. 消费品市场平稳，批发零售业增速较快

前三个季度，青岛市消费品零售额 2 340.6 亿元，同比增长 12.6%，高于 2013 年同期 0.3 百分点，其中，限额以上法人企业零售额 889.36 亿元，同比增长 12.4%。分行业看，批发和零售业零售额 842.7 亿元，增长 13.1%；住宿和餐饮业零售额 46.6 亿元，增长 1.2%。分商品类别看，粮油、食品、饮料、烟酒类零售额增长 13.3%，服装、鞋帽、针纺织品类增长 6.9%，日用品类增长 15.5%，石油及制品类增长 4.9%，汽车类增长 12.1%。

4. 对外贸易保持持续增长，利用外资增速回落

前三个季度，全市进出口总额 3 658.6 亿元折合 595.9 亿美元，同比增长 5.9%，高于 2013 年同期 0.3 百分点，其中，进口额 1 656.8 亿元折合 269.9 亿美元，同比增长 5.9%；出口额 2 001.7 亿元折合 325.9 亿美元，同比增长 6%。前三个季度，全市实际使用外资 50.2 亿美元，同比增长 10.7%，低于 2013 年同期 5.3 百分点。

5. 消费价格水平小幅上涨，房价回落

前三个季度，全市居民消费价格累计上涨 2.8%，高于 2013 年同期 0.5%，其中新涨价因素和翘尾因素分别占 1.9% 和 0.9%。食品和非食品价格分别上涨 4.8% 和 1.9%，消费品和服务项目价格分别上涨 3.1%和 1.8%。前三个季度，全市工业生产者出厂价格指数同比累计下降 0.36%；工业生产者购进价格指数同比累计下降 2.54%。

9 月，全市新建住宅销售价格同比下降 1.5%；二手住宅销售价格同比下降 2.6%，分别低于 2013 年同期 10.4 百分点和 5.5 百分点。从环比情况看，新建住宅和二手住宅销售价格分别下降 1.4%和 1%。

6. 财政收入增速下降，金融市场运行平稳

前三个季度，全市实现公共财政预算收入 671.5 亿元，增长 14.3%，低于 2013 年同期 2.5 百分点；公共财政预算支出 687.6 亿元，增长 15.5%。

9 月末，全市金融机构本外币存款余额 11 855 亿元，比年初增加 428 亿元；金融机构本外币贷款余额 10 332 亿元，比年初增加 670 亿元。

7. 居民收入增速下降，农民收入增速显著高于城市居民

前三个季度，全市城市居民人均可支配收入 27 944 元，增长 9%，低于 2013 年同期 0.4 百分点；农民人均现金收入 15 430 元，增长 11.8%，低于 2013 年同期 0.8 百分点。全市城市居民人均消费性支出 17 141 元，增长 9.6%；农民人均生活消费支出 7 145 元，增长 12.2%。

8. 现代服务业积极发展，海洋产业对地区生产总值增长贡献率高

前三个季度，全市现代服务业增加值 1 527.7 亿元，同比增长 11.1%，占服务业经济总量的 50.9%。其中，金融业、现代交通运输仓储及邮政业、教育、租赁和商务服务业四大行业共实现增加值 970.6 亿元，占现代服务业的 63.5%。

前三个季度，全市海洋产业生产总值 1 214.5 亿元，同比增长 12.5%，海洋产业生产总值占全市生产总值的 19.8%，对地区生产总值增长的贡献率达到 28%。

(二)青岛市房地产市场概况

1. 开发投资分析

2014 年前三个季度青岛市固定资产投资累计 4 188.7 亿元，同比增长 16.5%，较上半年下降 1.3 百分点，较 2013 年同期下降 4.5 百分点，其中房地产投资 799.5 亿元，同比下降 0.5 百分点，较 2013 年同期下降 14.9 百分点，占全市固定资产投资总额的 19.09%，其中住宅投资 509.5 亿元，同比增长 3.7%，较 2013 年同期下降 7.3 百分点，占房地产投资总额的 63.73%。从月度数据可以看出，2014 年上半年青岛市房地产投资占固定资产投资的百分比呈较明显的下降趋势，在 3 月李克强总理提出分类调控的方针之后，市场期望趋于乐观，房地产投资百分比下降的趋势戛然而止，而下半年开始，由于“央五条”等一系列宏观政策的调控，市场信心重振，房地产投资在 7 月触底后开始反弹(图 4.26)。

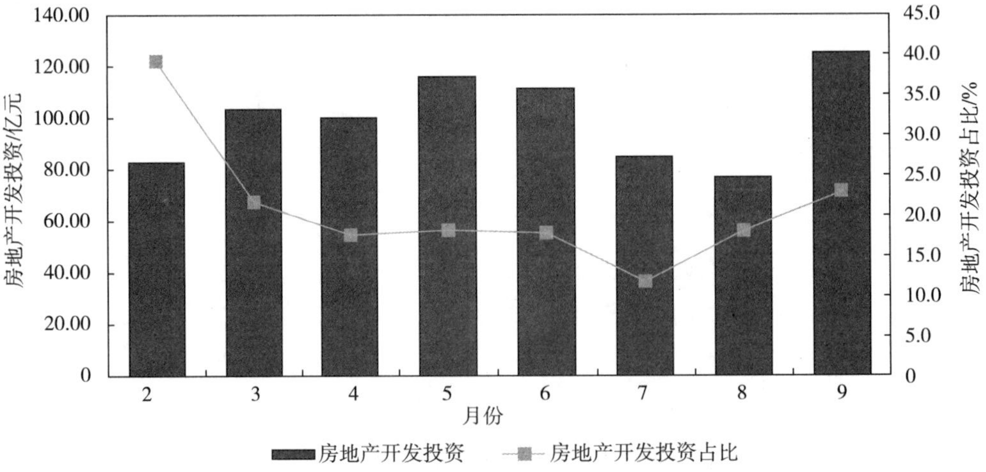

图 4.26　2014 年前三个季度青岛市固定资产投资

资料来源：青岛市统计局

2. 房地产施工及竣工面积分析

2014 年青岛市前三个季度房地产施工面积 7 294.7 万平方米，同比增长 9%，较上半年下降 1.5 百分点，较 2013 年同期上升 1.6 百分点(图 4.27)。

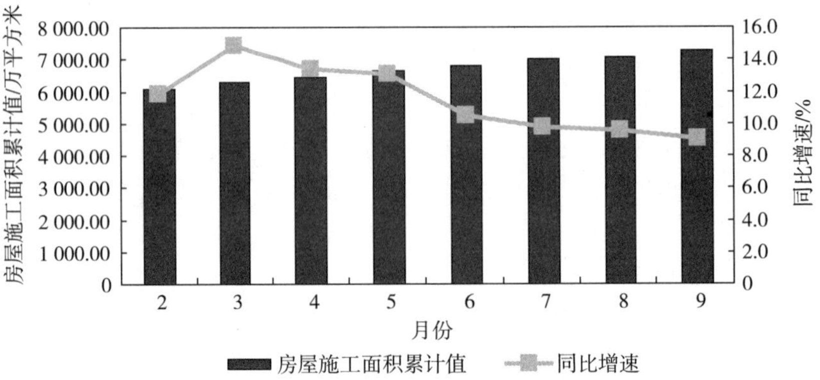

图 4.27　2014 年前三个季度青岛市房地产施工面积及增速

资料来源：青岛市统计局

2014 年前三个季度房地产竣工面积 549.7 万平方米，同比增长 17.2，较 2013 年同期上升 20.5 百分点。从月度数据中可以看出，5 月同比增速大幅下降，究其原因，3 月颁布的“国五条”导致对房地产市场的不看好是主要原因(图 4.28)。

与此同时，我们还应注意到，在全国房地产市场普遍萧条的大背景下，2014 年青岛房地产新开工面积整体呈较高的负增长态势，但是在李克强总理分类调控及“央五条”等宏观政策的调控下，3 月、5 月和 7 月的新开工面积绝对值还是出现了较大的反弹(图 4.29)。

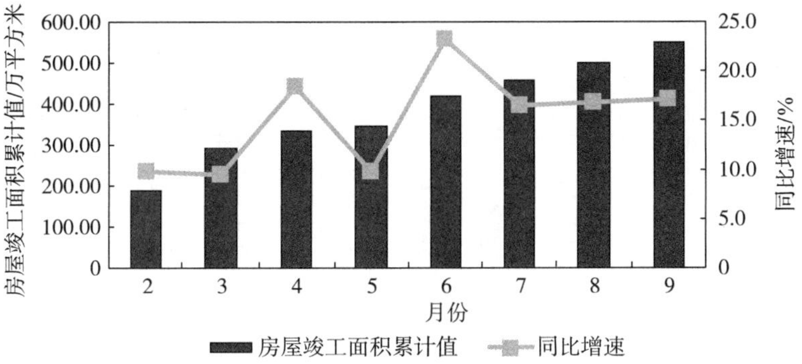

图 4.28 2014 年前三个季度青岛市房地产竣工面积及增速
资料来源：青岛市统计局

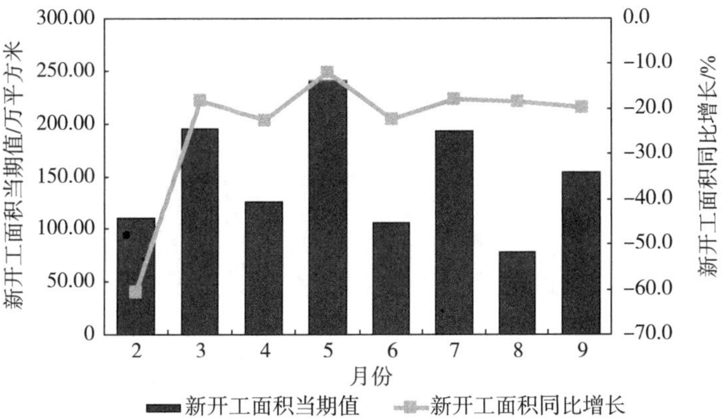

图 4.29 2014 年前三个季度青岛市房地产新开工面积及增速
资料来源：青岛市统计局

3. 房地产销售面积及销售额分析

2014 年前三个季度，青岛市房地产销售面积 745.2 万平方米，同比增长 3.1%，较 2013 年同期下降 7 百分点，较上半年回升 22.8 百分点。从月度数据可以看出，2014 年前三个季度青岛市房地产得益于宏观调控救市政策整体呈回升趋势，特别是在 7～8 月，由于之前积压的刚性需求，更重要的是由于“央五条”的颁布，市场信心重拾，回升明显，销售面积上涨超过 100%，终于在传统的“金九银十”的销售黄金期止住了负增长的态势(图 4.30)。

2014 年前三个季度，青岛市房地产销售额 628.8 亿元，同比增长 4.4%，较 2013 年同期下降 17.6 百分点，较上半年回升 24.9 百分点。与全国整体低迷的房地产大环境一样，2014 年青岛市房地产销售额整体呈现负增长状态，且负增长速度大大高于全国平均速度。在 6 月“央五条”出台后，青岛房地产市场销售额上涨了超过一倍，在 8 月遏止了负增长的趋势(图 4.31)。

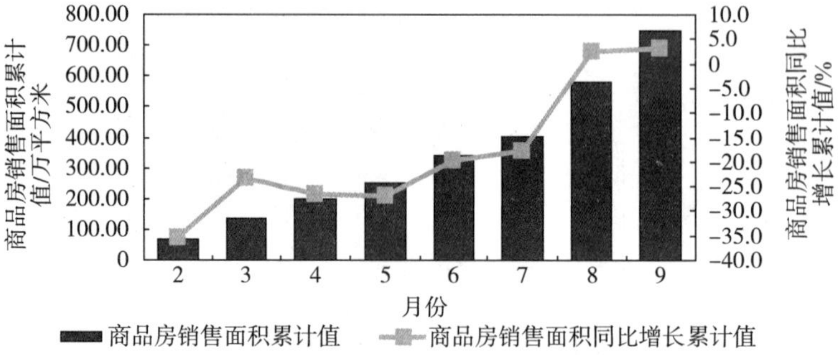

图 4.30　2014 年前三个季度青岛市房地产销售面积及增速

资料来源：青岛市统计局

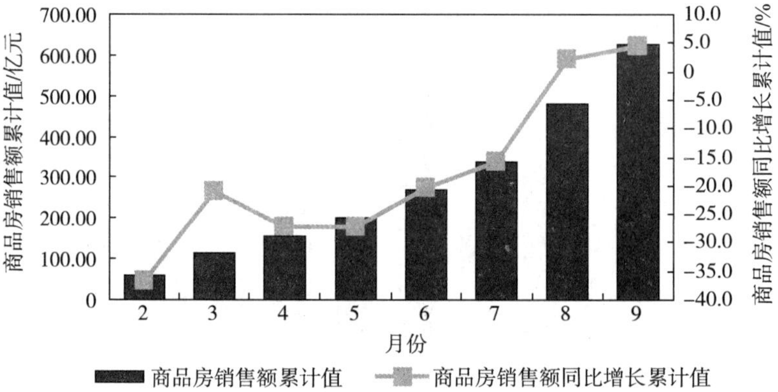

图 4.31　2014 年前三个季度青岛市房地产销售额及增速

资料来源：青岛市统计局

4. 房地产价格指数

2014 年 9 月青岛市新建住宅销售价格指数与二手住宅销售价格指数分别为 98.5 和 97.4，分别同比下降 9.55%和 5.43%。受限房及限贷政策的影响，前三个季度新建住宅销售价格指数和二手住宅销售价格指数下跌明显，新建住宅销售价格的下跌幅度明显高于二手住宅销售价格的下跌幅度，与 2013 年全年的上升形成鲜明对比，由此可见，虽然一系列短期的宏观政策使房地产销售额及销售面积出现了小幅回暖，但房价仍处于贬值状态，市场迫切的需求政府进行宏观调控，调整市场结构，将房地产市场引领回健康的发展轨道。2014 年前 8 个月，青岛市新建住宅销售价格指数同比增速分别为 12.6%、9.9%、6.52%、3.38%、1.34%、−0.85%、−3.75%和−7.13%；二手住宅销售价格指数分别为 4.74%、3.92%、2.99%、1.68%、−0.20%、−1.46%、−2.73% 和−4.09%(图 4.32)。

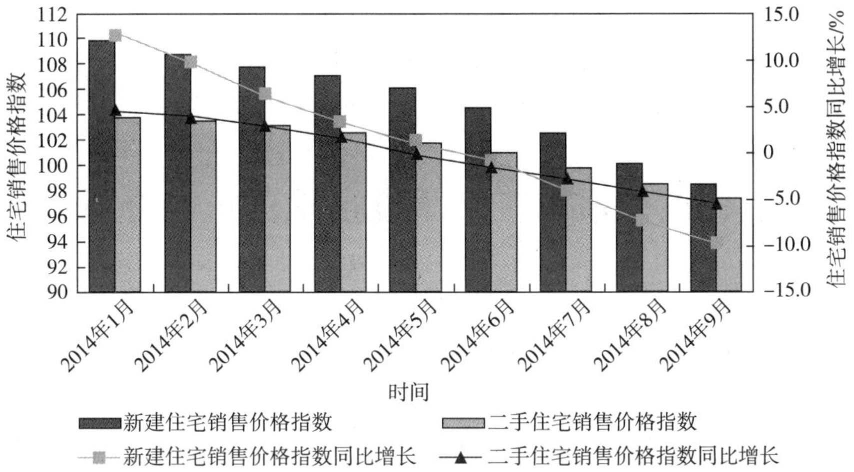

图 4.32　2014 年前三个季度青岛市房地产销售价格指数及增速

资料来源：重庆市统计局

(三)政策建议

纵观全国房地产市场，在 2014 年整体低迷的大背景下，随着 3 月两会上中央提出分类调控后，各地政策的自由度更大，各地市纷纷出台松绑限购政策，仅有五个城市依然全面坚守限房政策，房地产市场出现回暖的趋势，市场信心重拾，中央多次表态“不打压，不刺激”及保护消费需求，遏制投机投资性需求又给房地产市场增添了更多的不确定性因素。随后，“央五条”的出台及 4 月和 6 月的两次定向降准给市场释放了较为明确的救市信息，给市场打了一针强心剂，房地产市场开始出现明显的回暖趋势。

(1)坚持宏观调控的长效机制，适当松绑限购政策，加强住房结构调整，千方百计去库存。在目前整个房地产市场普遍低迷的情况下，宏观调控更重长效及住房结构调整，宏观调控的重心由短期调控转向住房制度建设是势在必行的。中央出台的分类调控政策及多次表态“不打压，不刺激”的大方向给了各地政府更大的自由度，率先实施松绑限购政策的地市成效显著，但为了房地产市场的健康持续发展，松绑限购应适度，鼓励保护消费型投资，打击压制投机性投资，以使房地产市场健康发展。

7 月住建部召开的全国住房城乡建设工作会议定调“千方百计去库存”给各地市释放了明确的信息，应该加强住房结构调整，大力消化库存待售面积，完善房地产项目周边配套设施，加快行政审批速度。

(2)释放购买力，鼓励消费型投资。“央五条”的出台及两次定向降准给市场释放了约 1 500 亿元资金，适当放松公积金使用条件，提高贷款限额有助于释放积压的刚性需求，帮助消化库存积压，鼓励消费型投资，抑制投机性需求有助于使房价平稳过渡。

(3)加快保障性住房建设，建立长效的保障性住房投融资体系。加大财政投入力度，推进保障性安居工程，支持中小户型及普通商品房建设，努力实现低端有保障。建立市场化的融资平台，一方面吸引各类资金参与到保障性住房的建设，另一方面发挥住房公积金保障性住房的建设作用，建立保障性住房债务偿还机制，此外，要盘活现有的保障性住房存量资源，积极探索保障性住房安居工程的新方法。

五、广州市前三个季度房地产市场分析

（一）广州市前三个季度经济形势概况

广州市前三个季度经济运行保持平稳发展态势，农业、工业、消费、交通运输增势稳定，投资、金融业增长加快，财政收入增速回落，消费价格水平平稳。

广州市经济运行主要呈现以下几个特点。

1. 经济运行稳中向好，转型提质成效显现

1～3 季度，广州市实现地区生产总值 11 976.61 亿元，比 2013 年同期增长 8.5%，增速比上半年提高 0.2 百分点，高于全国(7.4%)和全省(7.6%)。其中第一、二、三次产业分别完成增加值 159.82 亿元、4 073.23 亿元和 7 743.56 亿元，分别增长 1.9%、7.6%和 9.2%。在国内经济下行压力不断加大的情况下，经济运行保持总体平稳、稳中有升，产业转型升级、经济结构调整不断取得新成效。

2. 农业生产平稳

1～3 季度，全市实现农林牧渔业总产值 272.35 亿元，同比增长 1.2%，增幅比上半年加快 0.4 百分点。水果、甘蔗、玉米、蔬菜产量平稳增长，增速分别为 12.7%、10.1%、5.9%和 4.4%；海水产品、牛奶、禽蛋、淡水产品产量分别增长 7.8%、7.6%、6.7%和 5.1%；肉类总产量下降，降幅为 25.8%。

3. 工业增势稳定

1～9 月，全市完成规模以上工业总产值 13 523.37 亿元，同比增长 8.0%；规模以上工业增加值 3 615.62 亿元，同比增长 8.2%，增速均比 1～8 月回落 0.2 百分点。三大支柱产业总产值 6 314.11 亿元，增长 11.9%。其中汽车制造业、石油化工制造业保持较快增长，但增速有所放缓，增速分别为 14.5%和 11.3%，分别比 1～8 月有所回落；电子产品制造业有所加快，同比增长 8.9%，增速比 1～8 月提升 2.9 百分点，涨幅明显。工业用电量增速略有回落，1～9 月工业用电量 295.94 亿千瓦时，同比增长 5.88%，增速比 1～7 月(6.1%)回落 0.22 百分点。

4. 服务业发展势头良好

物流业发展平稳，1～3 季度，货物周转量、客运量、机场货邮吞吐量、货运量较

快增长，全市完成货物周转量 6 361.60 亿吨千米，客运量 7.37 亿人次，机场货邮吞吐量 138.17 万吨，货运量 7.09 亿吨，同比分别增长 25.8%、10.9%、9.8%和 9.3%。金融业平稳增长。9 月末，金融机构本外币存贷款规模扩大，各项存款余额和贷款余额分别为 35 887.90 亿元和 24 039.36 亿元，同比分别增长 8.8%和 11.2%。

5. 投资增长加快

1～9 月，全市完成固定资产投资 3 096.31 亿元，同比增长 14.20%，增速比 1～8 月(13.5%)加快 0.7 百分点。民间投资、市属投资、国有投资、工业投资全面提速，增速分别为 18.1%、20.4%、18.6%和 7.4%，分别比 1～8 月上升一4 百分点、0.9 百分点、2.3 百分点和 0.3 百分点。房地产开发投资增速有所上升，房地产开发投资 1 262.71 亿元，增长 19.3%，增速比 1～8 月上升 0.8 百分点。

6. 消费增速保持平稳

1～9 月，全市实现社会消费品零售总额 5 742.64 亿元，同比增长 12.5%，增速与 1～8 月(12.7%)相比稍微有所下降，整体来看基本平稳；其中批发和零售业、住宿和餐饮业分别增长 13.3%和 7.2%，和 1～8 月相比均没有大幅度变化。

7. 金融业增速提升

9 月末，金融机构本外币存贷款规模扩大，各项存款余额和贷款余额分别为 35 887.90 亿元和 24 039.36 亿元，同比分别增长 6.1%和 8.3%，增速分别比 8 月末提升 0.3 百分点和 0.5 百分点。

8. 财政收入增速回落

1～3 季度，全市地方公共财政预算收入 910.07 亿元，同比增长 8.0%；其中税收收入 734.44 亿元，同比增长 9.2%，增速分别比上半年回落 1.6 百分点和 0.3 百分点。四大税种中，增值税增速加快，企业所得税、个人所得税增速放缓，营业税降幅收窄。增值税增长 13.0%，增速比上半年加快 3.4 百分点；企业所得税、个人所得税分别增长 22.8%和 16.5%，增速分别比上半年放缓 1.6 百分点和 2.2 百分点；营业税下降 9.0%，降幅比上半年收窄 0.6 百分点。财政用于民生支出持续增长。地方公共财政预算支出 1 001.41 亿元，增长 8.9%，其中，用于医疗卫生、教育、社会保障和就业等民生领域支出分别增长 22.6%、3.8%和 2.7%。

9. 消费价格水平稳定

1～3 季度，我市城市居民消费价格同比上涨 2.4%，涨幅与上半年持平；消费品和服务项目价格分别上涨 2.7%和 1.7%。工业生产者出厂价格(PPI)同比下降 1.9%，购进价格(IPI)下降 1.8%，降幅分别比上半年收窄 0.4 百分点和 0.2 百分点。

(二)1～9 月广州市房地产市场概况

1. 房地产开发投资增速依旧处于高位

2014 年 1～9 月，广州市累计房地产开发投资 1 262.712 3 亿元，同比增速 19.30%。由图 4.33 可知，广州市房地产开发投资累计增速在前三个季度基本平稳，一直在 20%左右浮动，虽然和 2013 年相比没有那么大的房地产开发投资累计增速，但总的来说房地产开发投资额依旧处于快而平稳的增长过程中，房地产开发投资增速依旧处于高位。

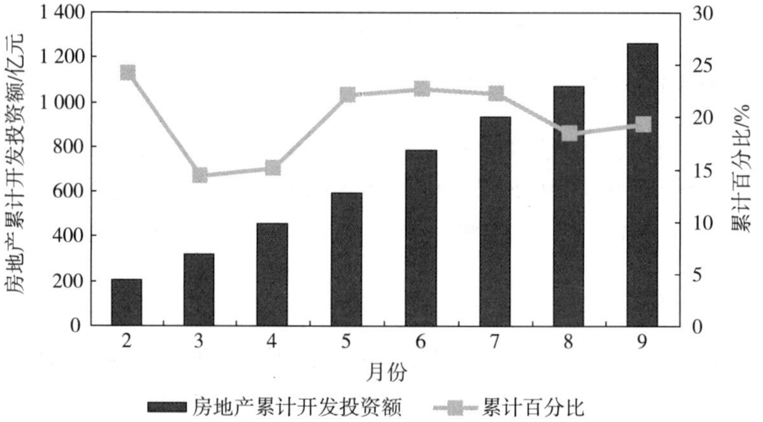

图 4.33　2014 年 1～9 月广州市房地产开发累计投资额及累计同比增速

资料来源：广州市统计局

2. 房地产开发施工面积稳定上升

2014 年 1～9 月，广州市累计房地产开发施工面积 8 743.29 万平方米，同比增速 13.10%，其中商品住宅施工面积 5 376.16 万平方米，同比增速 12.40%。由图 4.34 可知，广州市房地产开发施工面积处于逐月稳定上升的趋势，施工面积既包括新开工面积，也包括往期开工当期在建面积，所以目前广州市稳定上升的施工面积与近几年房地产开发投资稳定增加有很大关系。从图 4.34 可以看到虽然到达 9 月之后累计施工面积同比增速和累计商品住宅同比增速都超过了 12%，但是在 2～8 月，两项指标相对来说还都维持在一个比较低的水平。

3. 房地产开发竣工面积大幅回落

2014 年 1～9 月，广州市累计房地产开发竣工面积 471.42 万平方米，同比下降 22.50%，其中商品住宅竣工面积 343.12 万平方米，同比下降 15.70 %。由图 4.35 可知，广州市房地产开发竣工面积从年初开始一直处于比较明显的下降趋势，可见 2014 年房地产市场的低迷和消费者对房地产市场的信心不足给开发企业和投资者带来了巨大的影响。

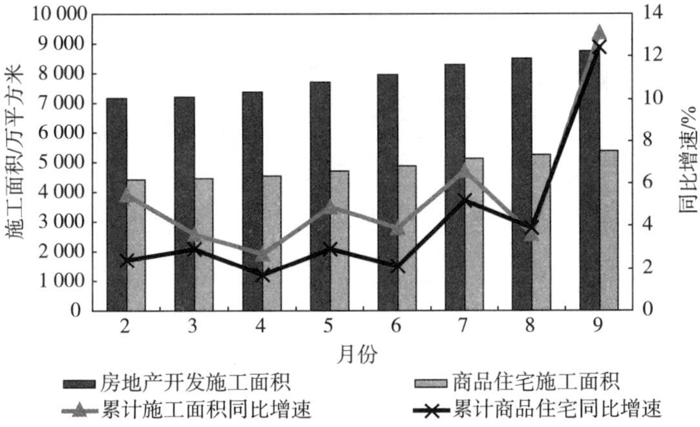

图 4.34　2014 年 1～9 月广州市累计房地产开发施工面积及累计增速

资料来源：广州市统计局

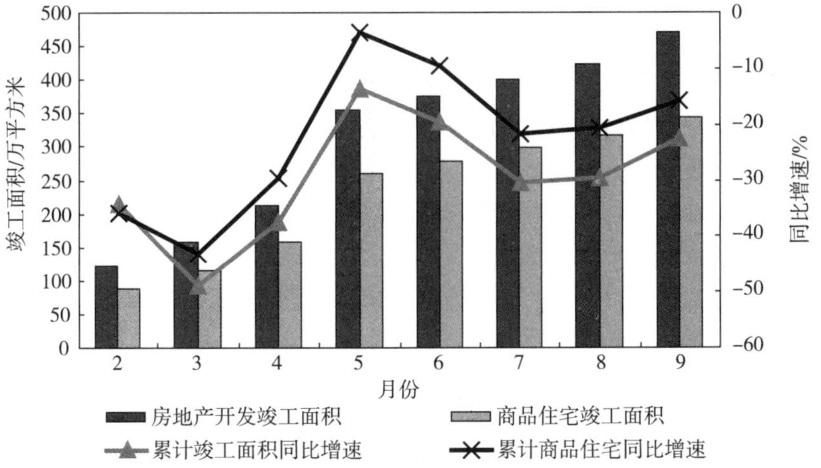

图 4.35　2014 年 1～9 月广州市月度房地产开发竣工面积及累计增速

资料来源：广州市统计局

4. 房屋销售价格指数持续下降

如图 4.36 所示，2014 年前三个季度广州房地产市场新建商品住宅销售价格指数（环比）和二手住宅销售价格指数（环比）波动趋势基本相同。但在 4 月左右出现二手房住宅销售价格指数有明显上涨的趋势，新建商品住宅销售价格指数出现了小幅度下调。但是总体而言，新建住宅销售价格指数（环比）、新建商品住宅销售价格指数（环比）和二手住宅销售价格指数（环比）在 2014 年的前三个季度都存在不同程度的持续下降。而这也是比较符合目前市场现状的。

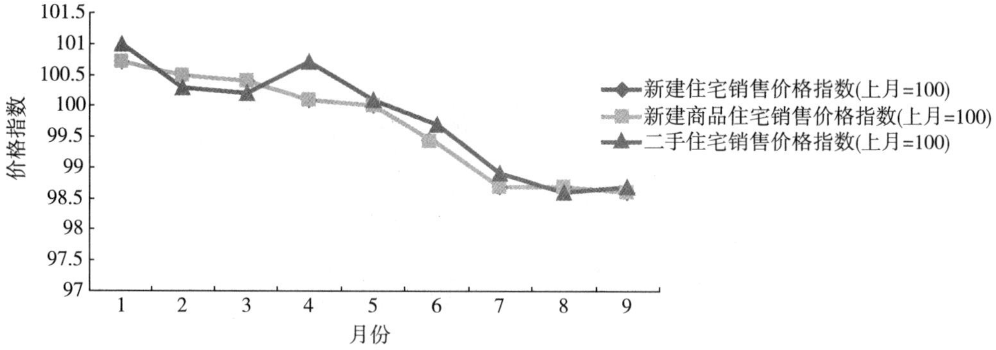

图 4.36 广州市房地产销售价格指数环比

资料来源：国家统计局

(三)政策建议

1. 继续推行保障性住房政策

作为促进房地产市场健康发展的一项重要工程，保障性住房的建设一直备受关注。尤其在全国房价高居不下，购房需求日益膨胀的情况下，如何利用保障性住房建设来协调房地产市场整体的发展，使住房资源得到优化配置成为 2014 年的关注点。据悉，广州市截至 10 月 25 日新开工保障性住房 13 787 套，在 2014 年前 10 个月全市基本建成保障性住房 19 330 套，无论是新开工还是基本建成保障房数量均超额完成了年度任务。但是推行保障性住房政策是一项长期的工程，还需要政府不断的督促和实行。而且由于保障性住房销售价格较低，房地产开发企业利润空间小，造成很多房地产开发企业不愿进行房地产开发业务。因此，中央政府要采取措施鼓励房地产开发企业投资保障房建设，开展保障房全程监测，确保保障房工程质量。

2. 关注点不要局限于房价

新一届政府着力推进长效机制建设完善。从 2013 年“国五条”后的政府表现来看，中央关注点不再局限于房价，而是更加重视通过建立完善长效机制保障市场健康。中长期来看，不动产统一登记、财产公示等制度出台，房地产税立法工作持续推进，将进一步促进长效机制的建立和完善，推动房地产业更加健康发展。在全面深化改革的大背景下，房地产业也必将迎来更加市场化的机遇和挑战。2014 年年初两会提出的“分类调控”的指导思想也赋予了地方政府更多的自由权，使地方政策调整更趋灵活，空间更大。在这种情况下，需要地方政府不能只局限于关注房价，而是应该不断创新，发展思路，抓住机遇。

3. 推行城市土地集约利用政策

国土资源部正式发布《节约集约利用土地规定》，并将于 9 月 1 日起正式实施。针对当前土地管理面临的新形势，该规定对土地节约集约利用的制度进行了归纳和提升，防止地方在经济发展中急功近利，片面追求土地收益，增强规划的科学性和刚性管控，实现“控总量、挤存量、提质量”。在土地集约化利用的指导方向下，地方政府也应推行相关政策，加强城市土地利用监管，进一步加大土地利用计划管理力度。

六、深圳市前三个季度房地产市场分析

(一)深圳市前三个季度经济运行状况

据深圳市统计局数据，2014 年 1～3 季度深圳市地区生产总值达到 10 940 亿元，比 2013 年同期增长 8.5%，比同期全国水平高 1.1 百分点。此外，产业结构持续优化，主要表现为第三产业比重持续提升、支柱产业增长迅速、战略性新兴产业成为经济新的增长点、先进制造业和高技术制造业增速提高等特点。总体上，2014 年前三个季度深圳市经济运行情况呈现稳中趋升的趋势。从具体的数据和特点来看，表现为以下几方面。

其中，第一产业下降 12.1%；第二产业增长 7.6%，占地区生产总值比重为 44.2%，比 2013 年同期降低 0.5 百分点；第三产业增长 9.2%，占地区生产总值比重为 55.8%，比 2013 年同期提高 0.5 百分点。第三产业中，金融业增长 11.4%，占地区生产总值比重为 13.6%；批发零售业增长 9.0%，占地区生产总值比重为 12.5%；房地产业增长 4.8%，占地区生产总值比重为 7.5%；交通运输、仓储和邮政业增长 9.5%，占地区生产总值比重 3.6%。

1. 产业结构持续优化，第三产业比重逐渐提高

2014 年前三个季度深圳市第三产业增长 9.2%，占地区生产总值比重上升到 55.8%，比 2013 年同期提高 0.5 百分点。第三产业中，金融业增加值为 1 479.8 亿元，比 2013 年同期增长 11.4%，占地区生产总值比重达到 13.6%；文化产业增加值为 907.8 亿元，比 2013 年同期增长 12.6%；批发零售业增长 9.0%，占地区生产总值比重为 12.5%；房地产业增长 4.8%，占地区生产总值比重为 7.5%；交通运输、仓储和邮政业增长 9.5%，占地区生产总值比重为 3.6%。

2. 工业增速持续提高

1～3 季度，深圳市市规模以上工业增加值增长 8.3%，比 2013 年同期回落 0.3 百分点，但比上半年和一季度分别提高 0.6 百分点和 1.7 百分点。

按行业区分，前十大行业中，除石油和天然气开采业(－7.4%)、文教、工美、体育和娱乐用品制造业(－2.6%)、汽车制造业(－23.1%)负增长外，其余七大行业均实现了正增长。其中占深圳市规模以上工业增加值比重 57.6%的电子信息制造业增长 13.9%，高于深圳市规模以上工业平均增速 5.5 百分点；专用设备制造业增长 9.1%；

通用设备制造业增长8.3%；电气机械及器材制造业增长7.9%；电力、热力生产和供应业增长4.7%；金属制品业增长3.3%；橡胶和塑料制品业增长2.4%。

3. 固定资产投资平稳增长

1～3季度，深圳市固定资产投资增长12.8%，比上半年和一季度分别提高0.5百分点和2.6百分点。其中，房地产开发投资增长18.2%，非房地产开发投资增长9.8%；第二产业投资增长22.0%，第三产业投资增长11.4%。投资结构进一步优化。民间投资占深圳市投资比重69.7%，比2013年同期提高1.6百分点；工业投资增长22.8%，比深圳市平均水平高10.0百分点。

1～3季度，企业效益明显提高。深圳市规模以上工业企业利税总额增长20.8%，比2013年同期提高4.6百分点，其中利润总额增长26.6%，比2013年同期提高9.0百分点。亏损企业亏损额下降4.8%，比2013年同期降低17.8百分点。工业总资产贡献率、工业资产保值增值率、工业成本费用利润率分别为10.3%、111.0%和6.8%，比2013年同期分别提高0.8百分点、2.6百分点和1.3百分点。工业经济效益综合指数为208.3%，比2013年同期提高22.6百分点。

4. 社会消费品零售总额持续增长

1～3季度，深圳市社会消费品零售总额增长8.7%，比上半年和一季度分别提高0.5百分点和2.0百分点；商品销售额增长12.5%，比上半年和一季度分别提高1.1百分点和0.6百分点。互联网商业表现尤其突出，1～3季度，通过互联网实现的销售额增长31.1%，其中网购零售额增长162.8%。文化办公用品类增长37.5%，体育娱乐用品类增长28.9%，通信器材类增长22.8%，日用品类增长14.7%，均高于深圳市商品销售额平均增速。

5. 战略性新兴产业较快增长

1～3季度，战略性新兴产业增加值预计增长14.6%，比上半年提高0.3百分点。其中，互联网产业增长19.5%，文化创意产业增长15.5%，新一代信息技术产业增长14.9%，生物产业增长12.9%，新材料产业增长10.9%，新能源产业增长6.1%。

6. 交通、运输和邮电业快速增长

1～3季度，深圳市货运量、货运周转量、机场货邮吞吐量、港口集装箱吞吐量分别增长6.8%、20.5%、5.0%和2.0%，分别比上半年提高0.6百分点、1.7百分点、0.2百分点和2.7百分点；电信业务量和邮政快递业务量分别增长23.9%和37.6%。

(二)深圳房地产形势

2014年上半年，深圳一手住房批售面积154万平方米，同比下跌42.22%，环比下跌57.72%；成交面积142.39万平方米，同比下跌39.43%，环比下跌29.95%；供销比 1.08∶1。成交均价为 23 299 元/平方米，同比上涨 8.47%，环比上涨 6.90%。深圳二手住房成交面积为 220.99 万平方米，同比下跌 44.49%，环比下跌 33.67%；成交均价为 26 097 元/平方米，同比上涨 25.97%，环比上涨 14.33%。

总的来讲，2014 年深圳土地市场较为冷清，其中商业办公用地占土地供应和成交市场的绝大部分；受全国房地产市场影响，深圳住宅市场低迷，供需量均比 2013 年有所下跌。

进入第三季度，受 9.30 新政影响和多个新楼盘入世的带动，深圳房地产市场出现了止跌迹象，一手房和二手房销售量降幅均收窄。

据国家统计局对 70 个大中城市住宅销售价格变动情况的统计，深圳市 2014 年前三个季度新建商品住宅环比价格呈现持续小幅下降趋势，如图 4.37 和图 4.38 所示。然而随着 9.30 新政的出台和多个新楼盘的入市，深圳新房市场呈现"量涨价稳"态势。据深圳市规划和国土资源委员会数据显示，2014 年 10 月深圳全市一手房成交首次突破 4 000 套，成交 4 783 套，成交面积为 44.8 万平方米，环比上涨 52.6%；成交均价 22 198 元/平方米，环比微跌 2.6%；二手房成交量微跌，成交面积 32.8 万平方米，环比下跌 8%，同比下跌 35.18%。

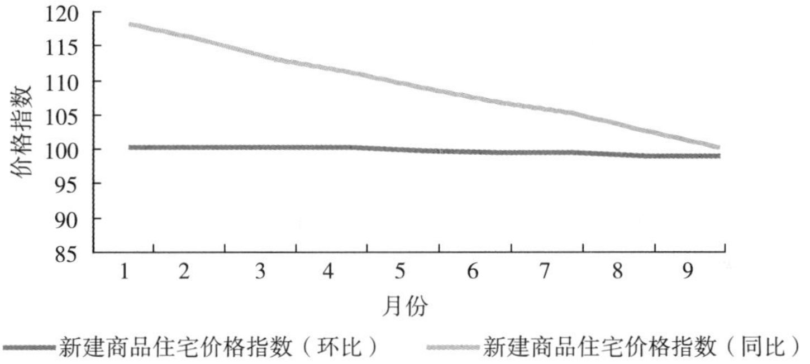

图 4.37　2014 年深圳市新建商品住宅价格变动情况

资料来源：国家统计局

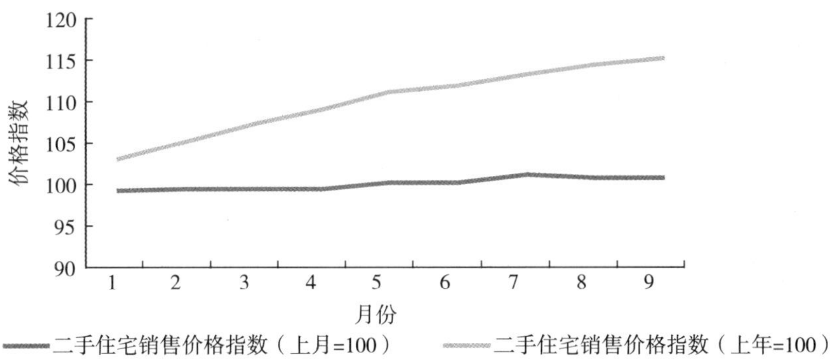

图 4.38　2014 年深圳市二手住宅销售价格变动情况

资料来源：国家统计局

(三)政策建议

1. 继续推行差别化住房信贷政策

针对 9.30 央行新政对住房贷款首付比例和利率放松的调整，深圳金融机构应强化借款人资格审查，防止不良信贷和楼市泡沫化。研究制定符合实际的第二套住房贷款的首付比例和利率。继续完善住房公积金制度，积极推进住房公积金缴存扩面工作，进一步提高住房公积金贷款政策对合理住房需求的支持力度。

2. 推动共有产权住房建设，扩大适用人群范围

深圳市曾经实施了福利房、微利房、经济适用房、限价房等多种形式的保障性住房政策，并于 2011 年创新实施了安居型商品房制度。今后可以建立统一的共有产权住房制度，按统一的建设管理模式进行开发建设和运营管理。鉴于深圳市 1 100 万人常住人口中，非户籍人口比例高达 70%以上，深圳市应该更多考虑公共品向所有常住人口的覆盖。深圳已经和北京、上海等 6 个城市一起被明确列为全国共有产权住房试点城市，深圳应该抓住契机，适时推出试点方案。

3. 及时公布信息，引导市场形成合理预期

及时主动发布商品住房建设、交易及房价、房租等方面的权威信息，引导消费者形成合理的市场预期。继续加强舆情监测，对涉及房地产市场的不实信息，要及时、主动澄清。

七、三、四线城市房地产市场分析

目前，我国三、四线城市房地产市场情况关注度越来越高，主要是由于某些三四线城市出现房地产市场大幅波动的情况。本节主要分析长沙市和温州市的房地产市场运行情况，以此说明我国一些三、四线城市房地产市场运行存在的问题。

(一)长沙市前三个季度房地产市场运行情况

1. 房地产开发投资情况

如图 4.39 所示，2014 年 2～9 月，长沙市共完成房地产开发投资额 966.26 亿元，与 2013 年的 829.77 亿元相比增加 16.45%。2014 年整体经济形势较好，长沙市房地产的开发投资稳步增长；进入 2014 年以来，房地产投资开发额同比增长在年初出现大幅下滑，由 2 月的 23.55%迅速下滑到 3 月的 13.54%，随后震荡走低，5 月达到最低点

10.35%。虽然房地产开发投资额同比增长持续走低，始终为正，房地产开发投资额较2013年有所提高。

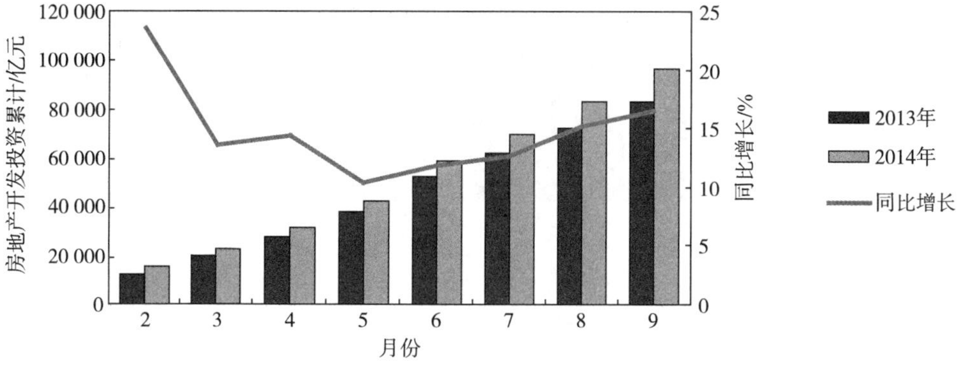

图 4.39　2～9 月长沙市房地产开发投资累计

资料来源：CEIC 数据库

2. 商品房施工面积和竣工面积情况

1)房屋施工面积有所增加

如图 4.40 所示，2014 年以来，长沙市商品房施工面积与 2013 年相比略有增长。截止到 9 月长沙市商品房施工面积累计 9 147.69 万平方米，同比上升 14.56%。受整体经济影响，全年商品房施工面积同比变化幅度较大，维持在 10%～25%。

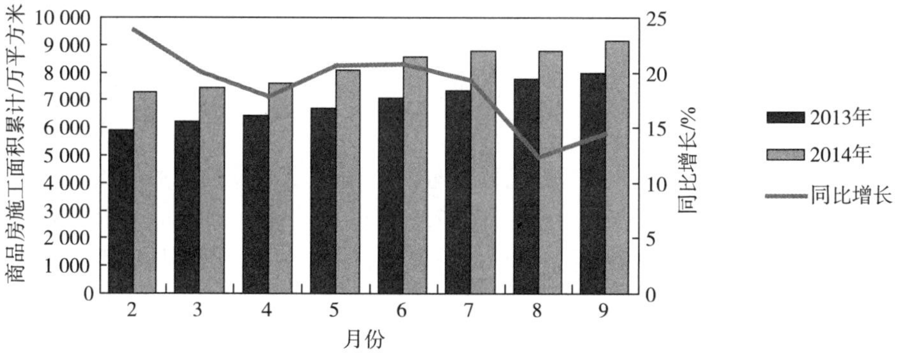

图 4.40　长沙市 2～9 月商品房施工面积累计

资料来源：万德数据库

2)房屋竣工面积有所增加

如图 4.41 所示，2014 年 2～9 月长沙市商品房竣工面积较 2013 年有一定幅度上升。2014 年 2 月，长沙市商品房竣工面积累计 309.53 万平方米，同比增长 36.04%，达到全年最高水平，随后开始降低，截止到 3 月，商品房竣工面积累计 382.41 万平方米，同比下降 18.78%，随后震荡上行，直到 5 月开始有所回落。截止到 2014 年 9 月，长沙市商品房竣工面积累计 869.10 万平方米，同比下降 7.66%。全年商品房竣工累计面积处于同比降低水平，商品房竣工面积仍使 2014 年长沙市房地产市场的商品房供给较 2013 年有所增加。

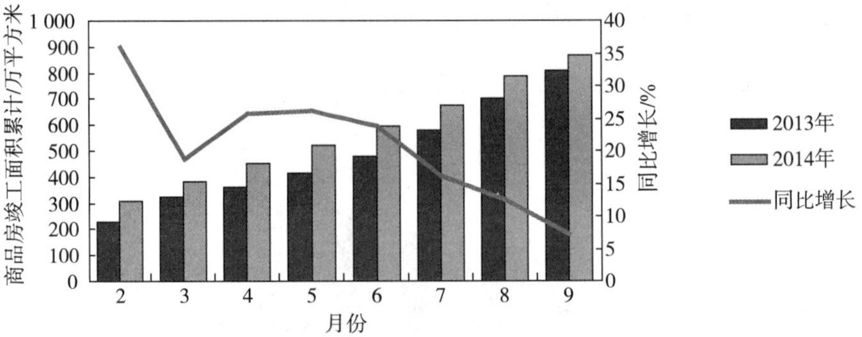

图 4.41　长沙市 2～9 月商品房竣工面积累计

资料来源：万德数据库

3. 市场销售情况

1)商品房销售面积降低

如图 4.42 所示，2014 年 2 月长沙市商品房销售面积累计 177.32 万平方米，同比上升 6.07%，达到全年最高水平，随后同比降幅开始增加，截止到 9 月，长沙市商品房销售面积累计 947.96 万平方米，与 2013 年同期相比下降 25.64%。2014 年以来房价走低的预期使人们对房地产市场保持观望，商品房销售有所降低，从单月销售情况来看，2014 年以来，商品房销售面积呈现逐月降低形态，在 9 月月销售面积达到全年最低。从图 4.43 销售面积增长和竣工面积增长情况来看，2014 年长沙市的商品房竣工面积增速低于销售面积增速，2014 年 5 月商品房竣工面积累计 520.15 万平方米，同期商品房销售面积累计 477.49 万平方米，商品房市场供大于求，随后商品房销售面积环比上升，增幅超过商品房竣工面积增幅，商品房市场供大于求，随后商品房销售面积环比上升，增幅超过商品房竣工面积增幅，在 6 月基本持平之后房地产市场出现供不应求的情况。截止到 2014 年 9 月，长沙市商品房竣工面积累计 869.1 万平方米，商品房销售面积累计 947.96 万平方米，出现 78.86 万平方米的缺口，由此可见在 2014 年整体房地产市场观望情绪浓厚的背景下，长沙市商品房市场仍然出现供大于求的现象。

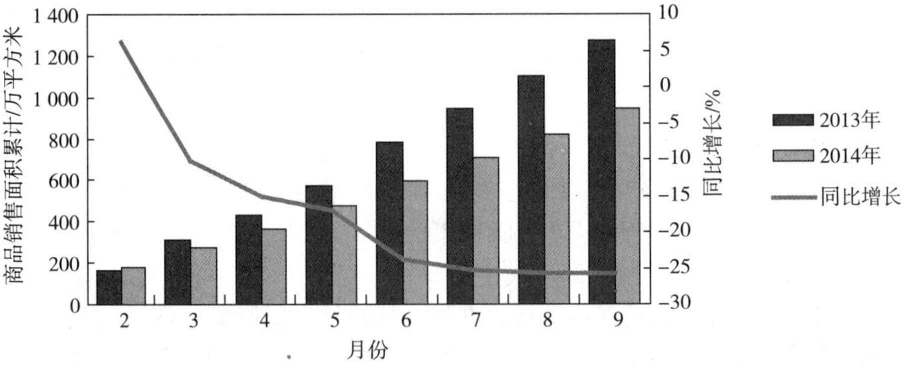

图 4.42　长沙市 2～9 月商品房销售面积累计

资料来源：万德数据库

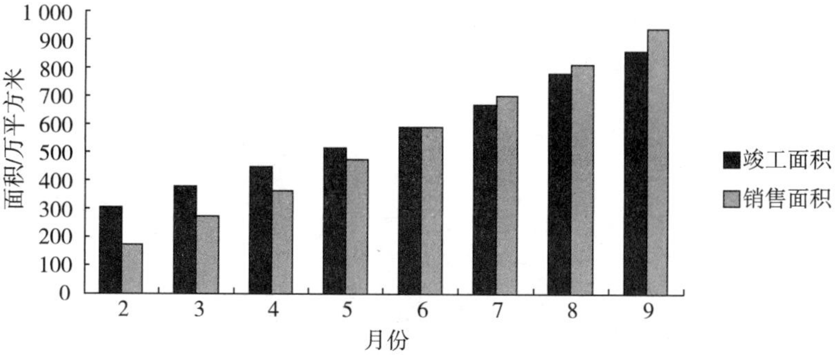

图 4.43　2014 年 2～9 月长沙市商品房销售和竣工面积累计

资料来源：万德数据库

2)商品房销售价格

如图 4.44 所示，2014 年以来，长沙市商品房销售价格波动较小，2014 年 2 月长沙市商品房销售平均价格为 5 873 元/平方米，达到全年最低，随后房价震荡上行，进入上升通道。一直到 6 月房价达到全年最高值 6 298.79 元/平方米随后开始震荡，截止到 9 月长沙市商品房销售价格为 6 267 元/平方米，比 2013 年同期增长 10.26%，虽然 2014 年前 9 个月长沙市房屋销售价格出现震荡，但总体呈现上升趋势且略高于 2013 年同期水平。

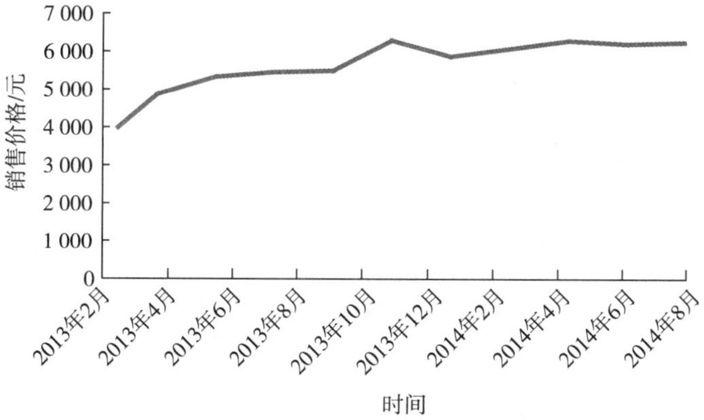

图 4.44　2013～2014 年 2～9 月长沙市商品房销售价格

资料来源：万德数据库

(二)温州市前三个季度房地产市场运行情况

1. 房地产开发投资情况

如图 4.45 所示，2014 年温州市房地产市场开发投资额较 2013 年有所提高，且增幅在 3 月有所下降之后稳步上升。2014 年 2～9 月，温州市共完成房地产开发投资额 562.24 亿元，同比增加 14.85%。进入 2014 年以后，温州市房地产投资开发额继续维持正向增长，但增长幅度较小，这一幅度低于 15%，与 2013 年全年 70%以上增幅相比，房地产开发投资额增长速度明显降低。

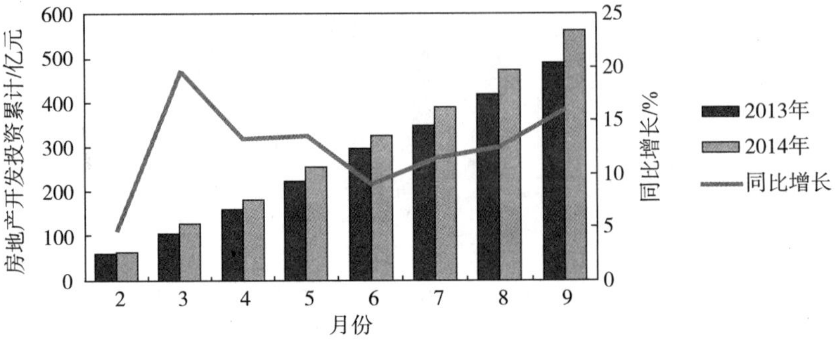

图 4.45　温州市 2～9 月房地产开发投资累计

资料来源：CEIC 数据库

2. 商品房施工面积和竣工面积情况

1)房屋施工面积平稳增加

如图 4.46 所示，2013 年以来，温州市商品房施工面积增速基本平稳。截止到 9 月温州市房屋施工面积累计 3 981.16 万平方米，同比增长 12.4%。进入 2014 年以来，房屋施工面积累计同比增速相对稳定，在 8%～14%略有波动。

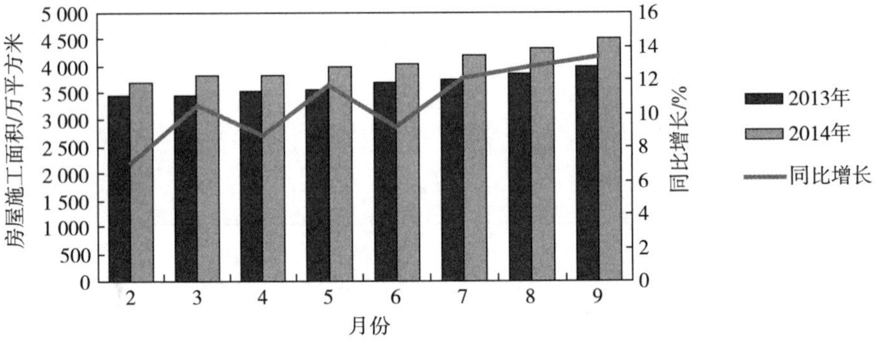

图 4.46　温州市 2～9 月房屋施工面积累计

资料来源：温州统计信息网

2)房屋竣工面积大幅上升

如图 4.47 所示，2014 年 2～9 月温州市商品房竣工面积较 2013 年上升幅度较大。2014 年 3 月，温州市商品房竣工面积累计 87.19 万平方米，同比上升 163.8%，升幅与 2 月相比增加 134.8 百分点，达到全年最高；截止到 2014 年 9 月，温州市商品房竣工面积累计 257.13 万平方米，同比上升 84.3%。全年商品房竣工累计面积同比降幅维持在 50%以上，房屋竣工面积较大的同比上升幅度使市场上商品房的供应较 2013 年有所增加。

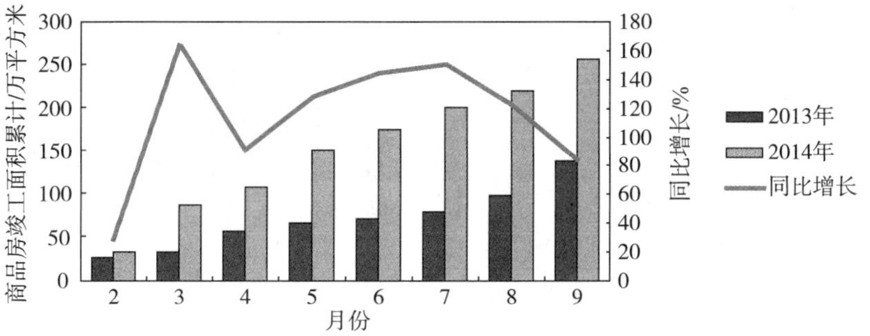

图 4.47 2013～2014 年 2～9 月温州市商品房竣工面积累计
资料来源：温州统计信息网

3. 市场销售情况

如图 4.48 所示，2014 年 4 月温州市商品房销售面积累计 81.69 万平方米，同比下降 4.7%，降幅较大，随后降幅逐渐减少，截止到 9 月，温州市商品房销售面积累计 265.35 万平方米，与 2013 年相比上升 16%。2014 年以来的一系列调控政策使火爆的房地产市场有所降温，从单月销售情况来看，2014 年以来，商品房销售面积逐月增加但增幅较小，在 9 月月销售面积达到 265.35 万平方米全年最高水平。从图 4.49 的房屋销售面积累计和竣工面积累计情况来看，2014 年温州市的商品房竣工面积明显高于销售面积，2014 年 2 月和 9 月出现供小于求的局面，2 月商品房竣工面积累计 34.24 万平方米，同期商品房销售面积累计 44.35 万平方米，商品房市场供小于求，随后商品房销售面积环比增速高于竣工面积。截止到 2014 年 9 月，温州市商品房竣工面积累计 257.13 万平方米，商品房销售面积累计 265.35 万平方米，温州市房地产市场基本呈现供过于求的现象。

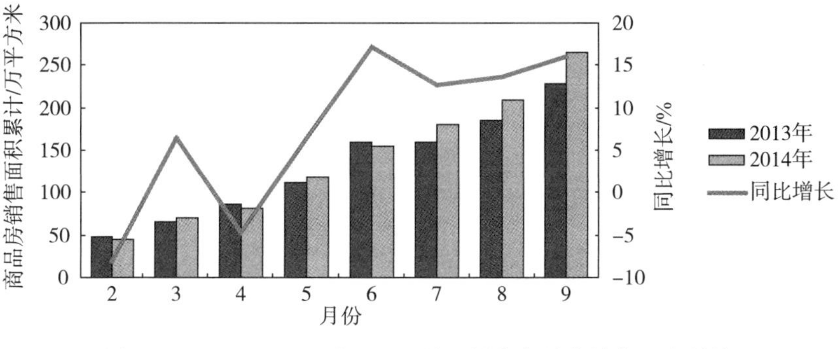

图 4.48 2013～2014 年 2～9 月温州市商品房销售面积累计
资料来源：温州统计信息网

(三)房地产市场的问题和对策

综合以上的分析，以长沙市、温州市为代表的部分三、四线城市房地产市场进入下行阶段，房地产开发投资各项指标增速变缓。各地商品房成交价量均出现下滑，市场供

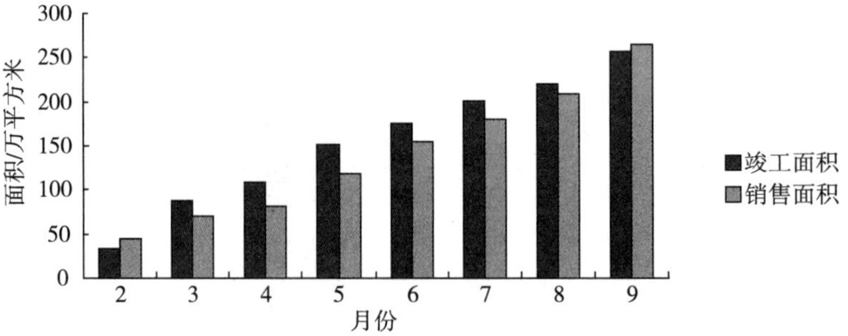

图 4.49　2013～2014 年 2～9 月温州市商品房销售和竣工面积累计

资料来源：温州统计信息网

应过剩。产生这些问题的主要原因有三个：一是受 2013 年房地产的上涨行情影响，房地产开发企业大规模建设商品房，致使在 2014 年成交低迷的环境下市场供应规模依然出现了上升。二是拿地成本高致使资金压力大。2013 年土地市场的火爆接近疯狂，“地王”频现，此外优质地块稀缺加大房企竞争。三是房地产调控还将继续影响市场。各地限购、限贷政策将继续发挥作用，压制部分市场需求。

针对这些原因，政府应该制定相应的对策。第一，经济结构合理健康、泡沫程度高的城市往往经济比较发达，有自己的优势产业，政府可以继续发展优势产业，充分发展配套服务行业，而不是一味地鼓励房地产投资。第二，制定合理可持续的土地供给规划，对当地人房屋需求情况有客观科学的认识和预测，避免优质地块稀缺，加大房企的资金成本。第三，不再实施全国一刀切的统一调控措施，而是让地方政府更多的承担差别化的调控责任。

第五章 2014年房地产金融形势分析

一、房地产融资渠道分析

(一)商业性房地产贷款

1. 前三个季度商业性房地产贷款情况

中国银监会年初明确2014年银行业监管工作重点时强调，切实防范和化解金融风险隐患。严控房地产贷款风险。高度关注重点企业，继续强化“名单制”管理，防范个别企业资金链断裂可能产生的风险传染。因此不同房地产企业在融资环境上也有了较大变化。综合实力强的房地产开发企业容易获得融资，中小房地产企业融资渐显窘境。再加上是购房需求的走弱抑制了居民购房贷款的增长。整体而言，2014年前三个季度房地产开发投资资金中自筹资金继2013年仍是最主要来源，国内贷款、定金及预收款、个人按揭贷款是房地产开发投资资金主要来源，但较2013年国内贷款比重有显著上升。

如表5.1所示，2014年第一季度末全国房地产开发资金累计额为28 730亿元，显著低于2013年二、三、四季度开发投资资金累计量。一季度到位资金同比增长6.6%，增速以近23百分点大幅低于2013年同比增幅。其中自筹资金为1.1万亿元，占所有开发投资资金的38%。国内贷款(银行贷款与非金融机构贷款)累计额为6 226亿元，累计同比增长20.4%，其中，银行贷款累计额为5 490亿元。同比增长19.7%。非金融机构贷款累计额为736亿元，同比增长25.6%。利用外资累计同比大幅降低33.9%，商业性房地产贷款余额为15.4万亿元，同比增长18.8%，房地产开发贷款余额为3.9万亿元，同比增长15.7%。购房贷款余额为9.5万亿元，同比增长20%。各资金来源占比情况，国内贷款在从2013年第二季度到2014年第一季度，比重经历了先降后增的过程，2014年第一季度占比达到21.7%，高于上个季度6.8百分点。外资占比连续两个季度回落；自筹资金占比为38.6%，较上季度小幅回落；其他资金来源占比较上季度略有下降。

表 5.1　2014 年第一季度房地产开发企业主要资金来源分布表

时间	指标	国内贷款	利用外资	自筹资金	其他资金	资金总计
1～3 月	金额/亿元	6 226	84	11 093	11 327	28 730
	比重/%	21.7	0.3	38.6	39.4	100
	累计同比/%	20.4	−33.9	9.6	1.9	6.6

资料来源：中国人民银行

2014 年第二季度房地产开发投资增速持续放缓，房地产贷款平稳增长。从环比来看，4 月环比值为 13.4%、5 月为 12.5%、6 月为 27.9%；同比涨幅同样表现为逐月上涨，分别为−2.0%、0.2%和 0.6%，显示开发企业资金供应态势良好．从同比角度来看，第二季度各月增幅较 2013 年同期有所回落，增幅分别为 15.5%、10.5%和 12.5%，较 2013 年同期分别回落了 7～9 百分点。从数据看，房地产投资再创新高，但增长势头有所回落。2014 年第二季度开发投资同比增幅明显低于前面三个季度，且总体态势是先升后落，分别为 18.9%、19.9%、16.8%和 12.6%。如表 5.2 所示，截至 6 月底，全国房地产开发资金累计额为 58 913 亿元，其中自筹资金为 23 810 亿元，占所有开发投资资金的 40.4%，累计同比增长 10.1%。国内贷款(银行贷款与非金融机构贷款)累计额为 11 293 亿元，累计同比增长 14.1%。其中，银行贷款累计额为 9 825 亿元，同比增长 12.1%。非金融机构贷款累计额为 1 467.8 亿元，同比增长 28.7%。商业性房地产贷款余额为 16.2 万亿元，同比增长 19.2%，增速比 3 月末高 0.4 百分点。房地产开发贷款余额为 4.3 万亿元，同比增长 21.58%。购房贷款余额为 9.9 万亿元，同比增长 18.5%。各项资金在总资金量中占比较第一季度较为平稳。

表 5.2　2014 年上半年房地产开发企业主要资金来源分布表

时间	指标	国内贷款	利用外资	自筹资金	其他资金	资金总计
2014 年上半年	金额/亿元	11 293	186	23 810	23 624	58 913
	比重/%	19.2	0.3	40.4	40.1	100
	累计同比/%	14.1	−20.6	10.1	−7.2	3

资料来源：中国人民银行

2014 年 5 月初，住建部就切实做好 2014 年住房保障工作下发通知明确，2014 年全国城镇保障性安居工程计划新开工 700 万套以上，其中各类棚户区 470 万套以上；计划基本建成 480 万套。同时，要求各地加大省级补助支持力度；建立省级巡查机制，加强对目标任务进展情况的督促检查；指导市县尽早开工建设，提高建成比例，尽快投入使用，确保完成年度开工和建成任务。通知指出，各地要加强配套设施建设。协调相关部门加大对配套设施建设的省级资金支持，组织制定加强保障性安居工程项目规划布局、配套设施建设的政策，明确市政基础设施和公共服务设施建设进度要求，并纳入对市县工作的年度目标考核。督促市县科学规划选址、合理布局，实现配套设施和保障性住房同步规划设计、同步建设、同步投入使用，推进保障性住房实施绿色建筑行动。截至 6 月末，全国保障性住房开发贷款余额 9 694 亿元，同比增长 47.3%，增速比上季度末高 20.6 百分点；上半年增加 2 402 亿元，占同期房产开发贷款增量的 47.3%，比一季度高 27.9 百分点。此外，利用住房公积金贷款支持保障性住房建设试点工作稳步推进，截至 6 月末，已有 77 个城市的 323 个保障房建设项目通过贷款审批，并按进度发放 685 亿元，收回贷款本金 214 亿元。

2014 年第三季度资金来源总量是 3.1 万亿元，是 2014 年三个季度内资金来源总量最高，企业资金来源总体稳定。房地产开发投资额逐月增长，9 月开发投资额达到 10 807 亿元，较 8 月增加了 732 亿元；环比逐月提升，同比增幅呈现逐步回落态势，第三季度同比增幅为 1.2%，较上季度回升 1.5 百分点。企业资金来源总体稳定。如表 5.3 所示 2014 年前三个季度，全国房地产开发资金累计额为 89 869 亿元，同比名义增长 2%。增速比 1～8 月回落 0.4 百分点，比上半年回落 0.7 百分点，同比增幅创五年来新低。其中自筹资金为 37 535 亿元，占所有开发投资资金的 41.8%，累计同比增长 11.5%。国内贷款(银行贷款与非金融机构贷款)累计额为 16 288 亿元，累计同比增长 11.8%。其中，银行贷款累计额为 14 066 亿元。同比增长 9.7%。非金融机构贷款累计额为 2 221 亿元，同比增长 27.6%。利用外资 430 亿元，增长 9.9%；其他资金 35 616 亿元，下降 9.1%。商业性房地产贷款余额为 16.7 万亿元，同比增长 18.2%，增速比 6 月末下降 1 百分点。房地产开发贷款余额为 4.4 万亿元，同比增长 21.0%。购房贷款余额为 10.2 万亿元，同比增长 17.6%。前三个季度开发企业到位资金增幅回落，主要原因还是其他资金的下降。

表 5.3　2014 年前三个季度房地产开发企业主要资金来源分布表

时间	指标	国内贷款	利用外资	自筹资金	其他资金	资金总计
2014 前三个季度	金额/亿元	16 288	430	37 535	35 616	89 869
	比重/%	18.1	0.5	41.8	40.0	100
	累计同比/%	11.8	9.9	11.5	−9.1	2.3

资料来源：中国人民银行

住建部宣布，截至 2014 年 9 月底，全国城镇保障性安居工程提前 3 个月完成了全国计划新开工城镇保障性安居工程 700 万套以上、基本建成 480 万套的年度任务。已开工 720 万套，基本建成 470 万套，分别达到年度目标任务的 103%和 98%，完成投资 10 700 亿元。有关发言人还表示“十二五”期间，我国住房保障体系逐步形成，针对不同收入人群的保障覆盖面逐步扩大，保障方式越来越丰富，越来越贴近被保障家庭的实际需求。此外，中央财政补贴从 2007 年的 72 亿元增加到 2014 年的 1 980 亿元，财政支持力度明显大幅提高。住建部将继续把解决城镇低保家庭等低收入群体的住房困难作为重点，优先保障。

2. 商业性房地产贷款分析

2014 年前三个季度商品性房地产贷款余额情况如图 5.1 所示。

从图 5.1 可以看出 2014 年前三个季度房产、地产，以及个人购房贷款余额比较平稳，主要原因是国家对房地产行业的宏观调控方向和力度把握适当，政策的连续性得到体现，效果明显。一季度末，房产开发贷款余额 3.78 万亿元，同比增长 18.3%，增速比 2013 年年末高 2 百分点。地产开发贷款余额 1.12 万亿元，同比增长 7.6%，增速比 2013 年年末低 2.2 百分点。个人购房贷款余额 10.29 万亿元，同比增长 20.1%，增速比 2013 年年末低 0.9 百分点，一季度增加 4 916 亿元，同比多增 254 亿元。上半年年末，房产开发贷款

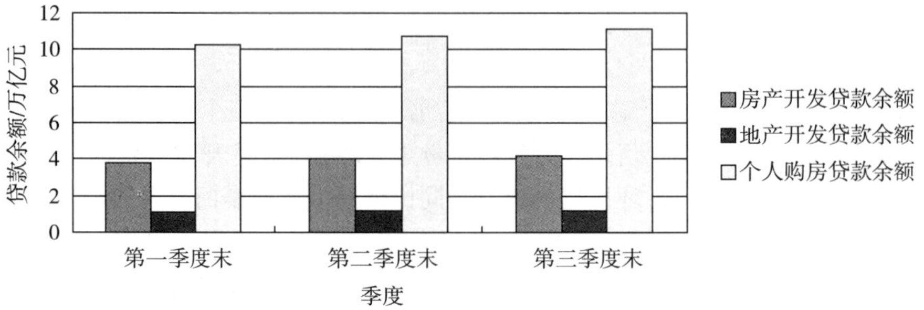

图 5.1　2014 年前三个季度商业性房地产贷款余额情况

资料来源：中国人民银行

余额 4.04 万亿元，同比增长 23.7%，增速比上季度末高 5.4 百分点。地产开发贷款余额 1.16 万亿元，同比增长 9.7%，增速比上季度末高 2.1 百分点。个人购房贷款余额 10.74 万亿元，同比增长 18.4%，增速比上季度末低 1.7 百分点；上半年增加 9 389 亿元，同比少增 239 亿元。第三季度末，房产开发贷款余额 4.18 万亿元，同比增长 22%，增速比上季度末低 1.7 百分点；地产开发贷款余额 1.21 万亿元，同比增长 12.7%，增速比上季末高 3 百分点。个人购房贷款余额 11.12 万亿元，同比增长 17.5%，增速比上季度末低 0.9 百分点；前三个季度增加 1.33 万亿元，同比少增 400 亿元。同时，第三季度末，房产开发贷款中的保障性住房开发贷款余额 1.04 万亿元，同比增长 52.1%。前三个季度增加 3 149 亿元，同比多增 2 016 亿元，由此可见金融业对房地产市场提供了有力的资金支持。

(二)股市融资

上市融资有利于降低资产负债率，改善公司的现金流状况，有效降低资金成本，优化资产负债结构，降低财务风险，促进公司持续健康发展。但因 2014 年房地产企业销售速度下降、回款缓慢，加之国内贷款和融资日趋缩紧，在国内监管机构实施更为严格的房企上市审批程序后，企业通过首次公开募股(initial public offerings，IPO)进行融资也面临较大难度。截至 2014 年 8 月，2014 年内地有 10 余家房地产公司通过 IPO 或借壳方式走向香港资本市场，有力高地产、海昌控股、阳光 100 中国、光谷联合、亿达控股、国瑞置业 6 家内地房企成功在港挂牌上市，融资总额共 90.5 亿港元。辽宁实华、绿景地产、山东青建、广泽地产 4 家房企则通过借壳方式挂牌，走何香港资本市场。虽然从绝对 IPO 融资规模上看，2014 年上半年已超 2013 年全年的 7 只上市地产股总额，但 2014 年上市房企的融资额与企业的预期值相差甚远。除海昌控股外，其余 5 家公开发售都遭遇认购不足的尴尬。

截至 2014 年 11 月 17 日，国内房地产上市公司已流通股主要还是以 A 股为主，万科已发行自由流通股数遥遥领先于行业其他公司。6 月 25 日 H 股万科企业在中国香港上市，这个房地产行业巨头完成了酝酿一年多的 B 股转 H 股大计。此举为持续低迷的 B 股市场打开缺口，另辟新出路，转化为融资功能高，更为国际投资者熟悉的 H 股。万科也继中集集团和丽珠集团之后，成为第三家成功完成 B 股转 H 股的公司，为余下

80 多家 B 股公司起到了一定的示范作用。

2014 年国内房地产上市公司自由流通股数如图 5.2 所示。

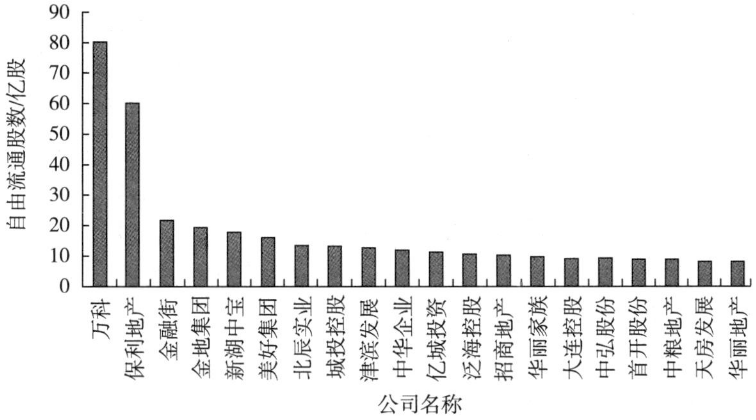

图 5.2　2014 国内房地产上市公司自由流通股数

资料来源：万德数据库

(三)房地产信托

统计数据显示，2014 年上半年信托资产 12.48 万亿元，其中融资类同比下降明显，从 2013 年同期 48.52%下降至 40.64%，事务管理类则从 18.54%上升至 26.35%。

2014 年一季度房地产信托新增规模 1 462 亿元，相比 2013 年一季度的 1 532 亿元，同比下降 4.57%；相比 2013 年四季度的 2 097 亿元，环比回落 30.28%。2014 年一季度末，房地产信托余额为 11 522 亿元，与 2013 年几个季度相比，余额持续提升；房地产信托余额占比为 10.40%，相比三季度末的 10.03%，再度回升，相比巅峰时期 2013 年四季度 10 337 亿元。根据用益信托工作室统计的集合信托数据，从发行情况来看，2014 年一季度房地产信托发行规模 833.06 亿元，与 2013 年一季度的 610.81 亿元相比，同比增长 36.39%，而与 2013 年四季度的 1 206.25 亿元相比，环比下降 30.94%；从成立情况来看，2014 年一季度房地产信托成立规模为 648.87 亿元，与 2013 年一季度的 527.15 亿元相比，同比增长 23.09%；与 2013 年四季度的 897.16 亿元相比，环比下降 27.68%。2014 年二季度房地产信托新增规模 1 493 亿元，较 2013 年二季度的 1 544 亿元，同比下降 3.30%；较 2014 年一季度的 1 462 亿元，环比回升 2.12%。尽管当前国内市场低迷，但房地产信托市场却逆市而上。2014 年二季度，房地产信托余额为 12 616 亿元，较前几个季度相比，余额继续稳步增长；二季度房地产信托余额占比为 10.72%，相比 2014 年一季度末的 10.40%，继续上升。从 2011 年三季度占比 17.24%开始，至 2013 年二季度占比 9.12%，占比一直持续下降，但从 2013 年三季度占比 9.33%开始，占比一直处于平稳上升，到 2014 年二季度房地产信托余额占比达到 10.72%，说明房地产信托进一步回暖。2014 年三季度房地产信托新增规模占比回落，新增规模占比仅为 9.54%，跌破 10%，较 2014 年二季度减少 0.56 百分点，较 2013 年三季度下降 3.26 百分点。

整体而言，2014 年前三个季度房地产信托新增规模均呈现大幅下滑。一方面受弱经济周期和强市场竞争影响，使信托资产增速放缓，而房地产信托作为信托支柱业务之一，会因此受影响；另一方面，2014 年以来信托产品的个体风险暴露明显增加，房地产信用风险加大，面对不确定性外部环境，房地产信托新增规模放缓。信托资金对开发企业的影响非常有限。截止到 2014 年第三季度末，2014 年开发企业新增资金 89 868.91 亿元，其中三季度新增资金资金规模达 30 955.95 亿元。根据信托业协会三季度数据显示，房地产信托三季度新增规模只有 1 076 亿元，信托占比只有 3.48%，较二季度下降 1.47 百分点，因此，信托资金对房地产开发企业来说融资作用相对有限。

截至 2014 第三季度末，据数据显示，房地产信托余额为 12 653 亿元，余额继续稳步增长，再度创历史新高；三季度房地产信托余额占比为 10.38%，相比 2014 年第二季度末的 10.72%，减少 0.34 百分点。说明房地产信托的风险已经得到逐渐释放。由于房地产信托余额仍然处于历史高位，对于房地产行业信托产品而言，2014 年又恰逢兑付高峰期，房地产信托兑付问题被推上风口浪尖。因此各信托公司对小房企、三、四线城市项目发行越发谨慎。2014 年全年约有 451 只集合房地产信托项目到期，到期规模总计约为 1 039.71 亿元，其中过半到期项目集中于下半年。根据用益信托统计的数据来看，2014 年到期的集合类房地产信托大部分仍在沿海城市或是经济发达城市。其中有房企融资过百亿的地区包括江苏、河北、浙江，规模分别为 128.61 亿元、117.45 亿元和 102.57 亿元。

2014 年前三个季度，不论是从发行规模还是成立规模而言，房地产信托同比都下滑明显，与房地产市场的短期波动平稳、中长期风险暴露增加的特点有关。在加之兑付高峰压力越演越烈，预计信托投向房地产领域今后会更加谨慎。

二、房地产企业经营状况分析

进入 2014 年，我国主要城市房地产市场较 2013 年相比表现较为平淡，自 2 月杭州房价首例下降以来，降价逐渐由零星几个库存压力大的城市蔓延至多数重点城市。面对市场的高位回落，整体政策环境虽未发生根本性转变，但越来越多的城市加入了调控放松行列。根据“两会”提出的分类调控原则，那些库存量大、供过于求的城市拥有自行调整政策的自主权。而在市场持续低迷的情况下，加入政策微调行列的城市正在逐步扩容。此外，信贷环境的恶化也制约了房地产市场的发展。尽管监管机构已经表态支持首套自住需求，但目前响应的商业银行寥寥无几。面对尚未缓解的经济下行压力，中央一系列“微刺激”措施已经浮出水面。尽管如此，我国部分房地产企业的销售量较 2013 年同期仍有增加，但是增速明显放缓。由于 2013 年房地产市场行情较好，部分房地产企业销售量超过预期，这种态势一直延续到 2014 年年初，使 2014 年我国房地产成交量有所上升。

(一)房地产企业盈利状况分析

净利润是企业在一个会计年度中的最终经营成果，它是衡量企业经营效益的主要指标。因此，本节选取净利润指标来考察 2014 年截至三季度上市房地产企业的盈利状况。根据已公布三季报的 143 家境内上市房地产企业净利润披露数据，比照 2013 年同期披露值，得到 2014 年前三个季度净利润变化分布，如图 5.3 所示。通过对比可以得出，2014 年前三个季度净利润同比上升的企业有 61 家，同比下降的企业则有 82 家，净利润同比上升的上市房地产企业占比达 42.66%，较 2013 年同期比重有一定的下降。在全部上市房地产企业平均净利润方面，2014 年前三个季度为 3.39 亿元，较 2009 年同期的 3.72 亿元同比下降 8.87%；但去除净利润排名前 10 名的公司，净利润同比增加 4.17%。这在一定程度上反映出 2014 年房地产企业出现了较为严重的分化，在楼市持续降温的背景下，一方面，一些标杆企业努力拓展融资渠道，缓解资金压力。另一方面，为了打破现有的“高杠杆快周转增长模式”的束缚，部分企业试图转换营销模式，如万科提出“小股操盘”模式，或能成为房地产企业未来发展的战略方向。

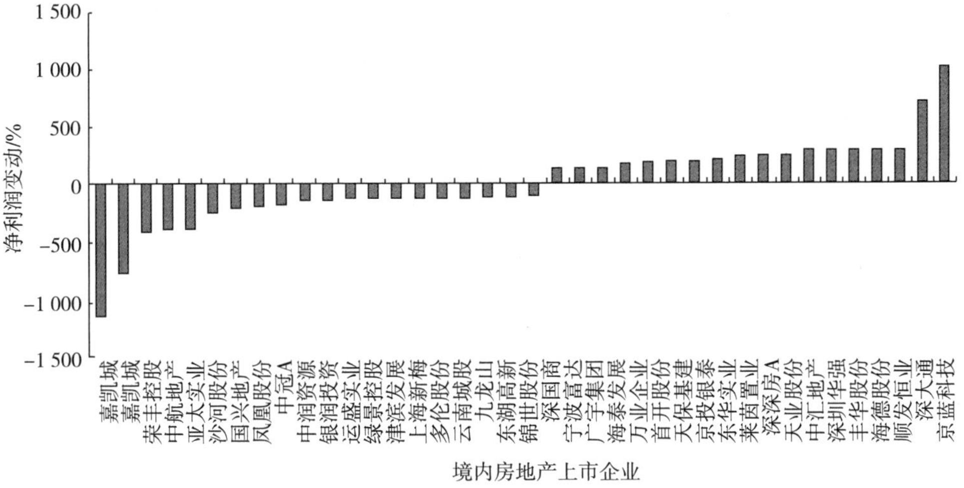

图 5.3　境内上市房地产企业 2014 年前三个季度净利润变化

资料来源：万德数据库

考察 2014 年前三个季度净利润位于前 10 名的境内上市房地产企业，可以看出其盈利表现不同程度的变动，且变动幅度有一定的分化阶梯趋势，如图 5.4 所示。第一梯度“高速增长”阵营：华夏幸福同比增长 43.64%，保利地产同比增长 29.36%；第二梯度“平稳增长”阵营：荣盛发展同比增长 12.41%；第三梯度“小幅增长”阵营：万科 A 同比增长 1.71%；第四梯度“负增长”阵营：深国商同比微跌 107.33%，冠城大通同比微跌 74.11%，滨江集团同比微跌 55.11%，金融街同比微跌 52.71%，招商地产同比微跌 34.4，陆家嘴同比微跌 11.3%。可以看出，2014 年以来房地产行业的集中度不断增大，出现资源往大型房企集中的趋势。就上市房地产公司盈亏面来看，2013 年前三个季度报告亏损上市房地产企业有 25 家，其中亏损超过 1 000 万元的有 17 家，亏损上亿元的有 4 家企业；到 2014 年前三个季度，报告亏损的上市房地产企业减少至 23 家，其中 15 家亏损超过 1 000 万元，亏损上亿元的企业增加至 7 家。

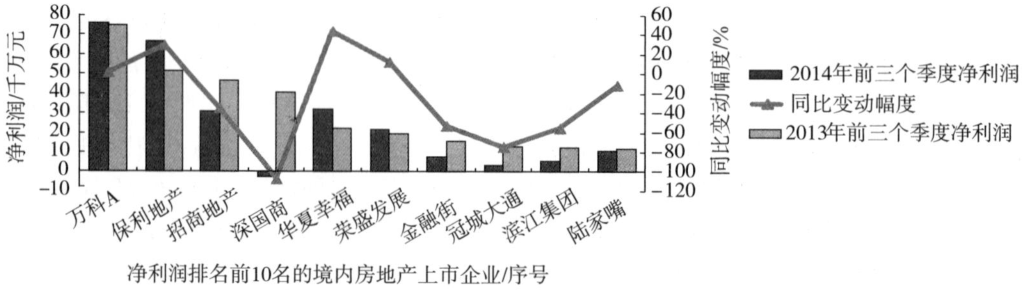

图 5.4　2013 年和 2014 年前三个季度净利润排名前 10 位的房地产企业净利润及同比变动

资料来源：万德数据库

(二)房地产企业盈利能力分析

毛利率是销售收入扣减商品销售成本后的余额占销售收入的比例，它衡量了与销售收入相对应的那部分毛利占营业收入的比值，它反映了企业生产效率的高低，是企业经营利润的源泉。因此，我们以毛利率为主要指标分析已公布相关数据的 143 家上市房地产企业经营状况，如图 5.5 所示。相对于 2013 年同期，2014 年前三个季度我国上市房地产公司毛利率有所增加，且增幅基本保持在 20%～40%，部分房地产企业出现增幅较大和较小的态势，如运盛实业，毛利率较 2013 年增长 1 402.96%，中房股份毛利率较 2013 年下降 834.29%。总体来看，上市房地产公司毛利率上升与下降的家数之比为 44∶99，毛利率上升企业占比为 30.77%。全部房地产企业平均毛利率为 36.24%。

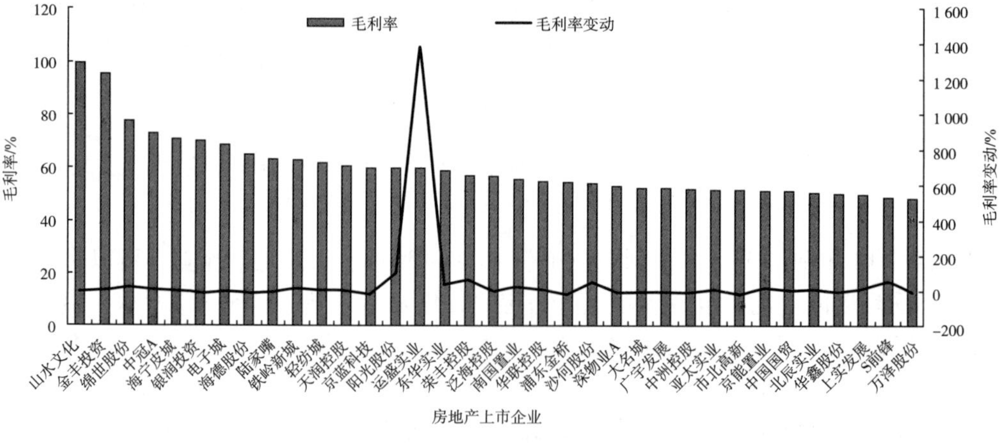

图 5.5　2014 年前房地产上市公司前三个季度毛利率变动情况

资料来源：万德数据库

净资产收益率又称股东权益报酬率或权益报酬率、净资产利润率，是税后利润除以净资产的百分比，该指标反映股东权益的收益水平，用以衡量企业运用自有资本获得净收益的能力，反映了企业自有资本的利用效率。因此，我们用净资产收益率衡量企业盈利能力，如图 5.6 所示，在公布 2014 年前三个季度净资产收益率(摊薄)相关数据的 138 家房地产上市公司(京蓝科技、金丰投资、浙江广厦、荣丰控股、山水文化数值变化较大)中，净资产收益率(摊薄)同比上升与下降的公司家数之比为 102∶36。房地产行业整体净资产收益率(摊薄)有所下降，2014 年第三季度，房地产上市公司平均净资产收益率(摊薄)为 6.74%，比 2011 年三季度下降了 2.96%。

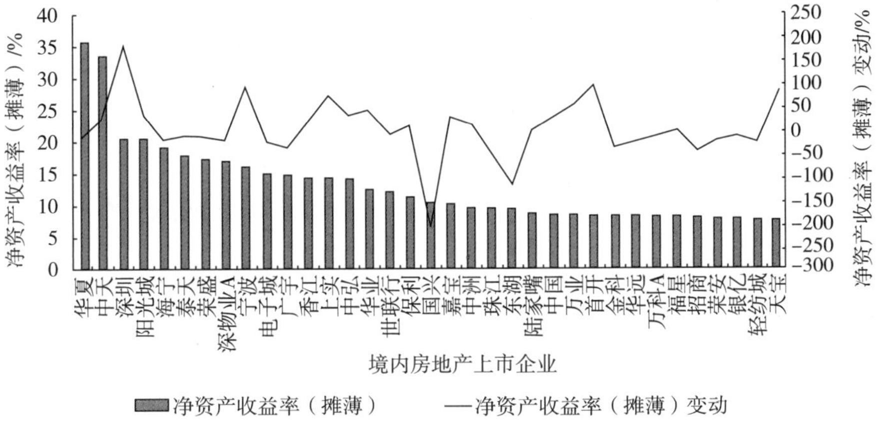

图 5.6　2014 年前三个季度摊薄净资产收益率变动情况数据

资料来源：万德数据库

每股收益(earning per share，EPS)，即每股盈利、每股盈余，是税后利润与股本总数的比率。反映了普通股股东每持有一股被投资企业的股份，所能享有的企业净利润或需承担的企业净亏损。每股收益通常被用来反映企业的经营成果，衡量普通股的获利水平及投资风险，是投资者等信息使用者据以评价企业盈利能力、预测企业成长潜力、进而做出相关经济决策的重要的财务指标之一。“稀释每股收益”用来评价“潜在普通股”对每股收益的影响，以避免该指标虚增可能带来的信息误导。2014 年前三个季度公布财务报告的 143 家房地产上市企业的稀释每股收益及同期变动情况，如图 5.7 所示。2014 年前三个季度这 143 家房地产上市企业稀释每股收益为－0.6～2.13 元/股，覆盖范围相对于 2013 年前三个季度的－0.18～1.97 元/股有所上升。2014 年前三个季度房地产行业平均稀释每股收益达到 0.19 元/股，较之 2012 年同期每股下降了 0.03 元，行业股权收益水平小幅下降。2013～2014 年前三个季度稀释每股收益同期变动比较中，实现上升或者不变的企业有 22 家，下降的企业则有 121 家，上升企业占比为 15.38%。

2013～2014 年前三个季度每股收益排名前十的房地产公司如表 5.4 和表 5.5 所示。相对于 2013 年同期各上市房地产公司收益基本持平，差距不大的情形而言，2014 年房地产企业股权收益差距继续变小，收益水平差距缩小。说明在房地产限购政策、首套房政策等一系列政策组合的强化调控下，一些大型房地产企业表现出平均权益持稳及趋同的态势。

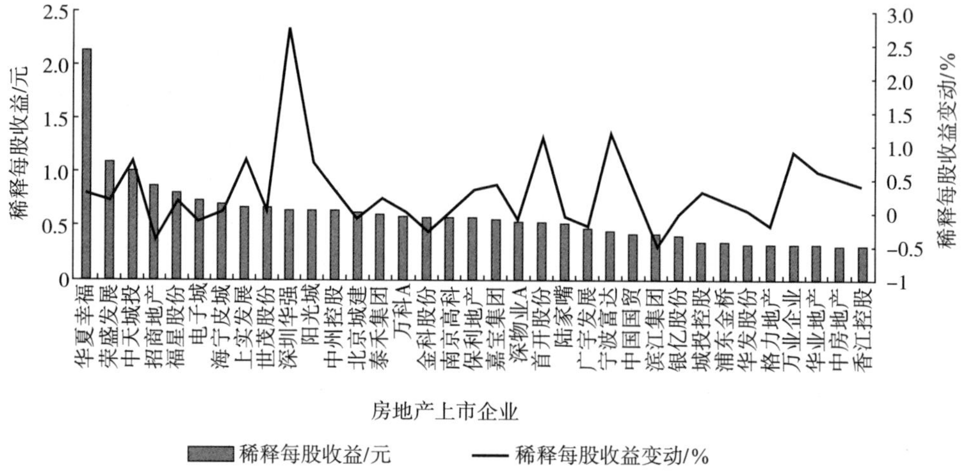

图 5.7　2014 年前三个季度稀释每股收益(EPS)变动情况

资料来源：万德数据库

表 5.4　2013 年前三个季度每股收益排名前十的房地产企业

上市企业	稀释每股收益/元
深国商	10.97
招商地产	2.10
华夏幸福	1.68
冠城大通	1.10
中洲控股	1.01
荣盛发展	0.93
滨江集团	0.88
电子城	0.85
金科股份	0.80
珠江实业	0.71

表 5.5　2014 年前三个季度每股收益排名前十的房地产企业

上市企业	稀释每股收益/元
华夏幸福	2.13
荣盛发展	1.09
中天城投	1.01
招商地产	0.87
福星股份	0.81
电子城	0.73

续表

上市企业	稀释每股收益/元
海宁皮城	0.71
上实发展	0.67
世茂股份	0.66
深圳华强	0.64

(三)房地产企业资金链状况分析

房地产企业作为典型的资本密集型产业，具有资金需求量大、资金运行周期长、回笼速度较慢的特点，因此，房地产企业对资金流的依赖性更强，良好的资金运转与房地产企业生死攸关。此外，房地产开发企业的资金状况变化还会对房地产开发及关联行业贷款风险，房地产信托兑付风险产生影响。2014年前三个季度，信贷环境持续趋紧，加之房地产分类调控的实施，房企资金困境未明显改善，资金链总体依然偏紧。尤其资金能力弱、信贷风险高的中小房企，面临资金链断裂和破产危机。资产负债率是衡量企业负债水平及风险程度的重要指标，一般认为资产负债率的适宜水平是40%～60%，但不同行业的行业资产负债率水平各有不同。对于房地产企业而言，前期投资非常大，正常的范围在60%～70%，最高不得超过80%。如果资产负债率过高，企业的经营就会面临巨大的风险，从长期来看可能会导致企业资不抵债，最终破产。根据以往沪深上市房地产公司的资产负债率均值来看，我们认为房地产行业的资产负债率保持在60%比较合理，也就是资产与负债持平。目前房地产企业负债率较高，经营性现金流为负，房地产企业集团内部相互担保普遍。根据披露的143家房企上市公司2014年三季度报告，118家房企负债水平高于60%，60家房企资产负债率在80%的警戒线之上。无论从高负债企业数量还是负债水平程度方面，2014年平均资产负债率为63.33%，较2013年的63.34%略有下降。

速动比率是速动资产对流动负债的比率。它用来衡量企业流动资产可以立即变现用于偿还流动负债的能力，其高低直接反映企业的短期偿债能力。一般而言，速动比率应保持在100%以上，2013～2014年公布的143家房地产上市企业平均速动比率，如图5.8所示。房地产上市企业平均速动比率整体呈上升态势，2013年第一季度为最低点，跌破100%，之后虽有下降，但总体呈上升趋势。但2014年前三个季度速动比率均保持低于100%的状态，速动比率较低说明短期内可以立即变现以偿还负债的资金较少，企业的短期债务偿还能力较低，如遇到突发情况，整体经济环境骤变或债权人要求偿还债务，企业的财务风险将大大增加，在资金流不佳的情况下甚至会导致企业破产。因此，房地产企业应重视对速动比率的监管，使其处在安全警戒线以下。

与速动比率相对应，流动比率也是用来衡量企业的短期偿债能力。流动比率是流动资产与流动负债的比率，用来衡量企业流动资产可以变现用于偿还短期负债的能力。两者都是越大表明企业的短期偿债能力越好，如果太大表明公司没有很好地利用财务杠杆

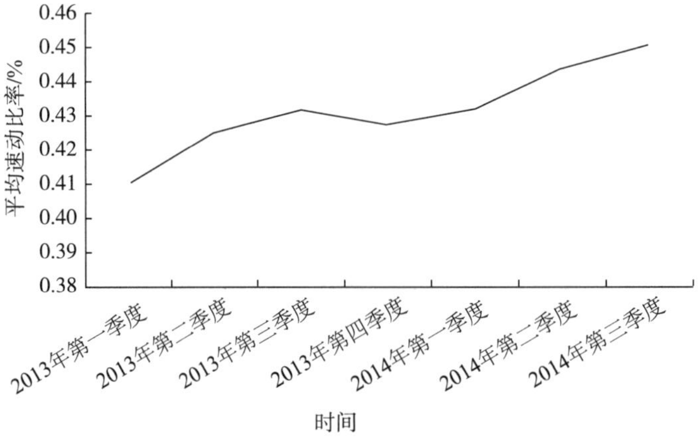

图 5.8　境内房地产上市企业平均速动比率

资料来源：万德数据库

作用，使企业的资金使用效率降低。应该使流动比率和速动比率维持在不使货币资金闲置的合适水平。对于房地产行业来说，流动比率要保持在 120%～200%的范围内。2013～2014 年公布的 143 家房地产上市企业平均流动比率，如图 5.9 所示。尽管，为了应对资金成本高，部分房地产上市公司提高了资金周转率，通过缩短期限、减少规模、提高频次来加速资金周转。但是，根据数据可以看出，流动比率的变动趋势与速动比率变动基本相似，保持在适宜的水平内，但尽管 2014 年前三个季度流动比率不断增长，但是仍然与 2013 年年初水平有较大差距。

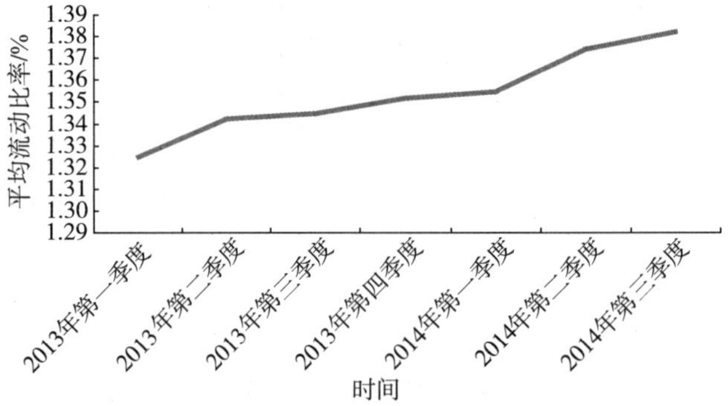

图 5.9　境内房地产上市企业平均流动比率

资料来源：万德数据库

每股经营现金流是公司经营活动所产生的现金流入与经营活动的现金流出的差额与总股本的比值。该指标主要反映平均每股所获得的现金流量，是上市公司在维持期初现金流量的前提下，有能力发给股东的最高现金股利金额，反映企业在实际经营中运用资本创造现金的能力。2014 年上市房地产企业平均每股净现金流量，如图 5.10 所示。据统计，已披露 2014 年三季度数据的 143 家房地产上市企业中，仅有 43 家企业的每股经营现金流量为正值，较 2013 年有所提高，其余 100 家公司每股经营现金流量均为负值或 0，每股经营现金流量为正值的房地产上市企业仅占上市房地产企业的 30.07%。这表明，这些上市公司没有足够的现金来保障股利的分红派息，公司现金流较少，很大程度上表明主营业务收入回款力度较差，产品竞争性不强，公司信用度不高，这将会降低上市公司在投资者心中的形象，影响企业未来的筹资、融资能力和经营发展前景。

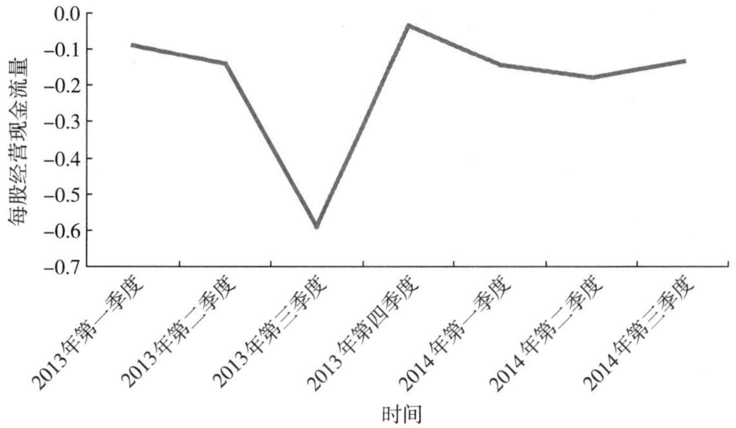

图 5.10　境内房地产上市企业平均每股经营现金流量

资料来源：万德数据库

2014 年政策两极分化态势严重，一线城市房地产调控政策仍将强化，二、三线城市预计将适当放宽。加之贷款环境继续趋紧、房产库存量较大及首套房政策等导致房地产市场持续低迷、房价持续下降，绝大多数消费者都静观其变，购房热情急剧下降；同时房地产企业融资环境不佳导致融资渠道变窄、融资成本提高，投资资金回笼速度明显下降，房地产上市企业整体经营现金流水平再次重现下滑，降幅较大。不可否认，我国房地产企业整体背负资金链压力，存在一定的偿债风险，寻求新的营销模式及营销手段才是房地产企业的发展战略方向。

三、房地产金融产品运行分析

目前我国的房地产金融市场尚处于起步阶段，有关的制度和体系还在建设中，随着房地产金融的不断发展，完善房地产金融体系是必然的发展趋势。我国近年来不断尝试推出新的房地产金融产品，以适应市场的需要。除了上文中重点介绍的房地产信托之外，住房反向抵押贷款与房地产信托投资基金(REITs)也是 2014 年房地产金融产品中的焦点之一。

(一)建元 2007-1 个人住房抵押贷款支持证券

1. 初始发行情况

继建元 2005-1 个人住房抵押贷款支持证券之后，建行又推出了建元 2007-1 个人住房抵押贷款证券。2007 年 4 月，经国务院批准，信贷资产证券化扩大试点工作正式展开。建元 2007-1 住房抵押贷款支持证券于 2007 年 12 月 11 日在全国银行间债券市场成功发行，该项目采用信托交易结构，中国建设银行作为发起机构和贷款服务机构，中诚信托投资有限责任公司作为受托机构和资产支持证券的发行机构。建元 2007-1 住房抵押贷款支持证券发行总额为 41.6 亿元，分为优先 A 级、优先 B 级、优先 C 级和次级，占比分别为 86.1%、8.56%、1.98%和 3.36%，如表 5.6～表 5.8 所示。

表 5.6　建元 2007-1 个人住房抵押贷款证券发行概况

证券名称	发行金额/元	发行利率	法定最终到期日	评级(联合资信)	发行方式
优先 A 级	3 582 348 600	浮动利率	2039-01-26	AAA	银行间市场公开发行
优先 B 级	356 154 500	浮动利率	2039-01-26	A	银行间市场公开发行
优先 C 级	82 381 500	浮动利率	2039-01-06	BBB	银行间市场公开发行
次级	139 799 708	—	2039-01-26	—	向发起人定向发行
总计	4 160 683 708	—	—	—	—

资料来源：建元 2007-1 个人住房抵押贷款支持证券发行说明书

表 5.7　建元 2007-1 个人住房抵押贷款证券发行相关机构

机构	名称
受托机构	中诚信托有限责任公司
贷款服务机构	中国建设银行股份有限公司
资金保管机构	中国工商银行股份有限公司
登记机构/支付代理机构	中央国债登记结算有限责任公司
信用评级机构	联合资信评估有限公司

资料来源：建元 2007-1 个人住房抵押贷款支持证券发行说明书

表 5.8　建元 2007-1 初始起算日资产池中抵押贷款总体特征

特征指标	指标值
贷款笔数/笔	12 254
总本金余额/元	4 160 683 708
单笔贷款最高本金余额/元	2 842 537
单笔贷款平均本金余额/元	339 537
合同总金额/元	4 815 940 641
单笔贷款最高合同金额/元	2 980 000
单笔贷款平均合同金额/元	393 010
加权平均贷款年利率/%	5.95
单笔贷款最高年利率/%	7.83
加权平均贷款合同期限/月	222
加权平均贷款乘余期限/月	199

续表

特征指标	指标值
加权平均贷款账龄/月	23
加权平均贷款初始抵押率/%	72.85
加权平均贷款人年龄/岁	35

资料来源：建元2007-1个人住房抵押贷款支持证券发行说明书

建元2007-1初始起算日资产池中抵押贷款的总体特征如表5.9所示，显示了资产池在初始起算日营业终了的统计特征。所有加权平均和百分比数据的计算均以初始起算日营业终了的资产池中所有抵押贷款的本金余额为基础。

表5.9　建元2007-1初始起算日资产池中抵押贷款种类分布

贷款种类	合同金额/元	占比/%	贷款余额/元	余额占比/%	贷款笔数/笔	笔数占比/%	平均每笔余额/元	加权平均初始抵押率/%
个人住房贷款	3 232 960 794	67.13	2 756 351 642	66.46	7.756	63.29	356 543.53	73.26
个人再交易住房贷款	1 582 979 847	32.87	1 395 332 066	33.54	4.498	36.71	310 211.66	72.05
合计	4 815 940 641	100.00	4 160 683 708	100.00	12.254	100.00	339 536.78	72.85

资料来源：建元2007-1个人住房抵押贷款支持证券发行说明书

2. 2014年运行情况

2014年，建元2007-1RMBS产品整体运作情况依然良好，证券本息兑付正常，信息披露和资金划转未出现延迟和误差。根据《建元2007-1个人住房抵押贷款资产支持证券2014年跟踪评级分析报告》，截至报告期末的资产池概况如表5.10所示。

表5.10　建元2007-1报告期末资产池概况

指标	本跟踪日	上一跟踪日	初始起算日
资产池未偿本金余额/万元	74 962.22	93 896.83	416 068.37
贷款笔数/笔	3 724	4 327	12 254
入池贷款平均本金余额/万元	20.13	21.70	33.95
入池贷款最大本金余额/万元	194.59	206.47	284.25
加权平均贷款利率/%	4.73	4.74	5.95
加权平均抵押率/%	36.83	39.82	64.90
加权平均贷款账龄/年	8.52	7.53	1.95
加权平均剩余期限/年	11.95	12.55	16.58

注：资产池中有一个笔贷款2014年5月14日到期，剩余期限记为零

资料来源：《建元2007-1个人住房抵押贷款资产支持证券2014年跟踪评级分析报告》

资产池贷款未偿本金余额为74 962.22万元，贷款笔数为3 724笔。相比信托财产

初始起算日，加权平均抵押率由 64.90%下降至 36.83%，加权平均贷款利率由 5.95%下降至 4.73%，加权平均贷款账龄由 1.95 年增加至 8.52 年，加权平均贷款剩余期限由 16.58 年减少至 11.95 年。

如表 5.11 所示，截止到 2014 年 5 月 31 日，贷款池中正常贷款有 3 621 笔，余额 72 839.06 万元，占跟踪日资产池贷款余额的 97.17%；拖欠 1～30 天贷款有 40 笔，余额 889.80 万元，占 1.19%；拖欠 31～60 天贷款有 9 笔，余额 237.22 万元，占 0.32%；拖欠 91～180 天的严重拖欠贷款共有 5 笔，余额 58.40 万元，占 0.08%；未注销的违约贷款有 48 笔，余额 910.72 万元，占 1.21%。如表 5.12 所示，跟踪期内，各优先级证券的利息均得到了及时足额的偿付，次级证券在部分支付日获得了剩余收益，截至跟踪日资产池贷款未偿本金余额为 7 496.24 万元，证券未偿本金余额为 71 303.14 万元。

表 5.11　建元 2007-1 报告期末资产池贷款状态

贷款状态	笔数	金额/万元	占比/%
正常	3 621	72 839.06	97.168
拖欠 1～30 天	40	889.80	1.187
拖欠 31～60 天	9	237.22	0.316
拖欠 61～90 天	0	0.00	0.000
拖欠 91～120 天	5	58.40	0.078
拖欠 121～150 天	0	0.00	0.000
拖欠 151～180 天	1	27.04	0.036
违约(未注销)	48	910.72	1.215
合计	3 724	74 962.24	100

资料来源：《建元 2007-1 个人住房抵押贷款资产支持证券 2014 年跟踪评级分析报告》

表 5.12　资产支持证券兑付状况

类别	本跟踪日			上一跟踪日			发行日		
	金额/万元	占比/%	执行利率/%	金额/万元	占比/%	执行利率/%	金额/万元	占比/%	发行利率/%
优先 A 级	13 469.63	18.89	3.73	32 563.55	36.02	3.74	358 234.86	86.10	4.77
优先 B 级	35 615.45	49.95	4.23	35 615.45	39.40	4.24	35 615.45	8.56	6.07
优先 C 级	8 238.15	11.55	8.73	8 238.15	9.11	8.74	8 238.15	1.98	9.75
次级	13 979.91	19.61	—	13 979.91	15.47	—	13 979.91	3.36	—
合计	71 303.14	100	—	90 397.06	100	—	416 068.37	100	—

资料来源：《建元 2007-1 个人住房抵押贷款资产支持证券 2014 年跟踪评级分析报告》

通过分析宏观经济及房地产市场状况，以及在跟踪评级测算和分析的基础上，联合资信认为，建元 2007-1 个人住房抵押贷款资产支持证券的基础信用状况良好，主要参与机构履职能力稳定，优先级资产支持证券信用质量明显提升，确定该资产支持证券各优先级证券的信用等级如下，即优先 A 级证券信用等级维持为 AAA；优先 B 级证券信用等级维持为 AAA；优先 C 级证券信用等级由 AA 上调为 AAA。

(二)邮元 2014 年第一期个人住房贷款支持证券

继建元 2007-1 个人住房抵押贷款支持证券之后，中国邮政储蓄银行又推出了个人住房抵押贷款证券。邮元 2014 年第一期个人住房贷款支持证券于 2014 年 7 月 22 日在全国银行间债券市场成功发行，该项目采用信托交易结构，中国邮政储蓄银行股份有限公司作为发起机构和贷款服务机构，交银国际信托有限公司作为受托机构和资产支持证券的发行机构。邮元 2014 年第一期个人住房贷款支持证券发行总额为 68.14 亿元，分为 A 级、B 级和次级，占比分别为 87.99%、7%和 5.01%，如表 5.13～表 5.16 所示。

表 5.13　邮元 2014 年第一期个人住房贷款支持证券发行情况

类别	发行额/万元	发行利率	法定到期日	评级(中诚信国际)	评级(中债资信)	发行方式
优先 A 级	599 600.00	浮动利率	2039-12-31	AAA	AAA	银行间债券市场公开发行
优先 B 级	47 700.00	浮动利率	2039-12-31	A−	A	银行间债券市场公开发行
次级	34 123.77	—	2039-12-31	无评级	无评级	向发起人定向发行
总计	681 423.77	—	—	—	—	—

资料来源：邮元 2014 年第一期个人住房贷款支持证券发行说明书

表 5.14　邮元 2014 年第一期个人住房贷款支持证券发行相关机构

机构	名称
受托机构	交银国际信托有限公司
贷款服务机构	中国邮政储蓄银行股份有限公司
资金保管机构	中信银行股份有限公司
登记机构/支付代理机构	中央国债登记结算有限责任公司
信用评级机构	中诚信国际信用评级有限责任公司

资料来源：邮元 2014 年第一期个人住房贷款支持证券发行说明书

表 5.15　邮元 2014 年第一期个人住房贷款支持证券资产池基本情况

资产池未偿本金余额总额/元	6 814 237 677.14
借款人数量/位	23 680.00
贷款笔数/笔	23 680.00
单笔贷款最高本金余额/元	2 841 288.88
单笔贷款平均本金余额/元	287 763.42
合同总金额/元	8 047 449 400.00
单笔贷款最高合同金额/元	3 000 000.00

续表

单笔贷款平均合同金额/元	339 841.61
加权平均贷款年利率/%	5.88
单笔贷款最高年利率/%	6.98
加权平均贷款合同期限/月	17.78
加权平均贷款乘余期限/月	15.16
加权平均贷款账龄/月	2.62
加权平均贷款初始抵押率/%	60.96
加权平均贷款人年龄/岁	37.30

资料来源：邮元 2014 年第一期个人住房贷款支持证券发行说明书

表 5.15 显示了资产池在初始起算日 0：00 时的统计特征。所有加权平均和百分比数据的计算均以初始起算日 0：00 时的资产池中所有抵押贷款的未偿本余额为基础。

表 5.16　邮元 2014 年第一期个人住房贷款支持证券资产池中抵押贷款种类分布

贷款种类	合同金额/万元	占比/%	本金余额/万元	余额占比/%	贷款笔数/笔	笔数占比/%	平均每笔余额/万元	加权平均初始抵押率/%
个人一手住房贷款	4 033.30	0.50	3 570.57	0.52	38	0.16	93.96	64.66
个人二手住房贷款	800 711.64	99.50	677 853.20	99.48	23 642	99.84	28.67	60.94
合计	804 744.94	100.00	681 423.77	100.00	23 680	100.00	28.78	60.96

资料来源：邮元 2014 年第一期个人住房贷款支持证券发行说明书

中债资信认为，在基础资产方面，本期证券借款人集中度低，贷款分散度很高，抵押物变现能力较强，违约贷款回收率高，综合来看基础资产整体信用质量较高；优先 A 级证券可获得由优先 B 级和次级证券提供的资产池贷款余额的 12.01%的信用支持，优先 B 级证券可获得由次级证券提供的资产池贷款余额的 5.01%的信用支持；发起机构/贷款服务机构邮储银行经营风险和财务风险很低，风险控制能力很强；在交易结构方面，本期证券相关参与机构尽职能力较强，交易结构风险较低，法律风险不高。

(三)房地产信托投资基金

2014 年，REITs 逐渐成为行业关注的焦点。目前试点兵分两路，即一个是以固定收益资产为核心的中国银监会系统试点，试点推动者是央行和住建部，试点者是北京、上海、广州和深圳四个城市，除了继续推进资产证券化体系发展外，还有意为保障房建设提供更多的退出渠道，给房企参与保障房提供多样化融资机制；另一路是以 REITs 上市为核心的中国证券监督管理委员会(以下简称中国证监会)系统，试点推动者是中国证监会，试点者是中信金石基金管理公司和嘉实基金管理有限公司。

1. 试点方案有望近期完成

根据住建部和有关部门的部署和要求，北京、上海、广州、深圳四个特大型城市，正在根据本地实际情况，分别编制 REITs 试点方案，试点方案有望于近期初步编制完成。

此次试点与过去有诸多不同之处。

第一，这次试点工作是上下左右各方协力的试点。2009 年央行出台的《REITs 总体试点框架》，但没有具体细化、也没有明确推进着力点。

第二，具体执行试点项目的企业，需要兼有国企、地产、金融等资源，这些企业手里往往有大量保障房资产和较为通畅的融资通道。

第三，四城市 REITs 试点的资产包：具有良好租金收入和物业增值的商业地产项目和政府提供租金补贴的各种政策性租赁住房产品(公租房)。采取的技术系统是以固定收益资产为核心的中国银监会系统，非以 REITs 上市为核心的中国证监会系统。

第四，设立特殊目的公司(special purpose vehicle，SPV)用于 REITs 公募及挂牌交易。此前我国《中华人民共和国公司法》尚不允许通过设立 SPV 来发行 REITs 并上市，而目前天津、北京、上海、深圳正在争夺 REITs 挂牌交易场所。但如何协调中国证监会和中国银监会的职责又是问题的关键性，深层次是如何平衡 REITs 的风险。

2. 国内首个场内房地产投资基金产品挂牌深交所

为落实中国证监会《关于进一步推进证券经营机构创新发展的意见》关于研究建立 REITs 的制度体系及相应的产品运作模式和方案，2014 年 5 月 21 日国内首个交易所场内房地产投资基金产品中信证券中信启航专项资产管理计划(以下简称中信启航)挂牌深交所。

由表 5.17 可知，作为难产的 REITs 终于落地的标志，中信启航产品 REITs 规模 52.1 亿元，基础资产为中信证券的两栋办公楼，交易对象仅限于机构投资者，采用结构性设计，针对不同风险偏好的投资人，将产品分为优先级和次级两类。优先级为低风险的投资人，500 万元起购；针对中高风险偏好的投资者次级部分，3 000 万元起购。存续期内，投资收益先满足优先级投资人，后将剩余收益分配给次级投资人。优先级评级为 AAA，预期收益率 5.5%～7%，最终收益率由询价结果确定；次级预期收益率在 12%～42%，次级无评级。产品总规模 52.1 亿元，优先级和次级按 7∶3 比例发行。5 年后将公募上市。第二单中信苏宁资产支持专项计划也即将落地。

表 5.17 启航专项计划基本情况

产品序列	期限	预期收益率/%	发行规模/亿元	面值/元
启航优先	不超过 5 年	7	36.5	100
启航次级	不超过 5 年	无	15.6	100
信用评级	中诚信证券评估有限公司给予优先级受益凭证产品的评级为 AAA 级			
推广对象	由合格机构投资者认购，优先级最低认购金额 500 万元；次级最低认购金额 3 000 万元			

续表

托管银行	中信银行股份有限公司
登记机构	中国证券登记结算有限公司深圳分公司
流动性安排	通过深圳证券交易所综合协议交易平台转让

推出交易所场内 REITs 产品的意义在于，一是丰富证券市场投资品种。REITs 的收益来源于成熟物业租金收入与物业资产增值，兼具固定收益产品与权益类产品的投资特性，为证券市场投资者提供了具有新型风险收益结构的投资品种。二是通过参与产品设计与运作管理，促进证券经营机构及相关中介机构提高自身核心竞争力，形成新的盈利模式。三是以稳定分红为基石、以租金预期为核心的定价机制有助于推动房地产理性价格的形成，成为收入物业定价的重要市场标杆，促使投资者关注房地产投资的租金回报。

3. 海外 REITs-QDII 运行情况

对于资金量较少的投资者来说，REITs-QDII 作为主要投资于海外 REITs 的公募基金，也是不错的选择。美国房地产市场成为美国经济复苏的引擎并持续向好，REITs 投资价值大增。

美国经济的复苏将对各类商业地产的需求提高，全球宽松货币所维持的低利率也有利于房地产行业的发展，当前全球 REITs 市场的基本面仍将不断得到改进，有望给 REITs 带来丰厚的资本利得。从近期的情况来看，受美国住房购买力持续下行影响，美国新建房屋和成屋销售数据低迷，这使美国房租价格持续攀升，也将大幅推动以获得房租为主要盈利的 REITs 收益回报。短期 REITs 投资价值仍然显著。无论从房价走势还是房租形势来看，当前以 REITs 为主要投资标的的 REITs-QDII 仍然面临较好投资机会。

截至目前，国内市场中共有四只 REITs-QDII 可供个人投资者选择，分别为诺安全球不动产、鹏华美国房地产、广发美国房地产、嘉实全球房地产。其中诺安全球不动产最早设立，2014 年业绩最佳；鹏华美国房地产最具规模，历史回报最高。

四、货币政策调整及对房地产业影响分析

2014 年前三个季度，中国经济继续运行在合理区间。消费平稳增长，进出口有所改善，就业形势稳定，投资增速和物价涨幅有所放缓，经济结构调整步伐加快。央行按照党中央、国务院统一部署，继续实施稳健的货币政策。2012 年 5 月以来，央行首次定何降准决定从 2014 年 4 月 25 日起下调县域农村商业银行人民币存款准备金率 2 百分点，下调县域农村合作银行人民币存款准备金率 0.5 百分点。鼓励金融机构更多地将信贷资源配置到“三农”、小微企业等重点领域和薄弱环节，存款准备金率历次调整如表 5.18 所示。

表 5.18　存款准备金率历次调整(单位:%)

公布时间	生效日期	大型金融机构			中小金融机构		
		调整前	调整后	调整幅度	调整前	调整后	调整幅度
2012 年 5 月 12 日	2012 年 5 月 18 日	20.50	20.00	−0.50	17.00	16.50	−0.50
2012 年 2 月 18 日	2012 年 2 月 24 日	21.00	20.50	−0.50	17.50	17.00	−0.50
2011 年 11 月 30 日	2011 年 12 月 5 日	21.50	21.00	−0.50	18.00	17.50	−0.50
2011 年 6 月 14 日	2011 年 6 月 20 日	21.00	21.50	0.50	17.50	18.00	0.50
2011 年 5 月 12 日	2011 年 5 月 18 日	20.50	21.00	0.50	17.00	17.50	0.50
2011 年 4 月 17 日	2011 年 4 月 21 日	20.00	20.50	0.50	16.50	17.00	0.50
2011 年 3 月 18 日	2011 年 3 月 25 日	19.50	20.00	0.50	16.00	16.50	0.50
2011 年 2 月 18 日	2011 年 2 月 24 日	19.00	19.50	0.50	15.50	16.00	0.50
2011 年 1 月 14 日	2011 年 1 月 20 日	18.50	19.00	0.50	15.00	15.50	0.50
2010 年 12 月 10 日	2010 年 12 月 20 日	18.00	18.50	0.50	14.50	15.00	0.50
2010 年 11 月 19 日	2010 年 11 月 29 日	17.50	18.00	0.50	14.00	14.50	0.50
2010 年 11 月 9 日	2010 年 11 月 16 日	17.00	17.50	0.50	13.50	14.00	0.50
2010 年 5 月 2 日	2010 年 5 月 10 日	16.50	17.00	0.50	13.50	13.50	0.00
2010 年 2 月 12 日	2010 年 2 月 25 日	16.00	16.50	0.50	13.50	13.50	0.00
2010 年 1 月 12 日	2010 年 1 月 18 日	15.50	16.00	0.50	13.50	13.50	0.00
2008 年 12 月 22 日	2008 年 12 月 25 日	16.00	15.50	−0.50	14.00	13.50	−0.50
2008 年 11 月 26 日	2008 年 12 月 5 日	17.00	16.00	−1.00	16.00	14.00	−2.00
2008 年 10 月 8 日	2008 年 10 月 15 日	17.50	17.00	−0.50	16.50	16.00	−0.50
2008 年 9 月 15 日	2008 年 9 月 25 日	17.50	17.50	0.00	17.50	16.50	−1.00
2008 年 6 月 7 日	2008 年 6 月 25 日	16.50	17.50	1.00	16.50	17.50	1.00
2008 年 5 月 12 日	2008 年 5 月 20 日	16.00	16.50	0.50	16.00	16.50	0.50
2008 年 4 月 16 日	2008 年 4 月 25 日	15.50	16.00	0.50	15.50	16.00	0.50
2008 年 3 月 18 日	2008 年 3 月 25 日	15.00	15.50	0.50	15.00	15.50	0.50
2008 年 1 月 16 日	2008 年 1 月 25 日	14.50	15.00	0.50	14.50	15.00	0.50
2007 年 12 月 8 日	2007 年 12 月 25 日	13.50	14.50	1.00	13.50	14.50	1.00
2007 年 11 月 10 日	2007 年 11 月 26 日	13.00	13.50	0.50	13.00	13.50	0.50
2007 年 10 月 13 日	2007 年 10 月 25 日	12.50	13.00	0.50	12.50	13.00	0.50
2007 年 9 月 6 日	2007 年 9 月 25 日	12.00	12.50	0.50	12.00	12.50	0.50
2007 年 7 月 30 日	2007 年 8 月 15 日	11.50	12.00	0.50	11.50	12.00	0.50
2007 年 5 月 18 日	2007 年 6 月 5 日	11.00	11.50	0.50	11.00	11.50	0.50
2007 年 4 月 29 日	2007 年 5 月 15 日	10.50	11.00	0.50	10.50	11.00	0.50
2007 年 4 月 5 日	2007 年 4 月 16 日	10.00	10.50	0.50	10.00	10.50	0.50
2007 年 2 月 16 日	2007 年 2 月 25 日	9.50	10.00	0.50	9.50	10.00	0.50
2007 年 1 月 5 日	2007 年 1 月 15 日	9.00	9.50	0.50	9.00	9.50	0.50

2012 年 7 月后，两年多来央行首次降息。利率历次调整如表 5.19 所示。央行自 2014 年 11 月 22 日起下调金融机构人民币贷款和存款基准利率。金融机构一年期贷款基准利率下调 0.4 百分点至 5.6%；一年期存款基准利率下调 0.25 百分点至 2.75%，同时结合推进利率市场化改革，将金融机构存款利率浮动区间的上限由存款基准利率的 1.1 倍调整为 1.2 倍；其他各档次贷款和存款基准利率相应调整，并对基准利率期限档次做适当简并。

表 5.19 利率历次调整(单位:%)

数据上调时间	存款基准利率			贷款基准利率		
	调整前	调整后	调整幅度	调整前	调整后	调整幅度
2014 年 11 月 22 日	3.00	2.75	−0.25	6.00	5.60	−0.40
2012 年 7 月 6 日	3.25	3.00	−0.25	6.31	6.00	−0.31
2012 年 6 月 8 日	3.50	3.25	−0.25	6.56	6.31	−0.25
2011 年 7 月 7 日	3.25	3.50	0.25	6.31	6.56	0.25
2011 年 4 月 6 日	3.00	3.25	0.25	6.06	6.31	0.25
2011 年 2 月 9 日	2.75	3.00	0.25	5.81	6.06	0.25
2010 年 12 月 26 日	2.50	2.75	0.25	5.56	5.81	0.25
2010 年 10 月 20 日	2.25	2.50	0.25	5.31	5.56	0.25
2008 年 12 月 23 日	2.52	2.25	−0.27	5.58	5.31	−0.27
2008 年 11 月 27 日	3.60	2.52	−1.08	6.66	5.58	−1.08
2008 年 10 月 30 日	3.87	3.60	−0.27	6.93	6.66	−0.27
2008 年 10 月 9 日	4.14	3.87	−0.27	7.20	6.93	−0.27
2008 年 9 月 16 日	4.14	4.14	0.00	7.47	7.20	−0.27
2007 年 12 月 21 日	3.87	4.14	0.27	7.29	7.47	0.18
2007 年 9 月 15 日	3.60	3.87	0.27	7.02	7.29	0.27
2007 年 8 月 22 日	3.33	3.60	0.27	6.84	7.02	0.18
2007 年 7 月 21 日	3.06	3.33	0.27	6.57	6.84	0.27
2007 年 5 月 19 日	2.79	3.06	0.27	6.39	6.57	0.18
2007 年 3 月 18 日	2.52	2.79	0.27	6.12	6.39	0.27
2006 年 8 月 19 日	2.25	2.52	0.27	5.85	6.12	0.27
2006 年 4 月 28 日	2.25	2.25	0.00	5.58	5.85	0.27
2004 年 10 月 29 日	1.98	2.25	0.27	5.31	5.58	0.27
2002 年 2 月 21 日	2.25	1.98	−0.27	5.85	5.31	−0.54

《2014 年第三季度中国货币政策执行报告》显示，在社会融资规模中，直接融资增长迅速，表外融资明显收缩，融资结构得到改善，有利于降低实体经济融资成本。此次降息被市场机构视为继“9.30 房贷新政”后房地产市场又一利好政策。调整后，五年期以上贷款基准利率降为 6.15%，较此前利率下降 0.4 百分点，相当于此前利率打了九

四折，在一定程度上降低了购房成本。房地产投资将显著受益于此次降息，降息将刺激房地产和基建行业，点燃刚需购房者的购房热情，有助于支持自住型、改善型住房需求，从而可能拉动相关产业。数据显示，北京、上海等十大城市新建住宅均价出现回升迹象，在连续 6 个月下跌之后，11 月首次出现微幅上涨。

但房地产经过多年的高速发展，现在已进入瓶颈阶段，高房价和老百姓的购买力之间严重脱节，已经一定程度上拖累了内需的增长。首先，从国家政策多次对房地产行业的调整来看，房地产存在着太多的不确定因素，已经很难再吸附流动资金，全民炒房的时代已经不可能再到来。其次，现在房产已经逐渐回归到居住属性，消费者对于房屋的消费也趋于理性，长期来看，即使楼市有所回暖也是一个缓慢而又长期的过程。而随着我国逐渐步入老龄化社会，对于房屋的刚性需求也会呈逐年下降的趋势。最后，从国家的宏观经济政策来看，未来很长一段时间内，对于“4 万亿”的消化，实现经济的软着陆仍将是经济生活的重要组成部分。面对经济的下行，我国的货币政策也将以定向宽松为主，央行释放出来的热钱主要投资方向还是高铁、城市基建等，不太可能再大量的流入房地产市场。

对于此次的央行降息及未来可能存在的多次货币政策调整，房地产行业不太可能在短期内回到前几年的光景，房地产企业的转型需要发挥主观能动性，努力提升产品品质及服务质量。

第六章 2015年房地产市场预测

2014年9月底以来，房地产信贷政策的宽松、限购政策的取消及央行的降息将对市场需求入市起到积极地促进作用，短期内将促进房地产市场投资与交易，预计2014年11～12月，房地产市场各指标的下跌趋势将有所放缓，降幅将逐步收窄。2015年，随着经济改革与金融改革的深化，宏观经济运行将处于下行周期，预计政府将会采取适当的货币政策或者财政政策刺激经济增长，促进社会投资与消费，尤其是货币政策的调整也会对房地产市场产生重要的影响，将直接影响房地产市场的投资与消费，同时由于限购政策的取消与限贷政策的宽松所形成的叠加效应，诸多利好因素将促进2015年房地产市场投资与消费，市场发展有望回暖。

一、影响2015年房地产市场走势的主要因素

（一）房地产市场长期影响因素分析

影响我国房地产市场发展的长期因素主要有新型城镇化建设、自住型需求、土地供给、保障房建设及保障性住房建设。

(1)新型城镇化建设是我国房地产市场未来发展的重要动力，影响房地产市场的空间布局与供需均衡。新型城镇化建设是我国未来经济发展的重要战略布局，将对我国房地产市场的需求结构及空间布局产生重要影响。供给方面，新型城镇化建设推动了房地产用地规模的扩大、供给增加及由要素结构升级所带动的市场总体空间布局的变化。新型城镇化在促进产业发展的同时，通过带动房地产行业及产业链上其他行业的发展，间接地影响了市场需求的变化，尤其是对于保障性住房的需求。

(2)自住型需求是房地产市场需求的主要组成部分。随着新型城镇化的建设与发展，我国的城市人口数量将逐年增加，城市化进程速度加快，尤其是二、三线城市人口将呈现稳定增长趋势，由城市就业人口增加所产生的自住型住房需求将逐年增加。同时，我国的人均可支配收入呈现稳步增长的趋势，居民用于住房消费的支出稳步增长，由可支配收入的增加所带动的住房改善型需求也在逐年增加，

(3)保障房建设规模与速度加快，增加市场供给，有利于缓解供需矛盾。保障性住房是我国住房保障体系的重要组成部分，2014年以来，住建部、财政部等部门通过出

台土地供给政策、住房保障信贷政策等积极推进保障性住房的开工建设，通过增加土地供给、拓宽融资渠道等途径提高保障性住房的建设规模与速度，到 2014 年 9 月底，通过廉租住房、公共租赁住房、棚户区改造安置住房等实物方式及发放廉租住房租赁补贴的方式，全国累计解决了近 4 000 多万户城镇家庭的住房困难问题。其中，有约 1 900 万户是城镇低收入家庭。保障性住房对于增加房地产市场供给、抑制房价过快上涨等具有重要作用。

(二)房地产市场短期影响因素分析

影响我国房地产市场发展的短期因素主要有宏观经济运行、信贷政策、土地供给、购房者预期等。

(1)宏观经济运行处于下行周期，房地产市场投资增速放缓。2014 年以来，我国宏观经济运行呈现下滑趋势，GDP 增速为 7.4%左右，达到 7.5%的目标增速压力较大，同时，2014 年以来我国固定资产投资增速放缓，同比名义增长 16.1%，增速比上半年回落 1.2 百分点，工业品出厂价格经历了先上升后下降的变动，尤其是 2014 年下半年工业品出厂价格持续下滑，工业企业生产增速放缓，投资减弱。受国际经济运行放缓及经济结构调整的影响，预计 2015 年 GDP 增速将保持在 7.3%～7.5%，整体经济运行处于下行周期，预计政府可能会出台降息、降准等货币政策刺激投资与消费，将促进投资增速的提升，但短期内固定资产投资增速放缓的趋势不会改变，相应地房地产开发投资将处于较低增速时期，受货币政策影响短期内或有所回升，但与较高时期相比，增幅下降较为明显。

(2)信贷政策趋于宽松，将提高市场交易量，有利于市场回暖。2012 年以来我国货币政策稳中趋松，虽然有限贷额度的制约，但按揭贷款压力不大，刚性需求并未受影响；进入 2013 年下半年，货币政策稳中趋紧，广义货币同比增速持续下降，按揭贷款压力变大使需求放缓，市场观望情绪较重。同时，信贷压力和需求受限的双重因素导致企业贷款额度减少，投资拿地意愿降低。2014 年下半年，限贷政策放开、限购城市多数放松，同时公积金贷款优惠等货币政策针对房地产市场定向宽松，需求将会逐步进入市场。2014 年 11 月以后央行采取降息政策降低社会融资成本，刺激市场投资与消费，对房地产市场形成利好影响，预计短期内央行仍有可能实施降息或降准的货币政策。受限购取消、限贷宽松及降息政策的叠加影响，预计 2015 年房地产市场投资增速将有所回升，一、二线城市房地产市场资金面将有所好转，房地产价格呈现小幅上升趋势，而三、四线城市受库存过高的影响，短期内仍存在去库存的压力，市场回暖的可能性较小。

(3)短期内土地潜在供给充足，有利于缓解供需矛盾，促进市场交易。2013 年以来为稳定市场预期，一线城市土地供给量加大，短期内潜在土地供给较为充足，而二、三线城市则呈现出土地供给过剩趋势，土地供给增速有所放缓，保障性住房用地供给逐年增加。各类城市土地供给呈现分化，需合理优化土地供给结构，防范土地供给风险，满足住宅市场与保障性住房的用地需求，提高市场供给，缓解市场供需矛盾。

(4)购房者预期有望转变，住房市场需求将有所增加。2014 年 8 月以来，除一线城市外，多数执行限购政策的城市已取消限购，促进了市场需求的释放，但受购房者预期的影响，限购政策的取消并未对市场需求的提高产生显著影响。9 月以来，住房信贷政策定向宽松，市场销售有所回升，11 月央行采取降息政策，旨在降低社会融资成本，刺激市场投资与消费，受多重政策的叠加影响，预计 2015 年购房者预期处于调整期或将发生转变，购房者入市的积极性会提高，尤其是一线城市及部分二线城市，市场需求较 2014 年将有所回升，而三、四线城市受库存过高的影响，短期内仍处于去库存的周期。

二、2015 年房地产市场预测

(一)房地产投资预测

受货币政策宽松的影响，2015 年社会融资成本将有所降低，预计房地产开发投资完成额约为 110 100 亿元，同比增长约为 14%，增幅较 2014 年提高约 1.5 百分点。其中住宅开发投资完成额约为 74 000 亿元，同比增长 13.2%，增速较 2014 年提高约 2 百分点。预计 2015 年房地产企业购置土地投资额约为 20 300 亿元，同比增长约 13%(图 6.1 和图 6.2)。

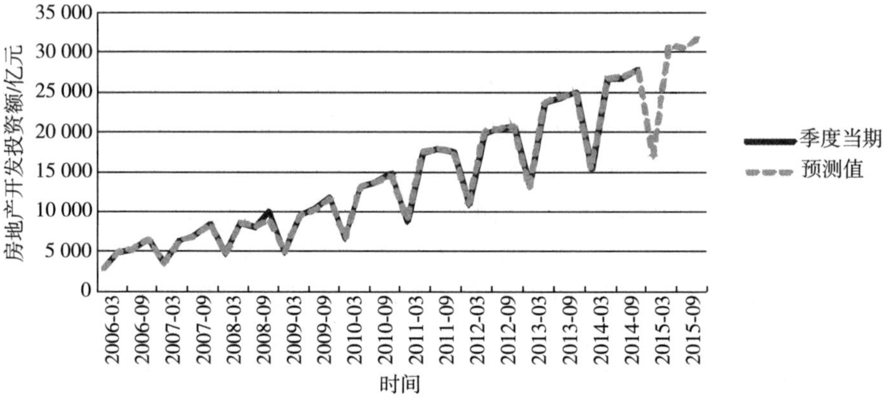

图 6.1 2015 年房地产开发投资额预测

资料来源：万德数据库

(二)房地产需求预测

受限购政策取消、限贷政策宽松及货币政策稳中趋松的影响，购房者预期将有所转变，部分刚性需求将积极入市。预计 2015 年全国商品房销售面积约为 126 700 万平方米，同比增长约为 4.0%，增幅较 2014 年提高 10.6 百分点(图 6.3)；全国住宅销售面积约为 111 600 万平方米，同比增长约 2.8%，增幅较 2014 年提高 2.8 百分点；全国商

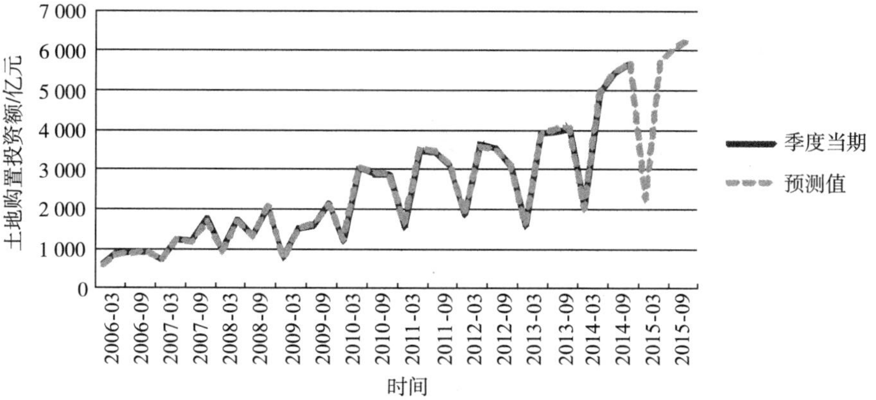

图 6.2　2015 年土地购置投资额预测

资料来源：万德数据库

品房销售额约为 81 020 亿元，同比增长 6.5%，增幅较 2014 年上升 13.5 百分点(图 6.4)；全国住宅销售额约为 67 274 亿元，同比增长 6.3%，增幅较 2014 年上升 12.8 百分点。2014 年年底房地产信贷政策与限购政策均有松动，但受宏观经济运行、市场预期等影响，房地产市场销售额与销售面积较 2013 年均有明显回落。2015 年经济运行仍处于下行周期，受房地产市场信贷政策、限购政策松动及房地产企业去库存的影响，2015 年商品房市场交易应较为活跃，商品房销售面积与销售额较 2014 年均应有小幅度回升。

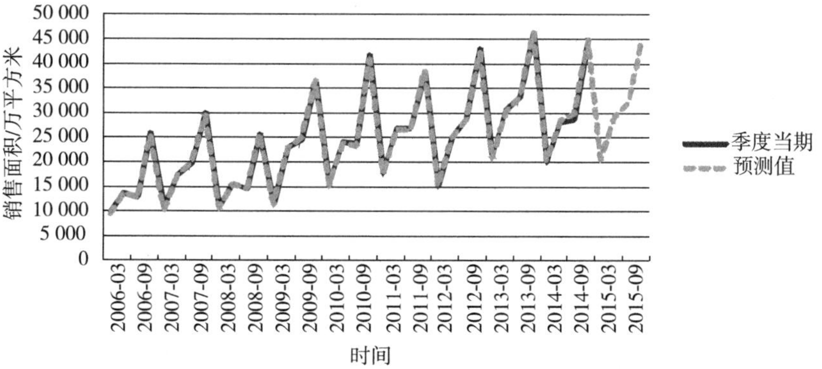

图 6.3　2015 年商品房销售面积预测

资料来源：万德数据库

(三)房地产供给预测

受货币政策稳中趋松的影响，房地产企业融资成本降低，将促进房地产企业的开发投资增速，预计 2015 年房地产新开工面积约为 199 000 万平方米，较 2014 年同比增长 6.0%，增幅较 2014 年提高约 10 百分点。房地产施工面积约为 904 600 万平方米，同比增长 20%，增幅较 2014 年提高约 7 百分点。房地产竣工面积约为 117 000 万平方米，

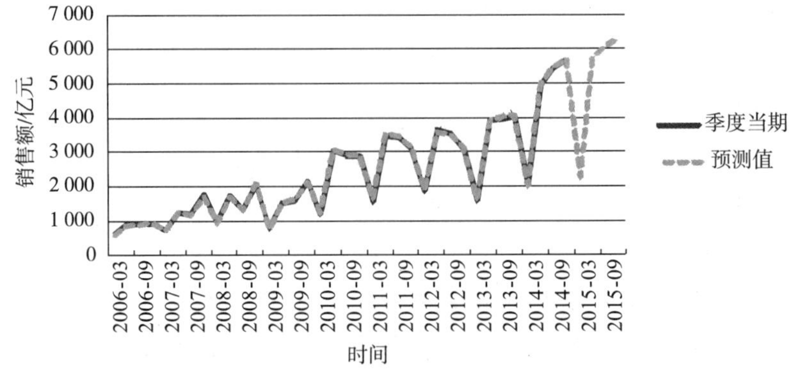

图 6.4　2015 年商品房销售额预测

资料来源：万德数据库

较 2014 年同比增加约 5.8%，增幅较 2014 年下降约 3 百分点(图 6.5)。

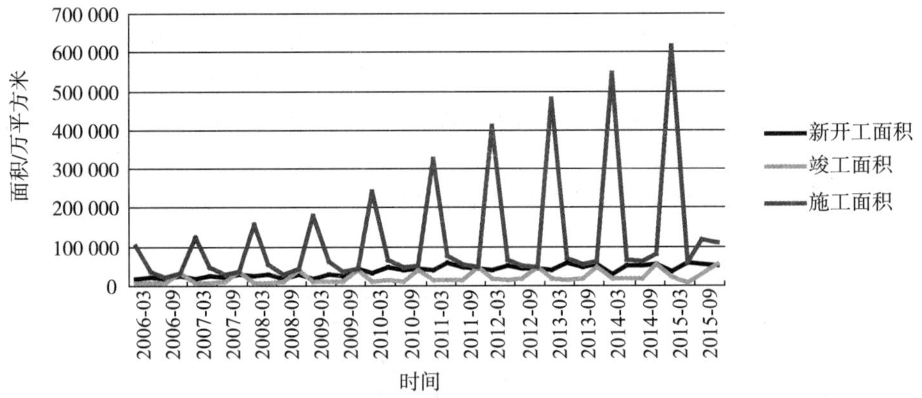

图 6.5　2015 年房地产市场供给预测

资料来源：万德数据库

(四)房地产价格预测

预计 2015 年全年商品房平均销售价格约为 6 400 元/平方米，较 2014 年同比增长 2.5%，增幅较 2014 年上升约 2.5 百分点(图 6.6)，其中住宅平均销售价格约为 5 950 元/平方米，较 2014 年同比增长 2.3%，增幅较 2014 年上升约 4 百分点。2015 年 1 季度商品房销售均价同比上涨约为 1.8%；2015 年 1～2 季度商品房销售均价同比上涨 2.8%；2015 年 1～3 季度商品房销售均价同比上涨 4.0%；2014 年 1～4 季度商品房销售均价同比上升约 2.5%。预计一线城市商品房销售均价将达到 20 100 元/平方米，较 2014 年同比上涨约为 6.5%(图 6.7)，北京、上海、广州、深圳商品房销售均价分别约为 20 700 元/平方米、18 300 元/平方米、18 000 元/平方米和 25 080 元/平方米，增速分别为 7.2%、4.3%、4.5%和 2.0%。预计二、三线城市商品房销售均价较 2014 年同比下降 3.5%左右。

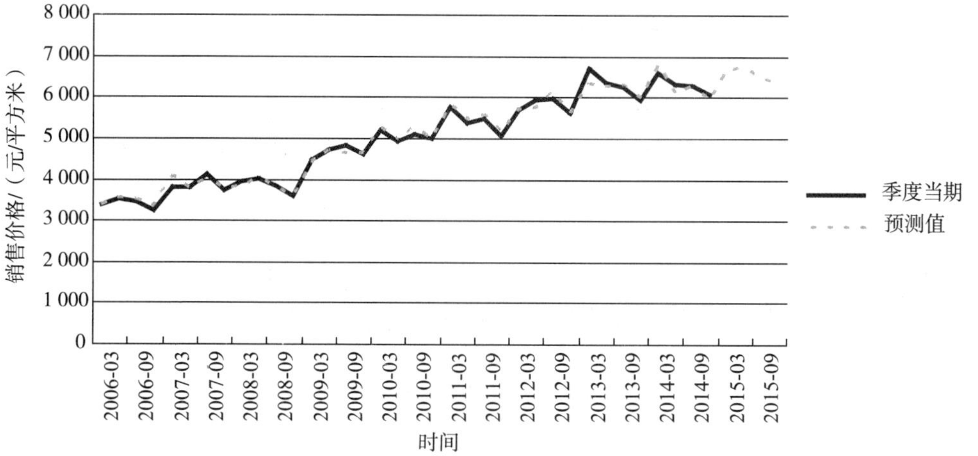

图 6.6　2015 年全国商品房平均销售价格预测

资料来源：万德数据库

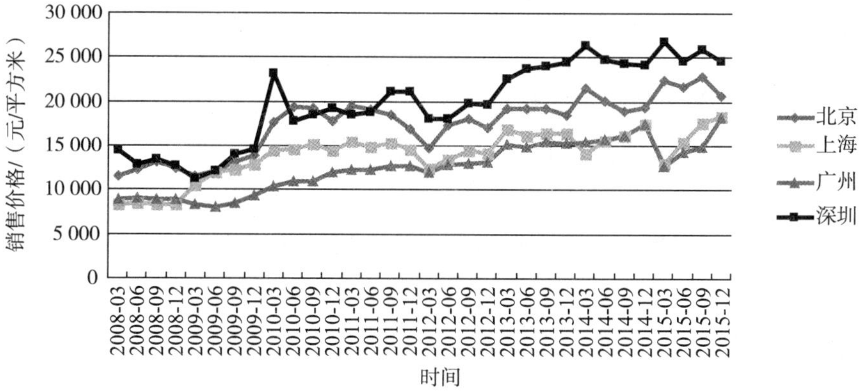

图 6.7　一线城市商品房平均销售价格预测（累计值）

资料来源：万德数据库

（五）房地产价格波动风险分析

2003 年以来我国房地产价格进入快速增长时期，尤其是一线城市与部分二线城市，2003～2009 年，商品房销售价格波动幅度较为明显，而 2010 年以后进入稳定增长时期，2010～2013 年商品房销售价格增速分别为 7.5%、6.5%、8.1%和 7.7%，其中受次贷危机影响，2008 年商品房销售价格呈现负增长，降幅为 1.7%。通过分析季度数据，单季降幅最高为 2008 年第三季度，降幅达到 7%。2014 年以来，1～3 季度商品房销售价格累计下降幅度分别为 1.5%、0.8%和 0.3%，市场整体表现呈现下行趋势，预计 2014 年全年商品房销售价格与 2013 年相比，降幅为 1%左右（图 6.8）。在经过短期平稳增长后，市场出现下滑趋势，对此值得我们密切关注。2015 年在经济发展处于下行压力，货币政策呈现宽松迹象的形势下，房地产市场仍存在下跌风险，对此本节通过情景分析，简要讨论房地产市场波动对未来一年宏观经济运行所产生的影响。

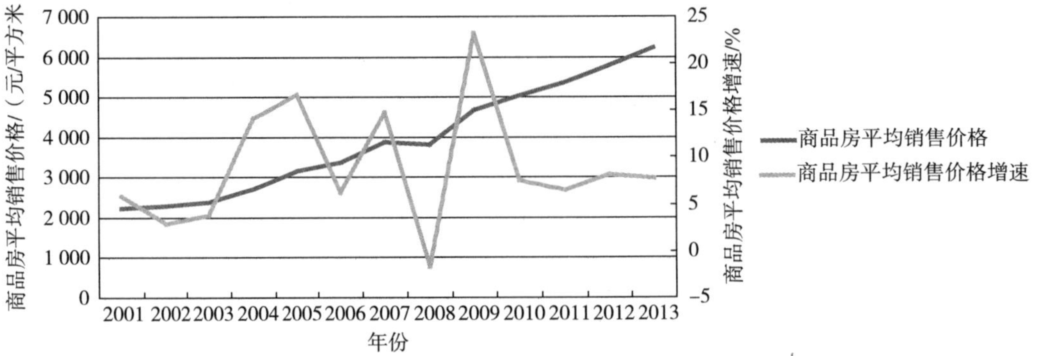

图 6.8 商品房平均销售价格变动趋势

资料来源：万德数据库

结合历史数据与国外经验，在以往发展中，房地产市场单季最大降幅为 7%，同时结合美国次贷危机时期房地产价格的波动，本节设定商品房销售价格未来可能处于以下情景(表 6.1)：①商品房销售价格无明显增长趋势，其价格与 2014 年水平基本持平，波动幅度在[−1%，1%]；②商品房价格呈现下跌趋势，下降幅度约为 5%；③商品房销售价格呈现明显下跌趋势，下降幅度约为 10%；④商品房销售价格呈现严重下跌趋势，下降幅度约为 15%。通过分析房价与通货膨胀、产出、投资等之间的相关关系，测算出在上述情形下各宏观经济变量的变动情况。

表 6.1 房价波动对宏观经济变量的影响分析

情景设置	GDP 增速	CPI	不良贷款率/%
情景 1	回落 0.05 百分点	回落 0.12 百分点	1.20
情景 2	回落 0.25 百分点	回落 0.40 百分点	1.35
情景 3	回落 0.50 百分点	回落 0.80 百分点	2.35
情景 4	回落 0.70 百分点	回落 1.00 百分点	3.80

三、2015 年房地产调控政策建议

(一)2014 年房地产调控政策回顾

2014 年房地产政策重要事件如表 6.2 所示。

表 6.2 2014 年房地产政策重要事件

日期	重要事件	主要内容
1 月 11 日	2014 年全国国土资源工作会	扎实开展不动产统一登记和土地调查监测；做好不动产统一登记的顶层设计，制度安排。实施以土地为核心的不动产统一登记制度；协调有关部门逐个落实统一登记机构、登记依据、登记簿证、登记信息平台这四项主要内容，建立部际联席会议制度，加快组建不动产登记局

续表

日期	重要事件	主要内容
1月12日	住建部要求各省、自治区、直辖市政府制定“引导民间资本进入保障性安居工程”政策方案	备案方案有望包括“引入民间资本的鼓励性、奖励性政策”“代建、配建的政府回购约束”等事关民间资本安全和收益保障的重要内容
4月12日	住建部将适时拟定《共有产权住房指导意见》	共有产权住房的再上市，将保障政府的优先权，即政府优先回购，或共有产权的自然人向政府赎回政府部分的房屋所有权
4月17日	国务院关于落实《政府工作报告》重点工作部门分工的意见	完善住房保障机制，以全体人民住有所居为目标，提高城市保障房比例，推进公租房和廉租房并轨运行 针对不同城市情况分类调控，增加中小套型商品房和共有产权住房供应，抑制投机投资性需求，促进房地产市场持续健康发展
4月21日	国土资源部地籍管理司负责人接受访谈	2014年建立统一登记的基础性制度，2015年推进统一登记制度的实施过渡，2016年全面实施统一登记制度，2018年前，不动产登记信息管理基础平台投入运行，不动产统一登记基本形成
4月29日	中国银监会召开第一季度经济金融形势分析会，加强房地产领域信贷风险管理	加强精细化管理，严防房地产领域信贷风险，继续严格执行国家房地产调控政策和差别化住房信贷政策，强化房地产开发企业和土地储备贷款风险防范，大力服务保障性安居工程建设
5月12日	中国人民银行副行长刘士余召开住房金融服务专题座谈会（“央五条”）	一是合理配置信贷资源，优先满足居民家庭首次购买自住普通商品住房的贷款需求 二是科学合理定价，综合考虑财务可持续、风险管理等因素，合理确定首套房贷款利率水平 三是提高服务效率，及时审批和发放符合条件的个人住房贷款 四是有效防范信贷风险，严格执行个人住房贷款各项管理规定，加强对住房贷款风险的监测分析 五是建立信息沟通机制，对社会关注的热点问题，及时给予回应
5月19日	中国银行公布2014年新投放个人住房贷款情况	2014年，中国银行将继续保持房地产贷款平稳发展，合理把握投向，重点支持经营管理稳健、开发经验丰富的企业项目和中小户型普通商品住宅项目；积极支持居民家庭购买首套自住商品住房
5月21日	2014年报国务院批准用地城市中心城区保障性安居工程用地审批工作完成	截至5月15日，国务院共批准了69个城市申请的2 944公顷（1公顷＝10 000平方米）保障性安居工程新增建设用地，其余37个城市主要使用存量建设用地
6月4日	国务院举行棚户区改造和保障性住房建设工作进展情况发布会	中央财政预算安排城镇保障性住房安居工程补助资金1 980亿元，较2013年实际数增加250亿元 房地产市场的调控始终坚持保护消费性需求，即自主性需求，遏制投资需求的原则
6月16日	不动产登记信息平台建设研究设计启动	2018年前，不动产登记信息管理基础平台和登记查询系统投入运行
8月15日	国务院公布《不动产登记暂行条例（征求意见稿）》	提出建立统一的不动产登记信息管理平台 国土资源、公安、民政等部门加强不动产登记信息互通共享，明确权利人，利害关系和国家机关可依法查询，负责不动产登记资料

续表

日期	重要事件	主要内容
9 月 30 日	央行发布《中国银行业监督管理委员会关于进一步做好住房金融服务工作的通知》	对公共租赁住房和棚户区该做的额贷款期限可延长至不超过 25 年 贷款利率下限为贷款基准利率的 0.7 倍，具体由银行业金融机构根据风险情况自主确定。对拥有 1 套住房并已结清相应购房贷款的家庭，为改善居住条件再次申请贷款购买普通商品住房，银行业金融机构执行首套房贷款政策。在已取消或未实施“限购”措施的城市，对拥有 2 套及以上住房并已结清相应购房贷款的家庭，又申请贷款购买住房，银行业金融机构应根据借款人偿付能力、信用状况等因素审慎把握并具体确定首付款比例和贷款利率水平 鼓励银行业金融机构通过发行住房抵押贷款支持证券(MBS)、发行期限较长的专项金融债券等多种措施筹集资金，专门用于增加首套普通自住房和改善型普通自住房贷款投放
10 月 8 日	招商银行实施房贷新政	单独拨出信贷额度用于支持购房贷款市场需求，并根据房地产市场的发展适时调增房贷额度 根据借款人资质、信用状况等确定首付款比例和贷款利率
10 月 9 日	建设银行实施房贷新政细则	加大对保障性安居工程建设的支持力度 积极支持居民家庭合理的住房贷款需求。对于贷款购买首套自住房的家庭，贷款最低首付款比例为 30%，贷款利率下限为贷款基准利率的 0.7 倍 对无个人住房贷款记录或者已结清购房贷款，名下无住房的家庭，申请贷款购买住房，执行首套房贷款政策。对拥有一套住房并已结清相应购房贷款的家庭，为改善居住条件再次申请贷款购买住房，可参照执行首套房贷款政策
10 月 9 日	住建部、财政部、央行联合印发《关于发展住房公积金个人住房贷款业务的通知》	要求实现住房公积金缴存异地互认、转移接续，并推进异地贷款业务 申请公积金房贷的连续缴存年限由 12 个月减少至 6 个月

资料来源：住建部、央行、国土资源局、新华网

(二)2015 年房地产调控政策展望

2014 年 9 月以来，除一线城市，多数城市取消限购政策，房地产信贷政策定向宽松，同时 11 月央行采取降息手段促进经济增长，刺激社会投资与消费，就房地产市场的调控政策而言，限购政策已经取消，信贷政策也已宽松，而房地产税收政策与不动产登记制度短期内取得显著成效较为困难，预计未来房地产市场调控政策主要集中于信贷政策、土地供给政策、保障房建设等方面。

1. 信贷政策

2014 年 9 月 30 日，中央政策对住房信贷政策采取了定向宽松，贷款利率下限为贷款基准利率的 0.7 倍，对拥有 1 套住房并已结清相应购房贷款的家庭，为改善居住条件再次申请贷款购买普通商品住房，银行业金融机构执行首套房贷款政策。2014 年 11 月，央行采取了降息的政策，刺激市场投资与消费，对于房地产市场的回升起到了促进

作用。预计未来房地产信贷调控政策的基本原则不会变，即坚持保护消费性需求，优先满足居民家庭首次购买自住普通商品住房的贷款需求，遏制投资需求的原则。短期内针对房地产市场暂不会出台新的信贷政策，更多的是通过调整货币政策，如降息、降准等方式，间接影响房地产市场。在经济运行面临下行的压力下，预计短期内央行仍存在2～3次降息，将间接地促进房地产市场投资与消费，促进购房需求积极入市，缓解房地产市场低迷的态势。

2. 土地供给政策

2010年以来，我国住房市场实际土地供应呈现显著增长的趋势，住宅用地总体供给处于较高水平，其中一线城市供给呈现有放缓趋势，短期内有可能供需矛盾仍然存在，多数二、三线城市潜在供应量充足。中央政策一直坚持加强供地管理、促进有效供应增加，保证保障性住房用地供给等土地供给的政策原则，预计未来土地供给政策的方向不会改变，将继续优化土地、优化供给结构，合理利用土地资源。针对城市土地供给分化的现象，将根据城市土地供给现状有针对性地调控与管理，一线城市土地供给的重点在于促进有效供给的增加，尤其保证保障性住房土地供给，二、三线城市在于加强土地供给管理，优化供给规模，防止土地供应过剩的风险。

3. 限购政策

2014年9月以来，受房地产市场需求低迷的影响，除一线城市以外，多数城市均取消了住房市场的限购政策，以刺激市场需求入市，预计短期内中央政府不会再出台类似于限购政策，以抑制市场合理需求的行政政策，而是通过增加市场有效供给的手段调控房地产市场，而受人口流动规模大等影响，一线城市仍面临较多的住房刚性需求，在供需矛盾未得到有效缓解之前，短期内放开限购的可能性较小。

4. 保障性住房政策

保障性住房政策是我国住房保障体系的重要组成部分，对于增加市场有效供给、稳定房地产市场预期、抑制市场投机需求等具有重要作用。2014年以来，中央政府出台多种金融政策解决保障性住房融资问题，同时增加保障性住房土地供给，不断提高保障性住房的开工率与市场供给。预计未来中央政府会继续通过金融政策、财税政策及土地供给等政策，促进保障性政策的开工与建设，以解决城市低收入家庭的住房问题。

(三)2015年房地产调控政策建议

1. 注意对房地产市场的监测预警，防范房地产金融风险

房地产市场在我国宏观经济中占有比较重要的角色，房地产开发投资与固定资产投资、房地产开发投资与土地出让金、商品房销售额与贷款总余额、商品房销售额与居民总消费、商品房销售均价与广义货币等，房地产市场和宏观经济的重要指标都有很强的

相关关系和同周期波动趋势。

在 2014 年我国宏观经济趋缓的背景下，房地产市场的大幅回落及房地产企业的资金库存压力，可能会诱发商业银行的信贷违约率提升等可能的房地产金融风险。因此，构建区域房地产监测预警体系和调控策略，监测房地产警情，把握合适的调控时机，进而对区域房地产市场进行有效的宏观调控尤为重要。同时地方政府必须强化防控债务风险，谨防风险失控给经济带来的潜在风险。

2. 短期内坚持货币政策定向宽松及限购政策差别化，调整供需结构

一方面货币政策定向宽松对房地产需求的刺激最为直接，刚性需求对信贷优惠政策敏感度较高，短期内的信贷利率优惠有利于释放刚性需求，促进商品房交易。

另一方面，从 2014 年我国房地产市场的区域分化特征来看，不同城市都有其各自的人口、收入、库存、土地等特点。但是限购政策对需求的制约效果比较明显，对于房地产市场旺盛的一线及部分二线城市，应该继续实施限购政策以防止投资投机需求入市引发房地产泡沫，对于房地产市场低迷的部分二线城市和三线城市，可以放开限购政策以引导需求入市。

货币政策定向宽松和差别化限购政策可以有效地调节不同区域的供需关系，快速去库存、调节房企资金压力、满足刚性需求，促进房地产市场理想回归。

3. 坚持长效调控机制，提高市场自身调节能力

保障性住房建设、不动产统一登记制度、房地产税改革等长效调控机制可以提高房地产市场自身调节能力，政府应该长期坚持并将其落到实效。

保障性住房建设应当集中研究解决存在的问题，保开工、保建成，未开工的必须及时全部开工；同时棚户区改造中既要注重实物安置也要注重货币安置，在公租房保障上既要注重实物配租也要注重租金补助。不动产统一登记制度已开始实施，不动产统一登记平台的长期良好运行可以促进市场信息公开，发挥市场的资源配置和价格发现作用。房地产税能够有效抑制投资投机性需求，抑制房地产市场短期波动，促进房地产市场稳定的作用，征服应稳步推进房产税改革试点，推出切实可行的房地产税制度。

4. 制定稳定的货币供给和土地攻击政策，稳定商品房价格波动

货币供给和土地供给对商品房价格的影响最大，货币量与商品房价格呈很高的正相关关系，而土地供给量与商品房价格呈很高的负相关关系，并且货币供给和土地供给与商品房价格有较高的同周期波动趋势。因此稳定的货币供给和土地供给对于稳定房价至关重要，政府应当保持货币供给和土地供给的稳定性，以平抑房价波动，稳定房地产市场。

第七章　2014 年我国房地产市场系列问题研究

专题一　关于首都经济圈房地产市场调控的政策建议

当前，京津冀协同发展已上升为国家重大战略，首都经济圈将呈现新的发展格局，而区域内的房地产市场供需资源有可能重新配置，北京、天津及河北各城市房地产市场或将面临新的变化。如何做好提前应对并合理引导区域内各城市房地产市场的良性发展是现阶段中央政府及京津冀地区各级政府都需要重视的问题。最近，中科院专家分析了首都经济圈房地产市场的发展现状，并对京津冀协同发展可能对首都经济圈房地产市场产生的影响进行了估计，据此提出了针对首都经济圈房地产市场的调控建议。

(一)首都经济圈房地产市场发展现状

1. 区域内城市房地产市场发展不均衡，供需资源主要集中在北京

2008～2012 年，北京市的房地产开发投资额占地区投资总额的平均比重为 46.09%，商品房销售额平均占比 49.68%。天津市投资额平均占比为 15.88%，商品房销售额的平均占比为 21.44%。而河北省 11 个地级市的投资额平均占比为 38.03%，商品房销售额平均占比为 28.88%，分别比北京低 8.06 百分点和 20.80 百分点。可见，京津冀地区绝大部分的房地产市场供需资源集中在北京。

2. 区域内城市房价水平差异较大，空间联动性弱

2008～2012 年，北京市商品房销售价格平均为 15 573.29 元/平方米，天津市为 7 710.81元/平方米，河北省为 3 608.37 元/平方米，而与北京毗邻的保定、承德、张家口的商品房销售价格分别为 2 694.37 元/平方米、3 161.44 元/平方米和 2 698.65 元/平方米，明显低于北京和天津。并且，基于空间统计分析发现，区域内各城市商品房销售价格之间的空间联动性弱，北京对于周边城市房地产市场的拉动作用不明显。

(二)京津冀协同发展对首都经济圈房地产市场的影响

京津冀协同发展将带来区域内的产业布局、要素配置和公共服务资源布局三大方面的变化，且主要是通过将北京市的非首都核心职能相关产业、要素资源和公共服务资源外迁，从而降低北京的人口压力和环境资源压力，促进京津冀地区的均衡发展。这将在一定程度上改变首都经济圈内房地产市场供需资源的配置，并进而影响各城市房地产市场的短期波动和长远发展。

1. 北京房地产市场在短期内受影响较小，长期上看城市居住质量将会有所提升

根据北京市“高端化、服务化、集聚化、融合化、低碳化”的产业结构调整战略，低端劳动力密集型产业和非首都核心职能的公共服务机构或产业将是重点考虑的迁出对象。然而产业迁移是个长期过程，在短期内对北京的房地产市场影响并不大，但市场观望情绪逐渐浓厚，成交量或有所下降。从长期来看，迁出产业相关的人口流出将在一定程度上降低北京的住房需求总量，且有助于住房需求结构调整。同时，如交通堵塞、空气污染等大城市病会得到一定程度的缓解，城市宜居水平会有所提高，居民整体居住质量会有所提升。

2. 非首都核心职能产业外迁将带动迁入城市房地产市场的发展

基于投入产出表的测算得出，批发零售等劳动力密集型产业是房地产业的密切关联产业，如动物园服装批发市场等劳动力密集型产业的外迁，将通过产业关联效应带动迁入城市的房地产市场发展。此外，迁出产业的就业人口会使迁入城市住房需求增加，并将在一定程度上推高迁入城市的租金或房价。从供需资源等基础条件上看，保定、廊坊将会是主要的迁入城市，其房地产市场存在较大的发展潜力。

3. 区域内房地产市场主体行为将呈现新的特征

京津冀协同发展的推进使社会各界对北京周边城市房地产市场看涨预期强烈，在保定等城市开始出现开发企业抬价、外地居民涌入购房等投资投机性行为，城市房价在短期内快速上涨。此外，针对我国城市居民住房消费行为的研究发现，我国城市居民普遍存在“居住黏性”，在华北地区城市则更为明显，因此，北京产业外迁将有可能使京津冀地区在未来较长一段时期内都存在城市居民被动的跨城市“职住分离”的行为。

(三)首都经济圈房地产市场调控的政策建议

在京津冀协同发展的背景下，首都经济圈房地产调控应该把握区域内产业格局和资源格局调整的机遇，积极引导城市房地产市场供需资源的合理流动，进而促进区域内房地产市场的均衡发展。建议着重从以下方面展开。

1. 贯彻实施差异化的房地产调控政策，塑造多中心城市房地产市场发展模式

针对高房价问题严重的北京，坚持实施从紧的房地产调控政策，灵活运用差异化的调控工具促进市场供需结构调整，从而抑制房价过快上涨，保障基本住房需求。针对房价水平相对合理的天津市，可以暂时不加大调控力度，对其房地产市场进行实时监测，旨在稳定当地房地产市场的发展。对于房价水平普遍偏低的河北等城市，可以通过刺激和支持当地的购房需求，适度扶持当地的房地产市场发展。其中，保定是北京周边城市的价格洼地，廊坊和石家庄房地产市场发展潜力较大，可以作为重点扶持的对象。由此，将首都经济圈房地产市场塑造成以北京、天津、保定、廊坊和石家庄为中心城市的多中心发展模式。

2. 将北京周边城市住房政策与人才引进、地方招商政策相结合

资本、人才等生产要素的流动是以市场为主导的，行政规划只能发挥辅助性作用。因此，对于北京周边的产业迁入城市而言，如何吸引并留住人才、资本等要素资源是需要重点考虑的问题和难题。建议将住房优惠政策纳入人才引进和招商引资相关政策体系，通过提供住房及相关配套设施等手段吸引人才与资本，从而实现房地产市场与地方经济的协同发展。而针对华北地区城市居民普遍存在的“居住黏性”行为，建议相关部门在市场引导的同时，适当实施一定的行政措施，促使人才资源流入北京周边的潜力中心城市。

3. 重点考虑将北京的医疗与教育资源适度向周边城市转移

基于计量分析发现，医疗、教育资源和交通设施对城市房价存在显著的正向作用，而文化资源和环境因素对城市房价的影响相对较小。北京的高房价在较大程度上源于其教育与医疗资源等方面的优势，可以通过向周边转移部分教育、医疗资源，借此引导人口外迁，从而适度分流北京的住房需求，平抑北京市的高房价，同时促进周边城市房地产市场和当地经济的发展。例如，可逐步将部分高等教育院校、科研机构、大型综合医院转移到保定等北京周边城市，并尽量做到整体外迁，而并非仅采用设立分部或分院等形式外迁部分职能。

4. 合理引导房地产市场预期，谨防北京周边城市房地产市场短期投机行为

在扶持北京周边城市房地产市场发展的同时，要注重城市房地产市场与当地经济的协同发展，突出房地产的消费属性，谨防开发企业、购房者等房地产市场主体的短期投机行为，避免出现类似鄂尔多斯房地产投资过热，以及温州的房地产投机性需求过盛等城市房地产市场异象。建议相关部门向市场传递明确的“抑制投机行为”的政策信号，合理引导房地产市场预期。针对保定、廊坊等潜力中心城市，可以考虑将住房政策与当地就业政策相结合，在鼓励与支持新进人才购房的同时，适度限制非本地籍、且在当地无固定工作人口的购房行为。

专题二　关于不动产统一登记数据平台管理与运用的政策建议

国土资源部将在 2014 年 6 月底实施不动产统一登记制度，作为国务院机构改革和转变职能工作方案的一部分，不动产统一登记平台关系着房地产市场调控、不动产信息统一管理、个人财产透明化等目标的实现，该平台对经济决策、社会治理、科学研究等均有重要意义。目前我国不动产统一登记制度的出台依然面临许多实际困难，如何有效管理住房登记平台并充分发挥其应有的作用是亟须研究的关键问题。对此，中科院专家分析了我国不动产登记现状，针对住房登记平台数据的管理与运用提出了相关的政策建议。

(一)我国不动产统一登记平台建设的意义

1. 宏观调控和经济决策的重要依据

不动产在宏观经济运行中发挥重要作用，它不仅是主要的生产资本和个人资产，而且与宏观经济的稳定运行息息相关。我国经济步入转型升级期，不动产统一登记平台将是税基管理、土地流转、房地产调控等经济决策制定的重要依据。

我国房地产市场有鲜明的区域性差别化特征，如果缺乏统一的房产信息，继续实行一刀切的调控方式，那么房地产政策的效果将大打折扣。房产税的试点和实施也依赖切实可信的不动产登记数据，个人房产信息是重要的征税依据和税基制定基础。土地流转是城镇化进程的关键问题，土地出租、转让、使用、抵押借贷的市场化程度关系到农民的切身利益和城镇化的质量，土地的统一登记信息是土地流转相关政策制定和市场监管的根本保证。

2. 科学研究的重要资源

科学研究为我国经济政策的制定起到了重要的辅助作用，房地产和土地等各不动产相关市场的特征发掘、市场分析，为不动产相关的经济管理问题提供了决策依据，最终服务于经济决策、社会治理等目标的实现。

不动产统一登记信息的缺失在很大程度上限制了房地产市场、土地市场的研究，信息的偏差、数据的缺失将影响研究结果的可靠性，进而影响政策的制定及实施效果。已有研究的主要问题在于研究工作过于宏观，缺少对市场差别化问题的分析，忽略了对特殊群体和问题的研究。不动产统一登记平台的信息有望弥补上述问题，它的建立将极大地完善不动产微观数据，为科学研究提供重要的资源。

3. 有助于不动产信息公开，实现数据平台衔接

建立统一的不动产登记数据平台，可以更为准确地掌握各类不动产的真实状况。同时通过与其他平台和单位的衔接，达到资源整合优化、个人家庭财富管理与监督等目的。

许多发达国家都有较为完善的不动产或房产登记制度，其中大量的信息是公开的。房产信息的透明化不仅能够证明房主与房屋存在经济方面的合法关系，并且不动产登记系统里记录的很多房屋的历史信息有助于房地产市场交易顺利进行。

（二）不动产统一登记平台建设面临的困难

1. 不动产类别纷繁、信息量庞大

我国不动产登记缺失现象较为普遍，并存在不动产权属不清晰等诸多问题。我国在住房改革之后尚没有进行统一的房产普查，老旧房屋、小产权房、集体土地等登记缺失情况较为普遍。部分已登记的不动产存在着产权实物边界与权利边界不清晰等现象，特别是由于人口流动、土地征收、城市外延扩张和规划调整等原因所导致的不动产登记事实的缺失则更为普遍。同时，我国不动产权属状况也较为复杂，根据所有权分为国有与集体所有，按性质分为林地、草地、农地及建设用地，根据区域又区分为农村建设用地使用权、土地承包经营权及城市建设用地使用权，而且不动产登记不仅涉及城市房地产，还涉及耕地、林地、草原、海域等，不动产的范畴之大、涉及权属单位之多使统一登记管理。

2. 不动产权属不统一，登记监管成本高

部分发达国家的不动产统一登记是限定在一国之内或一个统一司法区域内实行，即不论是土地、房屋，也不论是何种不动产物权，均由统一的机构登记。对于登记机构的设置，不同国家有所不同，如德国的不动产登记机构属于地方法院的土地登记局，瑞士大多为各州的地方法院，日本为司法行政机关法务局、地方法务局及其派出所，而英国、澳大利亚则专设土地登记局，我国台湾地区的登记机关隶属于地政局。

我国在不动产行政管理和不动产登记体制等方面存在着地区差异。以房屋和土地的登记管理为例，部分地区的房屋和土地由不同的部门进行独立登记和管理，而上海、广州等地区的房屋和土地则由同一部门进行统一登记和管理；另有地区的房屋和土地的登记和管理经历了独立到统一的过程，在统一管理之前进行登记的房屋和土地，是由各部门按照各自的房屋、土地登记程序进行登记，由于房产、土地的登记程序整合存在一定的难度，这些地区仍然实行房屋和土地分别登记。

（三）政策建议

1. 完善不动产一级市场和二级市场

我国土地一级市场和房地产二级市场比较复杂，有个人产权的，有大产权的，还有央产房、集体属性；等等，针对我国不动产权属复杂的现状，要将信息进行分类建立产权清晰的房地产市场。这就要求不动产统一登记平台建设的同时，逐步发展和完善我国土地一级市场和房地产二级市场。

建议逐步规范我国土地一级市场，针对我国农村宅基地等产权不清晰、多部门涉及土地登记及登记滞后的现状，建立城乡统一、产权清晰的土地一级市场，实现农村宅基地同不动产统一登记的衔接，为不动产登记做准备；建议完善我国房地产二级市场，针对一些老旧产权房登记缺失现象，各地相关政府部门应进行大范围的住房普查，不动产统一登记平台建成后，合理运用平台数据，及时反映房地产市场走势。

2. 规范不动产统一登记标准，提高行政效率

针对我国不动产范畴涉及大，权属单位众多的情况，国务院明确由国土资源部负责指导监督全国土地、房屋、草原、林地、海域等不动产统一登记职责，由此国土资源部协调相关部门加快组建不动产登记局，扎实开展不动产统一登记。

在此基础上，建议不动产登记局制定标准化的统计制度，进而统一登记机构、统一登记依据、统一登记簿证、统一登记信息平台等，彻底改变以往不动产登记中存在的类别纷繁、权属复杂、统计口径不一等问题。同时，建议不动产登记局及时有效地沟通国土资源部及建设部、林业局、农业部等部门，把不动产的登记和信息平台建设落到实处。

3. 制定统一的统计规则，保证数据规范性

对于数据的录入，一方面以往的数据统计各个地区都有自己的标准，统计不规范，另一方面地区之间是有差异的，经济差异、房地产市场差异等，所以统计指标和口径统一标准都不一样。实行不动产统一登记后，作为最主要不动产的房产数据采集标准、统计口径需要统一，制定统一的统计规则，提高数据准确度和精确度，提高信息平台的数据质量，为接下来的一系列工作打好扎实的基础。另外不动产登记信息管理基础平台的使用规则也需要明确。

4. 依法进行不动产登记，登记过程体现便民原则

不动产登记过程中，对财富进行管理和归类，不动产登记要符合我国现行法律的规定，保护个人合法产权，打击非法渠道获得的房屋资产，这不代表可以以人查房，查询还要依照相关法律程序进行，保护个人财产隐私；不动产登记要体现便民原则，在登记过程中不仅要保障个人信息安全，还应提高交易效率、保证不动产登记的质量，不否定现有成果，在此基础上进行资源的整合和归纳，做好同其他平台数据的衔接工作。

专题三　关于管理与规范中国房地产众筹模式发展的建议

众筹模式是由发起人以互联网为平台，通过将产品原型、创意方案等项目提交到众筹网络融资平台，向群众募集资金的一种新兴互联网金融模式。凭借其开放性、多样化、高效率等优点，众筹模式在近些年取得快速发展，在高科技项目融资、高端消费项目融资等领域得到了应用。在我国，众筹建房等房地产众筹模式开始兴起，它是个人合作建房的创新模式，具有良好的发展前景，但也面临诸多潜在问题，亟待规范。最近，中科院专家分析了众筹模式在我国房地产市场的发展前景及存在的问题，据此提出了针对房地产众筹模式的管理与规范建议。

(一)房地产众筹模式在我国发展前景良好，可适度推广

房地产众筹模式是房地产业对互联网金融发展的积极反应，而众筹建房是最典型的房地产众筹模式，它对于房地产业的发展和社会民生福利的保障等都有重要意义。

1. 有助于优化住房供给结构，平抑过快上涨的住房价格

现有的城市住房供给体系以政府提供的保障房和房地产开发企业提供的商品房为主。其中，以公租房为典型的保障房主要面向低收入家庭。商品房在高房价普遍存在的大中城市则主要面向具有相当支付能力的中高收入或高收入家庭。而中低收入家庭既不满足保障性住房的申请条件，同时难以承担价格偏高的商品房。而根据核算，众筹建房相比购买普通商品房能节约20%～30%的购房支出。若众筹建房得到推广，将形成覆盖低、中、高收入家庭的多层次城市住房供给体系，并有可能分流一部分商品房需求，在一定程度上平抑过快上涨的商品房价格，从而更大程度地保障居民住房需求。

2. 有助于推动房地产业转型升级，深化房地产市场化改革

在城市高房价的支撑下，房地产业作为高盈利的行业，改革创新动力不足，长期处于粗放型增长阶段。众筹建房可以高效、低成本地筹集社会资金进入房地产业，且实现了“团购＋预购”的有效结合，购房者参与整个房地产开发与销售过程，这将有可能改变传统房地产企业主导的房地产开发模式，也会使购房者的个性化和多样化需求得到全方位地表达。房地产业的竞争将变得更为激烈，市场化进程加快，促使房地产企业经营转型，通过提升服务来提高附加值，改善购房者体验，寻求新的业务增长点。同时，也可能催生房地产服务性行业、小微企业的发展。

3. 有助于促进政府职能转变，提升公共服务质量

与传统房地产企业主导的开发模式相比，众筹建房将改变购房者、房地产企业及政府等主体间的利益关系。在众筹模式下，购房者既是供给主体也是需求主体，参与房地产开发与销售过程中的土地竞标、住房开发建设、销售等各个关键环节。整个过程中涉及税费支出名目都对购房者公开透明，社会监督力度加大，寻租空间被大大压缩。并且，筹建房的参与者人数较多，相应的监管难度加大。这都对政府的税收管理、行政审批效率、宏观调控提出了新的要求，将促使政府加快职能转变，不断提高行政效率与公共服务能力。

(二)我国房地产众筹模式潜在问题多，亟待规范

众筹建房是众筹模式在个人合作建房中的应用。在我国，早期出现的个人合作建房成功案例很少。众筹建房作为个人合作建房的创新模式，与早期的操作案例有所不同，

但仍处于初步探索阶段，同样面临诸多问题。

1. 相关法律法规制度不完善，法律权责不明晰

目前我国还没有专门针对个人合作建房的管理办法或其他法律法规条例。早期的合作建房被纳入经济适用房体系，主要是参照 2007 年出台的《经济适用住房管理办法》进行管理。但 2003 开始出现的个人合作建房及当前的众筹建房都未被纳入保障性住房体系，不享受土地划拨、税费减免等优惠政策，反而更接近商品房的范畴，因而并不适用《经济适用住房管理办法》。这种法律法规制度的不完善，造成众筹建房与早期的住宅合作社建房、单位筹资建房、小产权房等近似概念界定不清晰，相关法律权责不明确，实际操作欠规范。

2. 缺乏行之有效的运作模式，有诸多潜在风险因素

房地产项目开发流程长，涉及审批环节多，专业性较强。在众筹模式下，购房者参与合作建房组织成立、土地获取、项目建设、房屋分配、物业管理等关键阶段。其中，在组织成立阶段需要选择合适的组织形式，在土地获取阶段需要与高资质的房地产企业同台竞拍土地，在项目建设阶段需要筹集建设资金、选择合适的建设模式，在房屋分配需要确定公允的分配机制，在物业管理阶段同样需要选择合理的模式。每个阶段都存在潜在的风险因素，如利益协调难度大、拿地失败、贷款困难、专业成本控制难、分配产生纠纷等，任何一个阶段出现问题都可能造成整个项目的失败，这也是早期个人合作建房成功案例鲜见的原因所在。

（三）管理与规范建议

个人合作建房是国外发达国家尤其是丹麦、瑞典等北欧国家解决住房问题的成熟模式之一，值得我国借鉴。而众筹模式赋予了个人合作建房新的发展契机，但仍然面临诸多问题。基于我国房地产众筹模式的发展现状，提出以下管理与规范建议。

1. 尽快出台众筹建房相关法律法规，引导房地产众筹模式的规范化发展

相关法律法规的缺失使房地产众筹模式的发展受限，且有可能造成诸多风险隐患，不利于房地产市场的健康发展。在其他发达国家，大多有针对个人合作建房或众筹模式的规范条例。例如，日本有《日本勤劳者住宅协会法》，而美国也在 2012 年出台 JOBS 法案对众筹融资主体资格、筹资金额、信用风险防范等方面做了详细规定。建议相关部门尽快出台相关管理条例，对众筹建房组织设立与管理、主体资质审核、资金管理、风险防范等方面做出详细规定，借此确定众筹建房的法律地位，明确所涉及主体的法律权责，为实践提供参考。

2. 开展政府主导的众筹建房试点，探索适合我国国情的房地产众筹模式

建议首先在部分二线城市开展以政府为主导的众筹建房试点，逐步探索出适合我国国情的合理的组织形式和建设模式，在此基础上再进行更大范围的推广。在组织形式方面，初期可参照我国早期及大多北欧国家住宅合作社的做法，尝试以非营利的社团制为主要的众筹建房组织形式，逐步过渡到公司制的组织形式。对于项目建设模式，可先试点由众筹建房组织委托房地产企业代建或与房地产企业联建的模式，逐步过渡到专业性要求更高的独立自建模式。运作模式的选择也要结合所在城市房地产市场的发展现状。

3. 给予众筹建房一定的优惠政策，适度扶持房地产众筹模式的发展

众筹建房组织不以盈利为目的，与房地产开发企业相比，在土地竞标、获取开发贷款等方面都有明显劣势。建议相关部门在土地支持、税费减免、银行贷款方面给予一定的优惠政策，适度扶持众筹建房的发展。在丹麦、瑞典等北欧国家，个人合作建房占住房供给的比重在30%左右，在我国可以此为参考。借此逐步构建包括面向高收入家庭的商品房、面向中低收入家庭的个人合作建房，以及面向低收入家庭的以公租房为主的保障性住房的住房供给体系。其中商品房以房地产开发企业为供给主体，个人合作建房以个人合作建房组织为供给主体，保障性住房则以政府为供给主体。

4. 创新房地产市场管理模式，提升精细化管理水平

众筹建房涉及主体利益关系更加复杂化和多元化，涉及的审批环节和税费征收也更加公开透明，更大程度地接受社会监督，因此，建议相关部门积极创新房地产市场管理模式，加强精细化管理。一方面，提升税种精细化管理水平，简化税收名目，避免重复征税；另一方面，扁平化行政审批流程，将纵向的层级审批控制转变为横线的流程控制，提高行政效率。此外，要加快职能转变，突出公共服务的职能，提高公众满意度。

5. 建立众筹建房信用系统，加强房地产众筹金融风险管理

在构建不动产统一登记平台的同时，建立众筹建房信用系统，其中涵盖个人住房抵押贷款、参与众筹建房的相关信用记录等信息。借此对众筹建房参与者的资质进行严格审核，避免出现类似“温州炒房团”集资炒房、骗购骗贷等现象。建议初期众筹建房试点以中低收入家庭的首套购房为主，暂不开放非首套房和奢侈住房的众筹模式。同时，对众筹建房可能产生的信用风险、资金风险进行严格管控。

专题四　2014年房地产市场运行情况及展望

2014年我国房地产市场发展放缓，市场多个重要指标同比增速下滑甚至出现负增长，房地产企业资金压力加大，房地产市场进入去库存、调整供需关系的市场调整期。与此同时，各线城市房地产市场分化趋势更加显著，一线城市市场比较稳定，而较多的二、三线城市则出现市场发展放缓现象。在此背景下，绝大部分城市也对限购政策进行了松绑，限贷政策取消，货币政策定向宽松，试图扭转市场下行趋势。对此，中科院专家总结分析了目前市场出现的新迹象及其原因，并对未来房地产市场调控提出了相关的政策建议和未来市场展望。

(一)2014 年房地产市场运行情况

1. 房地产开发投资增速下降

2014 年 1～10 月，全国房地产开发投资额累计 77 220.27 亿元，同比增速为 12.4%，增速比 2013 年同期下降了 6.8 百分点。其中国内贷款部分 17 734.54 亿元，同比增速为 11.1%，增速比 2013 年同期下降了 20.8 百分点。前 10 个月房地产开发投资和国内贷款部分累计值同比增速呈逐月下滑态势。

2. 土地市场交易持续低迷

2014 年 1～10 月，全国房地产开发企业完成土地购置面积 26 971.71 万平方米，累计同比增速为 1.2%。自 2012 年以来，土地购置市场交易持续低迷，受投资、销售下滑，资金不足等因素影响，土地购置面积累计同比增速基本为负增长。

3. 商品房建设放缓，库存量较大

2014 年 1～10 月，全国商品房新开工面积累计 147 661.01 万平方米，同比增速为 −5.5%，增速比 2013 年同期下降了 12 百分点；商品房竣工面积累计 63 888.88 万平方米，同比增速为 7.6%，增速分别比 2013 年同期上升了 5.8 百分点；商品房待售面积累计 58 239 万平方米，同比增速为 28.4%，增速分别比 2013 年同期收窄了 8.9 百分点。

4. 保障房建设进程加速

2014 年 1～9 月，全国城镇保障性安居工程已开工 720 万套，基本建成 470 万套，同比增速分别为 16.13%和 14.63%；保障性安居工程完成投资额 10 700 亿元，同比增速 30.49%。

5. 商品房交易大幅下滑

2014 年 1～10 月，全国商品房销售面积和销售额累计为 88 493.81 万平方米和 56 384.93亿元，同比增速为 −7.8%和 −7.9%，增速比 2013 年同期大幅下降了 29.6 百分点和 40.2 百分点。继 2012 年受限制性调控政策以来，商品房交易再次出现交易同比下滑情况。

6. 全国商品房销售均价增速下降

2014 年 1～10 月，全国商品房销售累计均价为 6 371.62 元/平方米，同比增速为 −0.19%，增速比 2013 年同期下降了 8.75 百分点。2014 年 9 月，全国 70 个大中城市二手房销售均价同比上升的城市仅有 18 个，而 2013 年同期同比上升的城市有 68 个。

(二)2014 年房地产市场运行的主要影响因素及未来走势

1. 宏观层面影响分析

经济增速放缓与房地产市场下行相互作用。一方面，我国经济增速小幅的放缓趋势影响了居民和开发企业对房地产市场的预期，可支配收入下降、房价下降等预期减少了房地产市场的需求；而需求的下降会令开发企业对房地产市场的销售预期下降并减少开发投资。另一方面，由于房地产市场对我国经济较大的拉动作用，房地产市场下行会进一步导致宏观经济增速放缓。

供需关系存在区域差异，市场出现分化特征。2014 年以来，在价格、投资、销售量等方面，一线城市增速略有放缓，二、三线城市多数或增速明显放缓，或增速下降。10 月在百城住宅均价中同比上涨的城市有 22 个，其中经济强市占了半数；而同比下降的 78 个城市大多数为二、三线城市。

一线城市和部分二线城市，由于人口净流入较大且人口规模突出，购买力较强，因此市场需求仍未被满足，商品房市场虽然出现增速放缓的趋势，但各市场指标仍然处于高位；其余二、三线城市，由于自身人口净流入较小，库存比较大，居民购买力不足，商品房市场增速放缓加剧，大部分出现负增长。

2. 市场层面影响分析

开发企业资金周转困难，库存压力加大。2014 年 1～10 月，房地产市场交易低迷使开发企业库存增加，资金周转压力加剧，前三个季度建筑业总产值和利润总额累计同比增速比 2013 年同期下降了 5.5 百分点和 0.53 百分点。2014 年 1～10 月，商品房待售面积占竣工面积的 91.16%，高于 2013 年同期的 76.38%，商品房库存加大；而新开工面积增速大幅下滑将导致未来 1～2 年内商品房供应放缓。所以未来 1～2 年内，商品房市场将进入去库存缓解资金压力阶段。

保障房供给充足，弥补商品房建设放缓。2014 年 1～9 月，全国城镇保障性安居工程建成 470 万套保障房，以每套 50 平方米计算，1～9 月保障房竣工面积占商品房竣工面积约 40%。保障房建设不仅在很大程度上补充了商品房建设放缓而未能满足的住房需求，而且有助于促进我国房地产市场的健康全面发展。

3. 政策层面影响分析

受房地产市场低迷影响，限购限贷政策基本放开。截止至 10 月，在 47 个实施住房限购的城市中，仅有北京、上海、广州、深圳和三亚五个城市仍未放松限购政策。其余 42 个城市则纷纷通过对购房资格要求降低、落户优惠、放松公积金贷款、按照房价的一定比例给予契税补贴等政策来松绑限购政策。继各城市陆续放松限购政策之后，9 月 30 日限贷政策也已全面放松。

限购和限贷政策放松可以直接刺激需求，但房企进入库存和资金调整周期。从短期看，房企以低价换销售量将会成为主要策略，而市场预期也比较低迷，所以仅放松限制性政策不会令市场出现明显反弹。

货币政策由稳中趋紧转为定向宽松有助于市场反弹。2012 年以来我国货币政策稳中趋松，虽然有限贷额度的制约，但按揭贷款压力不大，刚性需求并未受影响；进入 2013 年下半年，货币政策稳中趋紧，按揭贷款压力变大使需求放缓，市场观望情绪较重。同时，信贷压力和需求受限的双重因素导致企业贷款额度减少，投资拿地意愿降低。

2014 年下半年，限贷政策放开、限购城市多数放松，同时公积金贷款优惠等货币政策针对房地产市场定向宽松，需求将会逐步进入市场。同时，房企释放库存、回笼资金后也将会进入新一轮的开发投资周期。从长期看，市场将会逐步回暖。

4. 未来走势预测

受限购限贷政策放松，货币政策定向宽松等利好因素影响，房地产市场在 2014 年的后续表现会有所回暖。预计 2015 年房地产投资增速小幅，商品房销售将出现明显反弹，商品销售价格将稳中微升，城市分化趋势将持续。

(三)2015 年房地产市场调控政策建议

1. 完善房地产市场的监测预警系统，实施差别化的调控政策

政府应该构建科学完善的房地产监测预警系统，关注房地产市场的开发投资、销售额、商品房均价、土地购置面积等与宏观经济周期性波动有很高的重要指标波动情况。针对不同地区和城市的警情实施差别化的调控政策，防范局部地区可能会发生的信贷违约、房地产泡沫破裂金融风险及地方政府的债务风险。

2. 货币政策定向宽松，调整供需结构

货币政策定向宽松对房地产需求的刺激最为直接，刚性需求对利率优惠政策敏感度最高，银行贷款利率优惠及公积金贷款利率优惠会直接刺激需求的释放，促进商品房交易。另外，对于首套房和二套房的首付比例等进行适当调整，也能够在一定程度上刺激需求。

目前开发企业库存压力较大、资金周转困难，货币政策定向宽松对需求的刺激能够令开发企业释放库存、缓解资金压力，调整供需结构使房地产市场向健康平稳发展。

3. 鼓励公私合作模式，完善棚户区改造融资结构

棚户区已成为城市内部“二元结构”的一大特征，若得不到妥善的处理还将对城镇化的进程和质量产生影响。对于棚户区改造，中央政府已经在财政、土地、税费和信贷等方面给予了支持，但政府财政直接拨款和地方政府融资平台提供的资金占有极大比重。建议政府坚持“政府主导、市场运作”的原则，以公私合作模式，通过让渡部分利润、配套公共设施建设和配套部分商品房等方式，鼓励和引导社会资本参与到棚户区改造中，缓解政府财政资金压力。